U0906270

Gongyinglian Pingjing Shibie de Yanjiu

供应链瓶颈识别的研究

蒋霁云 著

中国·成都

图书在版编目(CIP)数据

供应链瓶颈识别的研究/蒋霁云著. —成都:西南财经大学出版社,2017.12
ISBN 978-7-5504-3202-4

Ⅰ.①供…　Ⅱ.①蒋…　Ⅲ.①供应链管理—研究
Ⅳ.①F252.1

中国版本图书馆 CIP 数据核字(2017)第 219540 号

供应链瓶颈识别的研究

蒋霁云　著

责任编辑:李晓嵩
助理编辑:陈何真璐
责任校对:王琳
封面设计:张姗姗
责任印制:封俊川

出版发行	西南财经大学出版社(四川省成都市光华村街 55 号)
网　　址	http://www.bookcj.com
电子邮件	bookcj@foxmail.com
邮政编码	610074
电　　话	028-87353785　87352368
照　　排	四川胜翔数码印务设计有限公司
印　　刷	四川五洲彩印有限责任公司
成品尺寸	148mm×210mm
印　　张	8.125
字　　数	200 千字
版　　次	2017 年 12 月第 1 版
印　　次	2017 年 12 月第 1 次印刷
书　　号	ISBN 978-7-5504-3202-4
定　　价	48.00 元

前 言

中国国内市场国际化已成为不争的事实，而我国供应链管理水平在世界范围内处于较低水平，因此尽快提高我国企业的供应链管理水平，改善管理的落后状况就成为增强我国制造业国际竞争力亟待解决的问题。

供应链是一个由具有内在联系的一系列活动组成的网络系统，其整体绩效优化取决于供应链的最薄弱环节，这就是供应链上的瓶颈，优化供应链的绩效必须从最薄弱的环节入手，才能得到显著的改善。因此要改善整个供应链的绩效，必须找出存在于供应链上的瓶颈，分析成因，评价瓶颈，消除瓶颈，并形成一种不断循环的持续改进状态。

本书分析了供应链产生瓶颈的原因——从企业利益博弈、信息的不对称、时间延迟性和成员企业运营动荡4个方面分析了内生原因，从外界的突发事件、市场的不确定性、社会信用机制的缺失3个方面分析了外生原因。在此基础上，本书对供应链瓶颈产生的微观机制进行了研究，并分别对委托代理理论、信用缺失的冲突演化模型以及目标不一致导致的冲突进行了分析。

本书从以下3个方面建立模型对供应链瓶颈进行了识别：

第一，基于网络最大流相关理论，从供应能力的角度对供应链瓶颈进行了识别。首先，本书针对供应链结构变得越来越复杂并迅速向大规模甚至是超大规模网络化演变的特点，提出了大规模供应链网络的最大供应能力；根据网络最大流最小截定理，结合关联矩阵和最小截集的方法，通过遗传算法求解网络最大流，并在此基础上进行了供应链能力瓶颈的识别。其次，针对随机网络，本书将关联矩阵和蒙特卡洛模拟方法结合起来，通过瓶颈环节累计概率的计算机自动计算，解决了随机容量供应链网络供应能力瓶颈的识别问题。最后，本书针对供应商选择的大规模供应链网络的瓶颈识别问题，提出使用嵌套的混合遗传算法解决网络的优化配置，并根据供应能力瓶颈对优化后的供应链网络瓶颈进行了识别。

第二，以网络计划图的关键路径理论为基础，从响应时间的角度对供应链瓶颈进行了识别。首先，针对资源最优配置情况下供应链的响应时间瓶颈问题，本书提出了一种嵌套的混合遗传算法，用于实现整个网络的优化，并进而根据供应链响应时间瓶颈的定义进行了瓶颈识别。其次，在直线式供应链结构中，各成员企业对订单响应时间的长短与费用成一定的比例关系，本书研究了供应链响应时间在一定时间范围内实现供应链整体费用最小时的供应链的瓶颈环节，采用改进的粒子群算法解决优化问题，并根据供应链响应时间瓶颈的定义对具有时间窗口的供应链进行了瓶颈识别。最后，针对网络结构以及存在着供应链整体响应时间激励机制的供应链，本书分析了供应链的时间分配和瓶颈识别问题，采用惯性权重的自适应调节和粒子精英保留策略的改进粒子群优化算法解决优化问题，并根据供应链响应时间瓶颈的定义进行了瓶颈识别。

第三，从综合绩效的角度对供应链瓶颈进行了识别。本书采用综合评价指标并基于综合绩效识别供应链瓶颈，以解决对同一供应链用各种单指标识别出的瓶颈环节发生矛盾的问题。

本书在已有的研究和理论基础上，从竞争的角度提出了供应链及成员企业的绩效评价指标体系，然后使用 ANP 方法确定了指标权重，评价了供应链成员绩效，并对综合绩效瓶颈进行了识别。本书还提出了组合评价法，用于处理不同评价方法识别出的供应链综合绩效瓶颈环节不一致的问题，以使评价结果更公正、客观。组合评价法是基于选举的思想，把离差最小的方法作为最终的评价方法，将以这种方法识别出的瓶颈作为最终的供应链综合绩效瓶颈。

蒋霁云

2017 年 6 月

目 录

1 绪论

1.1 选题背景及研究意义

1.1.1 选题背景

供应链的概念是在20世纪80年代末提出的。近年来，随着全球制造的出现，供应链在制造业管理实践中得到了普遍应用，成为一种范围更广的企业结构模式。受目前激烈的市场竞争、经济环境及用户需求不确定性的增加和技术的迅速革新等因素的影响，尽管提出供应链管理概念的时间不长，但已引起了人们的广泛关注。国际上的一些著名企业，如惠普公司、戴尔公司等，在供应链管理实践中取得的巨大成绩，更使人们坚信供应链模式是进入21世纪后企业适应全球竞争的一种有效途径，同时也吸引了许多学者和企业界人士研究和实践供应链管理，供应链管理逐渐成为企业战略管理的一项重要内容。

根据默克管理顾问公司的研究报告，有近一半接受调查的公司高层经理将供应链管理作为公司10项大事之首；AMR（Advanced Manufacturing Research）研究数据显示，供应链管理市场（包括应用软件维护和授权、硬件设备、客户开发、服务、咨询、培训、系统集成等）交易额在2003年达到186亿美元。

一些国际知名公司如惠普、戴尔、宝洁、爱立信、沃尔玛、丰田等公司都已采用了这种管理方法，并因此增强了公司的国际竞争力。1998 年 3 月，Pittigilo Rabin Todd & McGrath 公司通过调查发现，企业实施完整的供应链管理后可获得以下效益：发货能力提高了 16%~18%，库存量减少了 25%~60%，订单履约周期缩短了 30%~50%，预测准确性提高了 25%~80%，总体生产率提高了 10%~16%，供应链成本降低了 25%~50%，补给率（Fill Rates）提高了 20%~30%，产量提高了 10%~20%。

总之，通过开展良好的供应链管理，可以在进入新市场，开发新分销渠道，开发新产品，改善售后服务水平，降低库存、后勤成本和单位制造成本，提高用户满意程度以及提高工作效率等方面获得满意的效果。

然而，供应链管理还有许多需要研究和完善之处。例如，怎样识别整个供应链的瓶颈环节，怎样评价供应链的绩效，等等。在实践中不断总结经验和教训，改善不足之处。调查研究显示，大多数公司的供应链管理效率只达到优秀公司（如丰田、戴尔）供应链管理效率的一半。如何通过管理提高供应链的运行效率，是供应链管理赋予现代管理科学的历史使命，也是现代管理科学的研究前沿之一。

中国国内市场国际化已成为不争的事实，而我国供应链管理水平在世界范围内处于较低水平，因此尽快提高我国企业的供应链管理水平，改善管理的落后状况就成为增强我国制造业国际竞争力亟待解决的问题。

供应链系统是一个复杂的系统。首先，随着成员企业规模和生产模式的变化，供应链生产结构可能发生改变。其次，现代生产已向多品种小批量趋势发展，产品品种较多，更新速度较快。不同的产品对应的供应链具有不同的加工路径，生产过程复杂。最后，供应链生产运行还受到社会需求、供应链设施布局、物料搬运系统、资源、人员、管理等因素的制约，系统的行为复杂。对于复杂系统的管理和控制，常常需要花费大量的人力、财力、物力。由于资源和资金的有限性，要充分利用供应链有限的资源和资金。若想获得满意的效果，就必须对供应链系统进行瓶颈管理。通过瓶颈管理可以有效地找出供应链中的瓶颈环节，再针对该环节进行控制和改善，从而提高系统的竞争力。

约束理论认为，任何系统至少存在着一个约束，否则它就可能有无限的产出。因此要提高一个系统的产出，就必须打破系统的约束。

对于供应链来说，可以认为它的整个运行过程是由若干个相互联系的环节组成的链条。从原料供应、生产制造过程、产品分销直到消费者，一环扣一环，一个环节的产出受其前面环节的制约。

面对供应链中复杂的环节组合，传统的管理模式习惯于把链条断开，对每个环节进行局部优化。

约束理论认为，核心企业需要找出供应链链条中最薄弱的一环。假如发现某成员企业是最薄弱的一环，也就是说，供应链的订单很充足，原材料可以准时供应，供应链产出多少产品就可以销售多少，但是，生产制造却跟不上。这时，如果改进销售管理环节，也许能节约一些成本，但长期来看，并不能使供应链如期完成比现在更多的订单。如果改进该企业前面的企业，会造成该企业产品的积压，不利于供应链整体产出的增加。只有对该薄弱企业进行改造才能真正增加供应链的利润。这种思想可以归结为：第一，对大多数环节所进行的大多数改进对整个供应链链条无益；第二，供应链系统的整体改进不等于各个分环节的改进之和；第三，供应链的运行绩效应该以供应链链条的整体力量（而不是重量）来衡量，这就要通过加强那个最薄弱环节来实现。

供应链瓶颈是供应链运作中的最薄弱环节。它不但对供应链最终产出有影响，不同的瓶颈对供应链管理也有着不同意义。而且，随着运行条件的改变，瓶颈环节还会发生转移。如果能够根据瓶颈的形成机理和转移特征主动控制供应链瓶颈的转移，优化供应链系统，就能更好地改善供应链运行状况，提高供应链绩效。

综上所述，研究供应链瓶颈对于充分利用资源、优化供应链系统、提高供应链竞争能力、促进中国制造业质的飞跃具有十分重要的现实意义。

1.1.2 研究意义

瓶颈研究从全局的角度对供应链整个系统进行分析，运用特定的技术工具找出并解决隐藏在各种表面问题背后的根源问题，从而提高供应链系统的整体收益。通过瓶颈来分析供应链，可以找出阻碍供应链发展的关键因素并加以改进，从而促进系统的发展，提高其运作效率。具体来讲，供应链瓶颈的研究具有三个方面的意义。

(1) 瓶颈研究有利于供应链改善薄弱环节。

目前理论界将供应链定义为围绕核心企业，从采购原材料开始，到制成中间产品以及最终产品，最后由销售网络把产品送到消费者手中，将供应商、制造商、分销商、零售商以及最终用户连成一体的链型结构模式。供应链中每一个节点过程又可分别划分出不同层次的子节点、子过程，形成供应链中丝丝相扣的环。每一个子过程均是创造价值的过程。供应链管理对供应链中的物流、信息流、资金流进行合理的计划、协调、调度与控制，在正确的时间、正确的地点将正确的产品按照正确的数量交给正确的用户。虽然供应链管理在设计和实施的各阶段都力求对供应链进行层层优化，但是由于供应链本身所具有的结构功能特征，在纷繁复杂的不确定的内外部因素的影响下，供应链会不可避免地产生瓶颈问题，极端的情况会导致供应链断链、解体，给整个供应链联盟带来巨大损失。因此，发现瓶颈、找出瓶颈产生的原因并消除瓶颈有着重要意义。

与此同时，随着经济的迅速发展和科学技术的不断进步，顾客的消费水平也日益提高。企业面临的不确定性日益增加，经营环境变化迅速，竞争日趋激烈。在这种环境下，企业的竞争优势要素逐渐从成本、质量、柔性等转移到了时间上，谁能缩短对顾客需求的响应时间和更迅速地适应环境的变化，谁就能占领市场，在竞争中获胜。

在供应链管理中，由于产品对最终用户的响应是全过程的累积效应，不是单指哪个环节，因此，基于响应的竞争要求考虑供应链系统整体响应的绩效，对整个供应链进行优化。然而一些管理人员在考虑这个问题时，强调在整个价值链的任何地方所消耗的资源都同等重要地看待，这具有一定的局限性。从约束理论可知，供应链可以看作是一个由具有内在联系的一系列流程活动组成的网络系统，其整体优化取决于少数的薄弱环节，即供应链上的瓶颈，优化供应链必须从最薄弱的环节入手，才能得到显著的改善。因此要缩短整个供应链的响应周期，必须找出存在于供应链上的瓶颈，分析成因，评价瓶颈，消除瓶颈，并形成一种不断循环的持续改进状态。本书以供应链网络瓶颈为研究对象，探讨其形成原因及机理，提出识别供应链网络瓶颈的方法，为企业科学认识并消除供应链上的关键瓶颈提供参考。

（2）瓶颈研究有利于提高供应链资源配置效率。

经济学的一个基本假设是“资源是有限的”，在环境问题加剧、资源紧缺的今天更是如此，那么如何合理地分配资源，以实现最大的产出？这就需要对系统进行瓶颈分析，将资源优先配置给供应链瓶颈方面。按照约束理论，可以将解决供应链约束的具体步骤描述为：

第一步：识别供应链的瓶颈。要求解决以下几个问题：①只要供应链有瓶颈，阻止提升供应链业绩目标的瓶颈是什么？②限制供应链实现业绩目标和提高供应链能力的物理本质是什么？③供应链中最薄弱的环节在何处？④如果赋予识别予"预先行动"和"对反应的实施"的含义，则识别供应链的瓶颈就意味着决定供应链瓶颈的位置。于是，组织的一个重要战略问题就是确定供应链瓶颈的位置在何处？

第二步：彻底激活瓶颈因素。只有充分激活受抑制的瓶颈因素，才能使供应链绩效得以提高。集中各种资源对瓶颈因素进行变革，在不增加费用和投资的情况下，将瓶颈因素的能量彻底释放出来。

第三步：协调支持瓶颈工作的其他部分，使它们都来适应瓶颈环节。进行这一步时，要求把同第一步、第二步决策不相关的所有事项放在次要地位，并把组织的其他所有部分同瓶颈协调起来。

第四步：提高供应链瓶颈的能力。只有提高供应链瓶颈的能力，才能够使供应链达到比优化了的现行供应链更高的业绩目标。如果把供应链的瓶颈看成一个直径较小的瓶颈，那么，在这一个步骤中所要做的就是扩大瓶颈尺寸，增加供应链的流量。

第五步：关注变化并回到第一步。在集中资源应对某个瓶颈环节并给予改善的过程中，还要注意该瓶颈环节之外的其他环节，然后再回到第一步，进行反复的改善。

由此可见，对瓶颈识别的研究是整个约束理论的第一步，也是最为关键的一步。如果瓶颈环节识别错误，将给整个供应链系统的绩效带来致命的错误。

（3）瓶颈研究有利于供应链对风险的识别和预警。

随着竞争的加剧，多品种、个性化的需求日益增加，加上复杂的产品服务和技术要求，产品服务复杂程度逐渐加深，从而增加了供应链管理的困难。同时，产品生命时间也在不断缩短。由于市场竞争日趋激烈，商品不断推陈出新，为快速抢占市场，商家不断用各种促销手法来引领潮流，创造需求，而顾客也因此变得喜新厌旧。在这种因素的影响之下，产品生命周期严重缩短，甚至出现只生产一次就不再进行生产的情况，这就要求企业不断创新，提高响应市场的能力。

上述这些因素的作用造成了外界的不确定性和环境的快速变化，使得供应链面临着越来越多的风险，其中任何一个环节出问题，都可能影响供应链整体的正常运作。实践中供应链危机的频频爆发，说明了供应链危机预警管理的重要性，而对供应链瓶颈的识别可以提前对可能出现风险的环节进行辨识。根据对瓶颈进行的脆弱性评价，可以掌握风险的等级和对供应链产生的危害程度；通过对瓶颈迁移规律的把握，可以对风险的运行有更深入的了解。因此，供应链瓶颈的研究有助于对供应链风险进行识别和预警，能够维持供应链的稳定与安全态势，并对重大事件进行及时的预测和预警，使供应链及时地规避危机，帮助供应链提高抵御危机的能力；供应链瓶颈的研究也有利于建立供应链危机管理与危机预警战略，最终有效地服务于供应链管理决策，提高供应链的运作效率，降低供应链的管理成本。

1.2 国内外研究现状

本书研究供应链瓶颈的识别问题，主要从3个方面进行了探讨：应用网络最大流理论进行供应链瓶颈识别，应用项目管理领域的关键路径方法进行瓶颈识别，从综合绩效方面进行识别。因此国内外研究现状主要从4个方面进行阐述：①瓶颈识别的相关研究；②最大流算法及其应用研究；③关键路径及应用研究；④供应链绩效的相关研究。

1.2.1 瓶颈识别的研究

瓶颈指的是在整个经营业务流程中产出率最低的环节。简单来说，瓶颈就是一个链条中最薄弱的环节或者说是木桶的短板。瓶颈可以来源于企业内部，也可以来源于企业外部。一般有3种类型的瓶颈：资源（Resources）、市场（Markets）和法规（Policies）。其中，资源瓶颈的内容包括物料、生产能力、资金等，市场瓶颈主要是指市场对产品的需求，法规瓶颈是指那些会对可能会增加企业生产经营成本的法规（如环保法规）或是会抑制企业发展的法规（如出口限制）等。

关于瓶颈的识别，最早可追溯到约束理论。约束理论的创始人戈德拉特（E. M. Goldratt）认为：瓶颈（或瓶颈资源，英文为Bottleneck），是指实际生产能力小于或等于生产负荷的资源。这类资源限制了整个生产系统的产量、库存规模和非瓶颈资源的利用率。非瓶颈资源的利用率从属于瓶颈资源。有限资源产能（Capacity Constrained Resource，CCR）是潜在的瓶颈。它是指资源的利用程度已接近产能，若不仔细规划有限资源产能也可能变成瓶颈。戈德拉特的约束理论在很多领域得到了广泛应用。

根据戈德拉特的思想，王玉荣等给出瓶颈的定义：对于系统中的 n 个资源 X_1，X_2，…，X_n，实际产出能力为 C_1，C_2，…，C_n，系统外部需求量为 MR_1，MR_2，…，MR_n，某些资源之间存在互为输入输出的关联关系 R，假设与资源 X_i 相关联的资源的标号组成的集合为 S，即：

$S = \{ j \mid j \neq i \wedge \exists R (X_i, X_j) \}$

那么，资源 X_i 为瓶颈资源，当且仅当：

$C_i = \min \{ MR_i, \min \{ \forall C_i, j \in S \} \}$

即瓶颈资源 X_i 的能力 C_i 必不能满足对其的外部需求 MR_i，同时任何一个与之互为输入和输出关系的资源的能力 C_j 也大于 C_i。

Lawrence 和 Buss 从经济意义的角度分析生产系统的瓶颈，他们引入了“经济瓶颈”的概念，它基于经济考虑来定义瓶颈资源，而不是基于物质和特性的意义。然而，这种方法识别机器瓶颈是通过最大利用率，因此具有局限性。如果只是使用局部信息来识别整个系统中的瓶颈机器，所有的改善努力都指向瓶颈机器，那么有效的改善是得不到保证的。

Kuo、Lim 和 Meerkov 分析了在贝努利系列生产线和装配系统的瓶颈识别问题，并使其明确化。在他们的研究工作中，如果仅对某台机器的生产速率而言，系统绩效的灵敏度是最大的，那么这台机器就是瓶颈。这是从系统的观点看待瓶颈识别。

Shu-Yin 针对马尔可夫生产线特征（设备的运行时间和停机时间服从指数分布）研究出另一种瓶颈识别方法。生产线包括三种瓶颈，即上游瓶颈、下游瓶颈和速度瓶颈。上游瓶颈是系统的生产速率与机器正常工作时间的偏导数之比最大者，而下游瓶颈则是系统的生产速率与机器正常工作时间的偏导数之比的绝对值最大者，速度瓶颈是系统的生产速率与机器工作速率的偏导数之比最大者。

Christoph Roser 等提出随机事件的顺序和制造系统的累积波动引起了瓶颈漂移，并采用设备持续活性时间为指标来辨识离散事件系统的瞬时瓶颈和主次瓶颈，该方法利用了设备的日志文件和经典数据，准确性较好且方便实用。

Milton Acero-Dominguez 等针对流水生产线系统，以各个生产单元的流动率指标（任务量和生产能力差异）为依据，建立瓶颈预测模型，实现系统瓶颈的预测。

Carl Pegels 提出系统中的瓶颈是能力无法达到期望产值水平的单位，并以制造单元在制品水平、上游和下游的饥饿或阻塞状态作为瓶颈特征来研究瓶颈动态辨识方法。

Chen Chun Lung 针对柔性流水生产线，以制造中心设备组中每台设备的平均加工时间为依据，提出了瓶颈的实时辨识方法。

Ramesh Babu 以计划产出和实际产出的比率为指标，对系统瓶颈的辨识方法进行研究；Richard A Reid 则通过分析制造单元能力和需求的大小，对瓶颈辨识方法进行研究。

Shi Nung Ching 等人针对不具有马尔可夫特性的装配生产线，提出一种瓶颈实时辨识方法，该方法采用设备阻塞和饥饿发生的频次作为指标，而不考虑阻塞和饥饿持续的时间以及缓冲区的在制品数量。

此外，还有一些其他的瓶颈识别方法，大体上有可以分为以下 4 类：

（1）VAT 判断法。该方法根据产品生产的类型，观察系统中的作业状况，与主管人员和员工交谈，了解情况，从而辨识生产系统的瓶颈资源。

根据原材料与成品种类的比较关系，将企业分为“V”“A”和“T”三种类型，通过审查各工序前的在制品数量、检查经常延迟的物料清单，并与加工工序进行比较来确认各种类型企业的瓶颈资源。

（2）线性规划法。该方法利用线性规划方法，将给定时期内生产网络中各资源的任务量与其生产能力进行比较，得出瓶颈资源和非瓶颈资源，但其计算所依据的数据是固定的，不能反映生产过程中的实时信息，结果导致计划和实际有较大的偏差。利用求解影子价格及灵敏度分析方法也能够确定系统的瓶颈。

（3）仿真方法。该方法利用带有排队功能的图示评审技术（Q-GERT），通过计算机仿真来确定瓶颈。该方法利用 Q-GERT 仿真技术模拟计划期内生产过程，以各种随机因素的分布类型为输入，通过统计计划期内生产系统各环节的最大在制品数量总和来对瓶颈进行静态预测。

（4）网络流方法。王军创建了基于最大零增广矩阵的瓶颈分析理论，通过构造零增广矩阵，确定网络的瓶颈与非瓶颈资源。江永亨给出基于最小费用网络最优化条件的瓶颈分析的原理以及瓶颈迁移的条件。

上述第 1 种方法是一种完全根据生产状况控制和调度的做法，这种方法确定瓶颈具有滞后性。实际生产中，只有已经发生在制品大量堆积或严重延迟的情况下，才能确定出瓶颈位置。第 2 种方法通常对于生产资源简单、品种少的生产系统比较有效，但当系统较复杂时会导致计算公式的庞大和计算时间过长。此外，第 2 种方法计算所依据的数据均是固定的，不能反映生产过程中的实时信息，会造成计划与实际的较大偏差。第 3 种方法则是一种基于统计数据或定额标准的方法，对于工序能力有较大差距的生产系统来说，这种方法通常都能准确地辨识出瓶颈资源。但对于上下游工序能力接近的情况，考虑到各种随机影响，瓶颈资源的出现可能就是不确定的。第 4 种方法更多的是在理论上论证，实践应用效果有待进一步证实。

现有的文献多以生产网络资源的性质来确定瓶颈资源。有些瓶颈不能反映目标得以满足的关键约束。这不但影响基于瓶颈的重调度策略的实施，而且不能给出重调度的改进方案及评价指标。

综合以上论述，对瓶颈识别的研究状况有以下结论：

(1) 对瓶颈的定义目前尚未统一，不同的学者根据自己的研究提出了自己的看法，但基本上都是针对特定的应用场合而提出的特定的定义，只限于一定范围内有效。

(2) 现有的瓶颈识别主要集中在生产领域，在其他领域的研究很少，对供应链网络瓶颈的识别也刚刚开始。

(3) 瓶颈识别的方法少，主要是定性方法多，定量方法少，定量方法主要集中在线性规划法及网络流方法。因此，定量识别瓶颈的方法有待进一步研究。

1.2.2 最大流算法及其应用研究

最大流问题是经典的组合优化问题，是网络流理论的重要组成部分。由于现实生活中存在大量的网络问题，如交通网络问题、路线问题、物流网络问题等，所以最大流问题得到了深入的研究和广泛的应用，涉及的领域包括工程、物理、化学、生物以及管理科学和应用数学等学科领域。

最大流算法首先在1951年被提出来，现在已经是一个研究得比较深入的问题。此处可以按解决最大流问题的方法对算法进行分类。

(1) 单纯形法。最大流问题是一种特殊的线性规划问题，求解线性规划问题的一般方法如单纯形法、椭球法、内点法等都可以用来解决最大流问题，目前学界研究得较多的是单纯形法。第一个求解最大流问题的算法就是1951年Dantzig提出的网络单纯形法，以后的最大流算法研究主要集中在组合算法方面。但在近年来，网络单纯形法取得了很大的进展。1990 年，Goldforb 和 Hao 提出了原单纯形法；1991 年，Goldberg、Grigoriadis 和 Tarjan 用动态树实现了该算法；1998 年，Armstrong 等提出了对偶单纯形法；1997 年，Ahuia 和 Orlin 证明了对最大流问题而言，原单纯形法和对偶单纯形法是等价的。

（2）增广链算法。1956 年，Ford 和 Fulkerson 首次发现增广链算法，其算法是在剩余网络中任意选择从源到汇的有向路径作为增广链。对整数容量的问题，Dinic、Edmonds 和 Kar 发现了容量缩放的方法，保证每次选择的增广链的容量“足够大”，Edmonds 和 Kar 采用每次选择长度最短的增广链策略，利用宽度优先搜索，在剩余网络中寻找最短增广链。为了把上一次构造最短路径的距离信息保留下来供下一次使用，Dinic 引入了层次网络和阻塞流的概念。Ahuja 和 Orlin 采用距离标号概念构造增广链，并用重标号的方法保留上次构造的距离信息。

（3）预流推进算法。预流推进算法是在剩余网络中沿边推进尽可能多的流，直到不能向前继续推进，再把驻留在中间结点的流退回到源。Karzanov 首次把无环图中阻塞流看作一个最大流问题的子问题，并建立了预流的概念来解决它。Goldberg 和 Tarjan 建立了距离标号的概念，并提出了推进一重标号的算法；又提出利用动态树实现了这种基于预流推进的阻塞流算法；之后使用二分长度的概念，即定义剩余容量较大的边的长度为 0，剩余容量较小的边的长度为 1，在这种长度概念下实现的阻塞流算法，得到了二分长度阻塞流算法。

（4）伪流算法。伪流算法利用并改进了早期的求最大加权闭包的算法，Hochbaum 的伪流算法把最大流问题转化为一个称作最大 s-剩余的问题，这种方法可以看作是图的最大加权闭包问题的推广。

（5）最小截算法。最大流和最小截是一对对偶问题，最大流最小截定理指出，两点之间的最大流量等于全局最小截的值。通过最小截问题的技术，可间接求得网络的最大流问题。对于全局最小截，直观上，需要计算［n（$n-1$）］/2个最小截。Gabow提出了第1个不是基于最大流的全局最小截算法，该算法用于计算单位权图（或称无权图）的最小截。对于无向加权图，Nagamochi和Ibaraki提出了边压缩技术。Karger和Levine等把边压缩技术结合和随机采样技术用于计算网络的最大流。

以上的算法属于研究较早、比较传统的算法，在1993年出版的《网络流：理论、算法及应用》以及相关文献中都有所阐述，而在其以后的研究较多地集中在智能算法和最大流算法的拓展上面。

（6）智能算法。随着计算技术、社会生活的发展，现代网络规模越来越大，条件越来越复杂，现代智能算法在解决复杂问题上具有很大的优越性。正是在此背景下，智能算法在最大流问题上也得到了充分应用。Mehmet Ali和Kamoun、Faouzi，Sato、Masatoshi等将神经网络用于最大流问题上。传统的最大流在应用问题上，使用直线规划就能够很简单地解决问题，然而在出现一些额外的条件时，特别是对于大规模网络，传统的算法出现了困难，使用神经网络技术可以利用计算机模拟计算的优势，很方便地解决最大流的问题。此外，谢民等利用蚁群算法的特点，将网络最大流问题进行相应的转化，然后利用蚁群算法进行求解。何家莉、宣士斌在交通网络优化中使用基于小生境的混合遗传算法中求解最大流。

（7）最大流算法的拓展。对如最小费用最大流网络这类特殊性质的网络，通过利用网络特性，可以得到特殊网络的算法，从而形成众多的最大流算法的拓展研究。Even和Tarjan研究了单位容量的网络，Weihe研究了一般平面网络，Gusfield、Martel

和 Fernandez-Baca 研究了二分网络，张宪超等研究了无向平面单位容量网络中的最大流。

最大流问题有 60 多年的研究历史，其应用已经深入众多的领域，有许多文献对这方面做了大量的工作，Ahuja 等和张宪超等对最大流应用都做了简单的总结，主要有工程、计算机科学与通信系统、应用数学、社会和军事。但这些应用涉及的都是 2000 年以前的文献，对近年的应用研究方面的总结较少，本书主要对近年来的应用作简单的回顾。

Yuri Boykov 和 Marie-Pierre Jolly 把最大流算法作为一种新的技术用于图像交互部分的分割处理。在传统的分割方法中，图像使用者要以某些确定的像素为目标和背景来作为分割的硬约束，软约束则同时包含了边界和区域的信息，图像分割通常是通过找到 N 维图像的全局最优分割实现的，而最大流算法实现图像分割并不需要限定目标和背景部分由哪几块孤立的部分组成，实验证明该方法能更快地完成图像分割。此外，Y. Boykov、H. Ishikawa、V. Kolmogorov 和 R. Zabih 等人也对使用最大流算法进行图像处理进行了研究。

Armbruster 等对 Goldberg 和 Tarjan 的分配算法进行了扩展，对电力配送网络模型化处理并将该算法用于其中，通过模拟网络中出现的错误检测，证明所提出的算法能够很好地预防电力网络配送中发生的灾难性事件。方冬云研究电压传输问题，用电力电缆来传输电压，电力电缆有一定的载流量，电压传输可以刻画为网络模型，运用最大算法来解决电压传输的问题。

Bassan Shy 等针对城市道路交通网通行能力问题，通过引入虚拟起始点、终点改造交通网，并应用图论中最大流最小割定理，改进交通网的最大流算法；他们提出了一种在容量限制下确定交通网通行能力的新算法，简化了多起点、多终点的交通网通行能力的计算。向红艳等用组合图论法构造道路网络的赋权有向图，通过最大流确定关键路段，增加关键路段的通行能力，即可增加路网的通行能力。颜佑启等为确定公路网各路段交通量，在最短路交通分配法的基础上，引入了求最短路上最大流的分析技术，提出了最短路上最大流交通分配计算方法。

在通信方法上，姜继海等基于 MPLS 技术提出了一种基于网络最大流的有带宽保证的动态路由算法，通过链路对结点对之间的网络最大流的贡献程度和链路的带宽利用率定义链路权重。吕久明、吕翠英提出了采用最大流-最小割的计算方法，来对具有四节点的无向图的地域通信网的最大流量进行计算。

此外，在其他领域的应用还包括物流配送、设备优化配置、网络对抗效能评估、服务器放置和工期-费用优化等。

通过以上分析可以看出，最大流问题的研究虽然已经很深入，但由于其广泛的实际应用，对它的研究仍然在发展：

（1）更快的新型的算法的研究。特别是现状的网络向着规模越来越大的方向发展，如计算机网络的规模、生物分子网络的进一步研究以及跨国公司的供应链网络等，这些网络由于规模非常庞大，传统的算法在计算速度方法显得无能为力。因此用研究速度更快的现代智能算法来解决最大流问题就有广泛的应用前景和研究价值。

（2）特殊网络上的最大流算法问题研究。特殊网络上的最大流算法虽然取得了很多进展，但随着条件的改变和新型网络结构的发展，开发新的算法以适应特殊的网络结构仍然是最大流算法研究的重要趋势之一。

（3）最大流的应用研究。理论研究是为生产和实际生活服务的，因此最大流的应用一直是十分有意义的研究工作。对许多实际应用问题，如果能找到它和最大流问题的联系，可以使问题得到十分有效的解决。发现最大流问题在实际中的应用是非常重要的工作。目前虽然最大流已经在很多领域得到了应用，但仍有扩展的可能，如供应链网络，其最大的产品供应能力及能够提供的最大物流能力等，都是值得研究的课题。

1.2.3 关键路径及应用研究

关键路径属于项目管理的研究内容，主要是为解决施工过程中出现的成本超支和进度拖延问题，提出了统筹协调和优化的思想。经典的方法是根据总时差为零来确定关键路径和关键活动。

针对网络计划中活动时间的精确性与现实不吻合的情况，Adlakha、Magott、Nadas、Soroush H.、Williams 进一步研究了时间的随机性问题，假设活动持续时间为非负的随机变量，使用统计和随机技术来计算关键路径和关键活动。

Yen-Liang Chen 等针对传统的关键路径方法假设事件活动在紧前活动完成后即可开始的假设，指出实际情况中存在着时间限制的情况，研究了两种形式的时间限制：时间窗口限制和时间计划限制，并提出了相应的算法。在此基础上，Guerriero 和 Talarico 做了进一步拓展，增加了时间转换限制，提出了一种通用的算法来求解活动网络计划的关键路径，并通过 Java 编程对实际项目计划进行了计算机验证。

Mei Lin 根据实际生活中基于价格激励的计算服务优先权选择的问题，定义了优先权关键路径网络，提出了一种时间成本权衡的网络计划问题。与传统问题不同的是，它将考虑了完成时间和延迟成本的关系，并将总成本最低的关键路径称为全局成本有效关键路径（GCCP）。为了找到 GCCP，作者提出了局部成本有效关键路径（LCCP）算法，并使用启发式方法求解全局成本有效关键路径。

经典的 PERT 方法通过一个给定期限并使用确定性的关键路径来估计完成项目的概率，通常情况下，这样的路径不一定就是最关键的路径。针对此问题，Soroush 通过两阶段目标函数的确定性网络研究并用公式陈述了最关键路径问题，提出了启发式方法来解决最关键路径问题，案例的计算结果表明所提出的算法能比 PERT 更正确地确定关键活动。

针对现实中活动的持续时间为模糊数的网络计划事例，Kaufmann 和 Zimmermann 基于 CPM 公式，采用前向和后向回归，将模糊活动时间变为精确活动时间求解关键路径。但是，后向回归不能计算最迟开始时间的可能价值组合以及活动的漂移，即使对同一路径，不同的模糊关键路径定义也会得出不同的关键程度估计。因此，Shih-Pin Chen 和 Yi-Ju Hsueh 基于线性规划和模糊数排列方法，采用了一种模糊线性规划方法来处理活动的持续时间为模糊数的网络计划，并提出了最关键路径和相关路径的关键程度，并对前人研究中的案例进行了分析，结果表明该方法能够找到最关键路径。

Ming Lu 等将粒子群优化算法用于受资源约束的关键路径中，自动模拟资源受限的计划安排，使总的项目持续时间最短，解决了复杂的基于关键路径的项目时间和成本分析，对应推广主流项目管理软件在管理实践中的运用起到了积极的作用。

Duan 和 Warren Liao 将改善的蚁群优化算法用于寻找项目关键路径，在双代号网络图的基础上使用蚁群算法，并将结果和传统关键路径算法进行了比较，测试显示蚁群算法求解关键路径要比传统方法有效得多。

钱鑫等利用元胞自动机的离散空间与并行计算特性，通过设计元胞的抽象和局部规则，借助于元胞状态的动态演化，解决了多源点多汇点关键路径的求解，消除了基于传统算法的线性化过程，并从算法上实现了 AOE 网最短路径与关键路径求解的统一。

王振明等从仿真系统工作流的关键路径分析，引入了随机规划理论，提出了仿真网格的动态关键路径概念以及基于动态关键路径的资源调度算法，共同解决在资源有限以及任务相关情况下仿真网格的资源调度问题。

刘振峰等讨论了供应链网络中如何选择优化路径的问题，提出采用时间 Petri 网对供应链网络关键路径建模的方法，将网络图分别描述成 Ebs 图和 Ewf 图，结合时间 Petri 网的可达算法，求得 Ebs 和 Ewf 的关键路径。

刘芳等提出了一种利用动态规划算法与图的广度优先搜索相结合求解关键路径的新算法，算法采用图的邻接表结构形式，不需要进行拓扑排序，较传统的算法具有较高的效率和健壮性。

张春生针对 AOE 网要进行拓扑逆序扫描，算法本身比较复杂这个问题提出了一个新的算法，该算法采用了稀疏矩阵作为数据的存储结构，为防止关键路径丢失，采用队列方式进行操作。同传统算法相比，该算法简单、时间复杂度相近。

徐凤生通过对关键路径问题的分析，提出了 P 集合、P 矩阵的概念，给出了基于 P 矩阵的一种新的求解所有关键路径的方法，该算法数据结构形式简单直观且易于实现。

关键路径由于其简单、有效而得到广泛应用，传统的项目管理领域基本上都要使用关键路径技术来控制项目的成本和实际。除此之外，关键路径在其他领域也得到了应用。

Wheelwright 等将关键路径方法用于癌症的治疗中，实践表明减少对癌症病人的治疗时间对病人有主要影响，文章描述了关键路径分析在肿瘤治疗中的应用，该技术被用于头颈治疗实验中，其结果和公开发布的标准治疗时间做了对比，能够显著缩短治疗时间。

Yu Cheng 将关键路径方法用于铁路计划优化中，提出了一种融合知识系统和关键路径于一体的方法，在时间和资源限制的条件下得到了几乎理想的计划安排。在计划过程中，更多的关于列车最后完成时间的全局信息被用于反馈以控制列车当前过程延迟和资源冲突，这样的机制允许取得全局优化，计划的结果比以前的方法更加有效，实验结果和评估显示也是如此。

关键路径分析在计算机工程的很多领域也得到了应用，比如平行和分布式程序、计算机电路等。Duk-Ho Chang 等将关键路径分析用于工作流资源和时间的管理，Magnus Broberg 使用扩展的关键路径分析来优化多处理器上多线程程序的性能，Chris Baber 和 Brian Mellor 使用关键路径分析方法来模拟多情态的人机交互。

David Alcaide 等受现实中多机器人搬运生产系统计划安排问题的启发，将关键路径方法应用到自动生产系统中，文章提出带多机器人移动的循环计划模型来解决含参数的关键路径问题，实践证明能提高较大幅度地自动生成系统的产出率。

李学光等将关键路径法结合 CAD/CAM 技术，应用于机械制造业，建立以机床为结点按工序流分配任务的 AOE 网络模型。该模型可以有效地对承担任务的生产周期进行预测，对于承担离散型任务的企业，能够使企业充分利用现有的资源，更有效地对生产进行管理和控制，缩短生产周期。熊禾根等将关键路径用于模具企业车间作业计划中。

李黎等对 SoC 系统综合时关键路径的处理方法进行了研究，算术单元电路、从多路器电路以及状态机电路三个角度，分析各种实现方式的利弊，提出了代码设计优化的指导原则和方法，然后用 Design Compiler 进行综合并分析其结果。将关键路径用于研究设计的还有陈辉，其将关键路径用于提高企业技术创新效率。

刘明等针对在交通运输中各种突发事件（交通事故、自然灾害等）造成原来选择的最短路径就很可能失去其最优性而导致增加交通运输成本问题，提出了不完全信息下交通网络的关键路径问题，并给出了相应的求解算法，进而分析了其时间复杂性，然后结合实际交通网络给出算例。

曹瀚等将关键路径用于工作流控制，给出一个描述活动延迟的工作流模型，将工作流网看作一个 M/M/1 队列网，然后讨论工作流活动在各种结构中的到达率与时间延迟，并提出一种基于活动的关键路径算法。该算法降低了对工作流模型结构的要求，解决了控制结构“部分覆盖”的计算问题。

通过以上分析可以看出，关键路径问题在算法和应用上都有一定程度的研究，但仍然有待深化。下面一些问题是值得研究和关注的：

（1）关键路径算法的拓展研究。传统的关键路径算法限制条件比较严格，而现实中会出现各种各样的情况，比如资源分配问题。当紧前工作面临若干紧后工作时，由于资源和时间的限制，它可能不能同时满足紧后工作，需要一个一个地提供服务，这时就面临提供服务的先后顺序，不同的顺序，关键路径以及最后项目完工的总时间是不一样的。这些特殊情况的网络计划的关键路径算法是当前的一个研究方向。

（2）关键路径的应用研究。关键路径是从项目管理中提出来的一种技术，因此在传统的项目管理领域应用非常广泛。此外，在其他领域也有部分应用，但在其他领域的应用研究远远不够。比如供应链管理领域，整个供应链的响应时间就类似于项目网络，供应链节点企业响应时间相当于项目网络计划中活动的持续时间，供应链的整体响应时间并不是各企业时间的总和，而是取决于关键路径上的时间总和。

1.2.4 供应链绩效的相关研究

目前有关供应链绩效评价的文献非常多，本节主要从评价指标体系、评价方法以及各种具体类型供应链绩效评价 3 个方面对相关文献研究进行阐述。

1.2.4.1　供应链绩效评价指标体系的研究

Maskell 提出了供应链绩效评价指标应当满足 7 个特征：与企业战略直接相关、主要是非财务指标、相互之间定位要不同、能够适应时间的发展、简单而且容易使用、能给操作者和管理者提供快速反馈、目的是改善而不是监控。

供应链运作参考模型（SCOR）是由美国供应链协会（Supply-Chain Council）在 1996 年开发的。SCOR 模型按照供应链运作流程分可靠性、响应能力、灵活性、成本以及资产 5 个维度，构建了供应链绩效评价指标体系。SCOR 模型提出了 11 项指标：交货情况、订货满足情况、完美的订货满足情况、供应链响应时间、生产柔性、总供应链管理成本、附加价值生产率、担保成本和回收处理成本、现金流周转时间、供应周转的库存天数和资产周转率。

Robert Kaplan 等提出了平衡记分卡评价模型，它将企业长期目标和短期目标、财务指标和非财务指标、超前型指标和滞后型指标、外部绩效和内部绩效结合起来，该体系从财务角度、顾客角度、内部过程角度、学习和创新 4 个角度对供应链绩效进行了评价。

Beamon 建立了基于供应链战略目标关键因素、影响因素的绩效评价体系，该体系由资源测度、柔性测度和输出测度三个一级指标构成。其中资源测度即成本，它是能够进行高效生产的关键，柔性测度是指对环境变化的快速响应能力，输出测度是对于客户需求的响应能力。他还从定性和定量两个方面提出了 18 个供应链绩效评价子指标。定性指标包括顾客满意度、柔性、信息流与物流整合度、有效风险管理和供应商绩效。定量指标则包括基于成本和基于顾客响应两类指标。

Roger 认为，现有的评价指标已经不能反映 21 世纪供应链的绩效，必须建立新的绩效评价体系，具体地说，应该从以下10个方面进行供应链的绩效评价：有形体的外在绩效、可靠性、响应速度、能力、服务态度、可信性、安全性、可接近性、沟通能力、理解顾客能力。10个指标中，他认为顾客服务质量是评价供应链整体绩效的最重要指标。

Gunasekaram等从订单计划、供应链伙伴和关系、生产水平、物流、顾客服务和满意度、财务等角度来考虑，给出了一系列的供应链绩效评价指标，并将这些指标划分成战略、战术以及操作3个等级。

Li和O'Brien使用4个绩效标准：利润、提前期、交付敏捷性、存货成本，并提出了分等级的供应链绩效评价模型。

Sink和Tuttle评价指标体系是建立在“供应商-投入-加工-产出-顾客-成果”模型基础上的，将企业绩效的评价与战略计划过程紧密结合在一起，该体系共包含7项评价指标，即效率、有效性、生产率、盈利能力、质量、创新和工作环境质量。

霍佳震等提出了一个集成化供应链整体绩效的评价框架并进行了定量评价，该框架由供应链价值和顾客价值两个方面组成，这两种价值分别从内部和外部定义了供应链应该达到的绩效水平。其中，供应链价值由二级指标产出、总成本、财务状况决定，顾客价值由二级指标顾客满意度决定。

徐贤浩等综合考虑了绩效评价指标的客观性和可操作性，提出了基于供应链业务流程的绩效评价指标体系，包括产销率、平均产销绝对偏差、产需率、供应链产品出产（或投产）循环期、供应链总运营成本、供应链核心产品成本和供应链产品质量7个指标。

马丽娟等从供应链的外部讨论了基于用户满意度的绩效评价指标体系，选取产品质量、服务水平、承诺水平、产品价格作为供应链绩效评价的指标，每个指标下还包含若干个子指标。

曾现洋等利用增强型平衡记分法，从财务角度、客户角度、流程角度、发展角度和外部角度5个方面，建立了供应链绩效评价指标体系，并结合实际，对同行业的两条供应链进行了实际论证和对照分析。

1.2.4.2　供应链绩效评价方法的研究

Bolstorff在供应链委员会提出的供应链运作参考模型法的基础上，增加了一部分评价指标，为企业供应链管理提供了一个跨行业的普遍适用的绩效评价标准。该模型通过对供应链流程的分层分析。为供应链的改善提供了有效途径，共包含11项指标。

Rajat Bhagwat等将平衡记分卡用于供应链绩效测量中，通过对印度3个不同规模的相关供应链的研究，针对日常商业供应链从4个方法进行了评估：财务、顾客、内部商业过程、学习和成长能力。马士华等在一般平衡记分卡的基础上提出了平衡供应链记分卡，从客户角度、供应链内部流程角度、财务价值角度和未来发展性角度4个方面研究了对供应链绩效评价的问题，并提出相关的参考指标。

Lummus等采用比较分析法，从4个方面评价供应链绩效，分别为供应、转换、交运和需求管理，每一项指标都有理想值、目标值和当前值三个指标值，用当前值和理想值、目标值比较找出差距。供应链绩效管理的目的就是要按照理想值确定目标值，继而根据目标值改进现有的绩效状况。

Salem Lakhal等利用差距分析方法建立了定量分析框架来评价已有供应链中绿色的程度，测定目前供应链与理想（或目标）的绿色供应链之间的差距，然后再通过计划、执行、资源安排等手段与策略来降低或缩短差距。

Lewis和Naim研究了标杆分析法（Benchmarking）评价供应链的问题。Stephen提出了一个分析供应链改进框架，基本思想也采用标杆方法。

Ming Dong 等提出了一个用排队论来对物流链不同的网状拓扑结构的绩效进行评价的综合框架，但仅限于单一产品的物流链结构。

史成东等利用粗糙集的理论和方法，建立了基于粗糙集的供应链绩效改进决策模型框架，并给出其中的指标约简方法和基于分辨矩阵计算指标权重的数学模型。最后结合一个制造业供应链绩效评价实例，并对结果进行了分析，提出了绩效改进决策意见和措施。

席一凡等在描述供应链绩效评价和模糊神经网络原理的基础上，提出了供应链绩效评价指标体系，建立了基于模糊神经网络的供应链绩效评价模型，把该模型应用于供应链绩效评价，为企业供应链管理及绩效评价提供了一种新的方法。

李紫瑶在综合国内外几种供应链绩效评价指标的基础上，构建了一个适用于整个供应链的绩效评价指标体系，并采用层次分析法来分析供应链绩效。

陈坤等将主成分分析法应用于评价供应链绩效，所提取的指标不仅能够较全面地反映企业某项经营活动的效益，而且能够克服原指标间信息重叠的问题，通过主成分分析所构造出的综合评价函数是基于数据分析的，能够很好地反映出指标间的内在结构关系。

何忠伟等选择 SCOR 模型的绩效衡量指标作为供应链评价的基准，在此基础上，提出了一种基于 DEA、博弈论和聚类分析的方法，来选择对供应链流程进行绩效评价的参考基准。

殷梅英等利用网络数据包络分析方法，对供应链分销阶段中经济实体的内部运作子过程对其总体相对有效性的影响进行了讨论，并给出了决策单元的可分配输入资源在其内部各子过程的优化配置方法。

路应金等提出了一种基于客户服务水平的集成化供应链绩效评价的区间数线性规划方法，使评价方法能够反映实现客户服务承诺效用的大小，其评价过程更具柔性，并通过实例分析了该方法的应用效果。

1.2.4.3 各种类型供应链绩效的评价

Kee-hung Lai 等研究了交通物流供应链的绩效，在供应链运作参考模型的基础上，使用了多种测量指标并建立了测量模型，实践证明该模型对交通运输物流供应链的绩效测量是可靠而有效的。

Yunus Kathawala 等对比分析了服务业与制造业的异同，把供应链管理思想运用到服务业中，并以审计、会计和财务咨询这些专业领域为例，提出了一个服务业供应链评价的框架。

Beaman 则是在供应链模型中注重考虑环境因素，提出了更广泛的供应链设计模式，并提出了“绿色供应链”的概念。对于供应链管理，他提出了一些新的经营指标，包括资源回收率(Material Recovery Rate)、核心回报率（Core Return Rate)、废物比（Waste Ratio)、生态有效性（Eco-efficiency）等。

钟胜华提出了基于层次分析的建筑企业供应链管理绩效评价多层次指标体系。该模型采用定量与定性相结合的方法，其指标体系比较具体、细致，缺点在于定性指标随意性较大，定量指标数据采集成本高。

伍春等在深入分析旅游供应链及其可靠性内涵的基础上，探讨了旅游供应链管理模式及其特征，并按照平衡性、可行性、科学性和全面性的原则，以旅行社为供应链核心企业，综合考虑核心企业竞争力、质量、柔性等诸多方面因素，构建了旅游供应链可靠性评价指标体系。

此外，在其他类型供应链绩效评价方面的研究还包括生态型供应链、集成化供应链、军事供应链、敏捷供应链、药品分销供应链等。

通过以上分析可以看出，虽然对供应链绩效评价的研究已经很多，但目前的研究仍然存在着不足，需要做进一步的深入研究。

（1）现有研究指标分散，需进一步强化指标体系研究。虽然供应链绩效评价指标多种多样，既有定性指标，又有定量指标；既有财务方面的，又有营运方面的；既有以成本为主的，又有以顾客满意度为主的。指标的多样性，一方面是由于评价的视角差异，另一方面是由于各种供应链本身特点的差异。由于这些差异的存在，供应链绩效评价体系不可能统一起来。因此，符合供应链特点的指标体系有待进一步研究。

（2）综合运用多种评价模型与方法的研究。供应链各节点企业之间的相互作用产生了大量的模糊信息，供应链与外部环境之间的相互作用又会产生更多的不确定信息，而且这些信息很难用单一的常规方法进行度量和量化。这就使得综合利用多种方法成为值得尝试的方向。此外，各种方法对同一供应链进行评价的结果可能是相互冲突的，如何解决这些冲突问题，挑选出最合适的评价方法，也是值得研究的方向。

1.3 研究框架

1.3.1 研究目标

供应链内部具有相互依赖性，绝大多数的创新活动对供应链有效产出只会产生微小的影响，而只有立足于约束的创新活动才能对供应链绩效产生重大的正面影响，促进有效产出的增加。对于追求利润的供应链而言，瓶颈妨碍了供应链成员去获取更多的利润。因此如果供应链能够识别这些瓶颈，并采取适当的措施移除它们，将大大增加有效产出，提高供应链整体的绩效。基于此，本书将瓶颈的相关问题作为研究目标。具体来讲，课题的研究目标主要包括以下部分：

（1）研究供应链瓶颈的产生机理。通过对供应链网络前后节点间委托代理关系的研究，找到由于利益的冲突而导致供应链瓶颈产生的机制；通过供应链网络节点间信用的缺失，找到信用缺失引起供应链冲突并导致供应链产生瓶颈的原因；通过供应链成员企业目标冲突分析，找到目标不一致导致供应链瓶颈的原因。

（2）供应链网络瓶颈的识别。如何有效地识别供应链网络的瓶颈，这将是本书的研究主旨，只有先识别瓶颈，才能在此基础上采取相应的对策，识别工作是整个瓶颈管理工作的第一步。围绕这个问题，要研究判断一个环节为瓶颈的标准是什么，然后在此基础上，使用合理的数学模型，依据瓶颈的判断标准，找到识别供应链瓶颈的理论和方法。

1.3.2 研究内容

本书通过分析相关文献，对供应链瓶颈产生的原因进行探讨，研究供应链瓶颈形成的微观机制。在此基础上，寻求供应链瓶颈识别的相关指标，并就各种指标建立数学模型对供应链的瓶颈进行识别。

1.3.2.1 供应链瓶颈的原因研究

供应链瓶颈的产生，有其必然的原因。本书先从宏观方面对供应链瓶颈产生的原因进行定性的分析，包括外部原因，如难以预料的突发事件、市场的不确定性（如对市场需求认识不足、对市场反应的迟滞性）以及内部原因（如企业利益博弈、信息的不对称、时间延迟性等）。然后，对供应链瓶颈的微观生成机制进行深层次的研究，主要从 3 个方面展开：①基于委托代理的分析。供应链的前后环节之间的关系可以看作是一种委托代理关系，利用委托代理原理，通过建立模型从理论上证明供应链供需冲突和瓶颈产生的机理。②基于信用缺失的分析。通过引入卡诺满意度模型，分析供应商和采购商之间的满意程度变化，研究供应链冲突的演化以及供应链瓶颈的产生。③基于目标不一致的分析。研究供应链企业之间的目标冲突所导致供应链前后环节的商品供需数量冲突以及由此而产生的供应链瓶颈。

1.3.2.2 从供应能力的角度对供应链瓶颈识别进行研究

根据网络流相关理论，最小截集是供应链网络的瓶颈环节。以此作为理论基础，对供应能力瓶颈进行定义。然后，对各种情况的供应链网络进行瓶颈识别研究，主要是 3 个方面展开：①针对供应链结构变得越来越复杂并迅速向大规模甚至是超大规模网络化演变的特点，对大规模供应链网络的供应能力瓶颈的识别进行研究；②现实供应链网络中，供应商的最大供应能力往往受到各种因素的影响，并非固定不变的常量，而是一个随机变量，针对这种随机容量供应链网络的供应能力瓶颈的识别问题进行研究；③供应链网络节点上有多家供应商可供选择，由于多种因素影响，不同供应商的产品供应能力是不同的，从长期来看，核心企业可以通过选择合适的供应商来提高对市场的供应能力，针对基于供应商选择的大规模供应链网络的瓶颈识别进行研究。

1.3.2.3 从响应时间的角度对供应链瓶颈识别进行研究

根据网络计划图的关键路径相关理论，关键路径是导致整个项目持续时间最大的环节，因此是项目的瓶颈环节。以此作为理论基础，对什么是响应时间瓶颈进行定义。然后，针对三种情况下的供应链进行瓶颈识别研究：①在供应链中，成员企业为后续企业服务时，由于资源的有限性，只能按照一定的顺序依次满足后续企业的服务需求，这可称为资源配置问题；不同的资源配置方案，供应链的整体响应时间和瓶颈环节是不同的，在这种资源最优配置情况下供应链响应时间、瓶颈的识别问题是本书的研究内容。②供应链各成员企业对订单响应时间的长短往往与费用成一定的比例关系，一般来说，时间越短，费用越高。在直线式供应链结构中，供应链响应时间在一定时间范围内实现供应链整体费用最小时的供应链的瓶颈环节是本书的研究内容。③在网络结构的供应链中，最终客户由于信息不对称无法知道供应链的真实响应时间，因此最终客户对应提前交付给予一定的奖励，对延迟交付给予一定的惩罚，以达到对响应时间的适度控制。同时，供应链也存在响应时间的成本函数问题。在这种供应链中，供应链的费用和响应时间的选择是供应链与它的客户双方利益博弈的结果。本书需要研究这种情况下供应链的时间分配和瓶颈识别问题。

1.3.2.4 从综合绩效的角度对供应链瓶颈识别进行研究

前面分别从响应时间和供应能力两个方面进行供应链瓶颈识别分析，这两个指标都属于单指标，分别从不同的侧面反映了供应链的运行情况。同样，对供应链瓶颈的识别还可用从其他方面进行分析，如脆弱性、质量、成本等。但是，对同一供应链，用不同的指标识别出的瓶颈环节可能是不同的，甚至可能发生冲突，那么在这种情况下如何识别供应链的瓶颈呢？本书采用综合评价指标并结合综合绩效来解决这个问题。本书要从竞争的角度研究供应链及成员企业的绩效评价指标体系，对综合绩效评价方法进行探索并进行瓶颈识别。

本书研究内容见图 1-1。

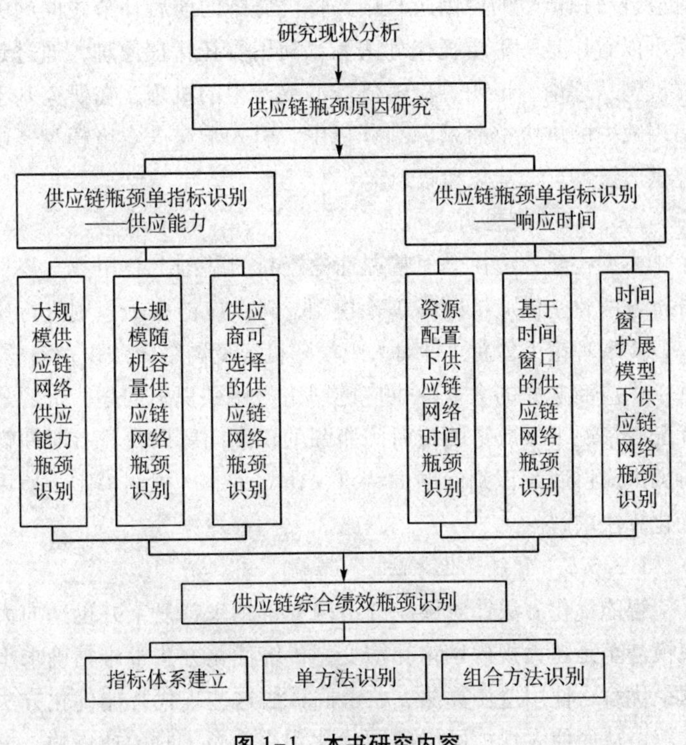

图 1-1　本书研究内容

1.3.3　研究方法

本书拟采取理论研究、定性分析与定量分析相结合的研究方法，在不同方面、不同层次研究过程中灵活运用、因势利导，努力实现研究方法的创新。在整体框架构建设计中，采用系统分析方法；在模型构建过程中，采用委托代理理论、数学规划、智能算法的方法。

1.3.3.1　理论研究方法

理论研究方法强调在掌握大量资料的基础上对各项研究成果归纳提炼，在总结他人思想的基础上有所创新。本书在研究供应链瓶颈产生的原因过程中，将供应链的前后环节之间的关系可以看作是一种委托代理关系，利用委托代理原理，通过建立模型从理论上证明供应链供需冲突产生的机理。在研究基于信用缺失的供应链瓶颈原因分析中，引入卡诺满意度模型，研究供应链冲突的演化和瓶颈。

1.3.3.2 模型构建方法

模型构建方法在全面掌握理论资料的基础上利用数学规划分析方法建立供应链网络理论模型，对供应链瓶颈识别进行研究，实现理论上创新。针对大规模随机容量网络瓶颈识别问题、基于供应商选择的大规模供应链网络的瓶颈识别问题、资源最优配置情况下供应链响应时间瓶颈的识别问题以及具有时间窗口的供应链瓶颈识别问题的特点，建立了二次规划模型，使用优化算法求解。

1.3.3.3 智能优化方法

智能优化方法针对供应链结构变得越来越复杂并迅速向大规模甚至是超大规模网络化演变，传统优化方法很难精确求出其最优解，使用遗传算法、粒子群算法这些现代智能优化方法求解，从而使大规模网络问题优化程序简单、收敛速度快、求解效率高。

1.3.3.4 系统分析方法

系统分析方法用于构建本书的整体研究框架，从原因分析到单指标识别到综合识别，形成总分总的框架结构。对于研究供应链及成员企业的绩效构成指标体系，本书按照结构方程模式的逻辑，论证竞争和绩效的关系、竞争的测度，然后建立基于竞争的绩效评价指标体系。

2 供应链瓶颈存在的原因分析

本章主要对供应链瓶颈存在的原因进行分析。首先从宏观方面概述供应链瓶颈存在的一系列原因，然后分别从委托代理、信用缺失、目标不一致方面对供应链瓶颈产生的微观机制进行分析。

2.1 供应链瓶颈存在的原因概述

供应链是由若干节点企业组成的网络系统。在网络系统中，不同节点的关系是不同的，有的节点输出是另一些节点的输入，而有些过程则是并行共存，在投入产出关系上没有直接关系。伴随着供应链的运作过程，有几种流动存在于供应链系统之中，包括物流、信息流、时间流等。供应链运作状态的好坏实际上反映了供应链是否畅通、有效，过程能否增值。系统均衡、平衡对供应链过程效率影响很大。

由约束理论可知，供应链可以看作由具有内在联系的一系列流程活动组成的网络系统，其整体绩效优化取决于供应链的最薄弱环节，这就是供应链上的“瓶颈”，优化供应链的绩效必须从最薄弱的环节入手，才能得到显著的改善。因此要改善整个供应链的绩效，必须找出存在于供应链上的瓶颈、分析成因、评价瓶颈、消除瓶颈，并形成一种不断循环的持续改进状态。

关于供应链的瓶颈问题，较多的学者有所阐述，但这些研究大多是简单地指出运行过程中存在的一些障碍和问题，不是从系统的角度分析瓶颈问题。而严格意义上的“瓶颈”，应该是多环节所组成的系统中所存在的最薄弱的环节，无论物流还是供应链，都应该从这个角度去分析其瓶颈问题。对于供应链瓶颈问题，目前直接的研究比较少，相关研究主要有供应链的瓶颈问题、供应链的风险问题以及供应链的协调等，这些研究都或多或少地提及供应链瓶颈产生的原因，但要么不太全面，要么分析不透彻，而且有些原因从根源上看是重复的。鉴于此，本书将从供应链内外两个方面分析形成供应链瓶颈的原因。

由于内外部环境的不确定性，供应链瓶颈是客观存在的。供应链产生瓶颈的原因很多，按照影响因素是否存在于供应链内部，可以分为两大方面的原因：内生原因和外生原因。

2.1.1 供应链瓶颈形成的内生原因

所谓内生原因，即供应链内部的不确定性因素，存在于供应链内部。内生原因主要包括 4 个因素。

2.1.1.1 企业利益博弈

在供应链运行中，由于成员企业是相互独立的经济实体，企业无时无刻不在觊觎更多超额利润，因此它们之间的目标常常相互冲突。每个成员企业总是在资源约束下最大化自己的效用。在没有相关协议约束的情况下，成员企业会尽量使自己的收益而不是供应链的总体收益最大化。

由于利益的冲突决定了供应链协作双方必然存在博弈行为，从而使得供应链中需求不一致，进而导致瓶颈的产生。这种需求目标的不一致，集中体现在两个方面：①产销数量目标的冲突。对于供应商而言，效率是其优先考虑的目标，为了降低成本，保证生产的平滑性，它倾向于选择较大的生产批量；对于购买商而言，服务是优先指标，倾向于批量小而且频繁变化、期望快速的市场反应速度。供应商和购买商按照各自的利益最大化进行决策，导致产销数量目标的冲突，从而造成供应链前后数量的不一致。②库存数量的目标冲突。在实践中，制造商往往把原材料库存（或完工产品库存）转嫁给供应商（采购商）以最小化库存成本。协作双方在制定库存水平的谈判中，一方面，供应商希望库存越小越好，这样可以降低自己在必须维持的库存上的花费；另一方面，购买商希望维持较高的库存水平，从而减少缺货的可能性。那么，究竟什么样的库存水平对整个供应链（或者分别对协作双方）来说才是最佳水平呢？这就需要双方制定一种协作机制，并且一般都是通过合同参数的设置来实现机制的目标。然而，私有信息的存在往往导致双方目标的不一致或在运行中破坏目标行为的产生。

2.1.1.2 信息的不对称

供应链源于企业只抓住自己的核心竞争力，把不擅长的业务外包出去，交给更专业的企业代理生产。外包关系本质上是委托代理关系，委托方和代理方都是独立的法人实体，有自己的利益目标。为了追求自身利益最大化，他们会隐藏一些商业信息，将相关信息当作商业秘密加以封闭，不愿与上下游企业共享，以至于各企业内部信息系统虽然很先进，但只是一个个信息“孤岛”。这种情况下必然存在信息不对称，这在一定意义上容易产生一种非协作、非效率，这主要体现在两个方面：道德风险（事后非对称信息）和逆向选择（事前非对称信息）。

在供应链中，信息的不对称表现在3个方面：

（1）信息细化程度的不对称。在典型的供应链模型结构中，供应商负责原材料供应环节，制造商负责生产环节，分销商负责销售环节。在这些各自负责的环节中，对信息的细化程度是不同的。

（2）信息实时性的不对称。由于信息加工造成信息提前期，显然，处于信息流前端的企业能够掌握实时的信息，而处于后端的企业则出现时间延迟，从而导致掌握信息的实时性不对称。

（3）信息准确度的不对称。由于分销商和制造商之间是比较松散的、纯粹的利益关系，分销商不会主动提供更为准确、全面的需求信息；出于自身利益最大化的考虑，分销商往往会人为地提供不准确的需求信息，导致掌握信息的准确度不对称。

供应链成员掌握信息的不对称导致制造商对市场信息的曲解，并将扭曲的信息进一步向供应商传递，造成信息的逐级失真，这种情况对于离市场需求最远的供应链成员影响最大。供应链成员在进行决策时都在利用来自下游成员的信息进行预测和向上游订货，因此最终导致供应链需求不一致，出现瓶颈。

2.1.1.3 时间延迟性

在供应链中，信息延迟和物流延迟导致供应链瓶颈的产生。由于顾客的订货信息不能立即传达给制造商，而需要经过零售商、批发商处理才能传递到制造商，这就造成了信息延迟。同样，制造商生产的产品需要经过批发商和零售商等中间环节才能交付到顾客手中，势必引起延迟。信息延迟有3种：①订单业务处理延迟，如零售商收到订单后，进行处理所需的时间；②订货延迟，如零售商根据订货量制作新订单并发送给批发商所需的时间；③邮寄延迟，即订单在邮寄途中花费的时间。延迟是由生产和运输过程中的延误造成的，存在两种延迟：①交货延迟，即某个成员收到订单后到货物交付所需的时间；②运输延迟，货物在运输途中花费的时间。时间延迟问题和供应链中的信息波动放大效应一起产生了供应链中的牛鞭效应以及多级库存现象，而这两种现象导致供应链前后环境供需的不平衡，从而使整个供应链出现瓶颈环节。

2.1.1.4 成员企业运营动荡

在供应链运行过程中，由于外界环境因素和自身因素的影响，成员企业的生产运作会产生动荡，从而造成产品流动不顺畅，产生瓶颈。其原因主要包括：①生产能力动荡。在运行过程中，企业的生产能力并不是恒定不变的。企业由于不同机器设备存在设备生产能力的矛盾或工作要求的矛盾而产生的排程问题、发货的推迟以及质量控制等，都对有效生产能力具有影响。此外，生产设备等技术的复杂程度、技能和经验对潜在和实际产出都有影响，雇员的动机、缺勤和跳槽与生产能力也有直接联系。②原材料供应不足。供应商由于自身生产的确定性、运输途中的延误和事故以及质量原因等，都可能使原材料供应不足，致使下游企业无法顺利生产。③质量问题。企业生产的产品质量标准低于预期值或市场可接受水平，导致产品无法正常流动。其他如资金、人员、设备等所有这些运营中的不确定因素都可能使成员企业产品加工量达不到要求，产生堵塞，造成整个供应链的瓶颈。

2.1.2 供应链瓶颈形成的外生原因

所谓外生原因，即外界的不确定性因素，存在于供应链外部，这些因素常常具有不可预测性和抗拒性，通常会导致供应链节点企业之间供需的不平衡，产生瓶颈。外生原因主要包括3个因素。

2.1.2.1 外界的突发事件

当各种人为或非人为的突发事件造成供应链某个节点的重大损失时，该节点自然成为供应链的瓶颈环节。这些突发事件主要包括：①自然环境灾害。自然所发生的变化不以人的意志为转移，它往往给成员企业带来意想不到的打击，如地震、海啸、旱灾、涝灾、火山爆发、河流改道等。这些灾害往往导致供应链成员企业因缺乏原料而无法正常运行，或者使交通系统瘫痪，致使物资难以调运，不能及时送达，或者破坏生产，使企业生产线无法正常运转，制造不出供应链所需要的商品。②社会冲突、恐怖事件和社会动荡。主要指社会冲突、恐怖事件和社会动荡的存在给货物和商品的流通造成了很大的危害，有时甚至导致供应链的中断。

2.1.2.2 市场的不确定性

市场最大的特征就是千变万化，企业难以准确预测将来的市场变化方向。一方面，由于市场的不确定性，供应链成员企业可能因为得不到可靠的信息而无法正确安排生产；另一方面，市场可能出现逆转，导致企业商品积压，流动不畅。市场的不确定性主要表现在市场需求的不确定性，即消费者的需求是变化的，实际的需求受季节、消费者偏好等因素的影响，具有很大的不确定性。同时，由于产品提前期长和不了解最终顾客的真实需求，供应链对产品需求的预测信息是以订单的形式一级一级地向供应链上游流动，造成多级需求预测，使得供应链中产品的需求预测不能真实地反映市场需求，而是根据自身情况进行整理和修改的预测，在此基础上安排生产调度，协调生产能力，控制库存和生产资源，使得供应与实际脱节，造成产品在数量上的前后供需不平衡。

2.1.2.3 社会信用机制的缺失

现代经济的一个重要前提就是企业之间的密切配合与协作，而密切配合与协作的重要基础就是信用和诚信。信用机制缺失包括守信激励与失信惩戒双重机制的缺失，其主要表现为：守信者的经济利益激励缺失，声誉、信誉、债权等得不到保护，失信者也得不到道德谴责、经济惩罚和法律制裁。对供应链成员企业来说，经济活动中信用机制的缺失使双方有戒备和提防心理，必须经过认真的调查和了解，才能确定贸易关系，从而导致产品流动不畅；或者使企业资金运行梗阻，进一步影响企业商品生产，从而影响产品的供给；严重情况下，企业也可能由于信用缺失而拒绝继续提供产品，造成供应链的中断。

2.1.3 供应链瓶颈存在的必然性分析

根据供应链瓶颈的含义，可将供应链系统视为一个串联系统，供应链前后环节之间的连接即为该串联系统的一个元件。对每一个元件来说，它们的可靠性是造成瓶颈的原因的可靠性和积，假设元件的可靠性为 $R_k(k=1, 2, \cdots, n)$，瓶颈原因的可靠性为 $r_k(k=1, 2, \cdots, 7)$，那么容易得到该串联系统的可靠性，即：

$$R=\prod_{k=1}^{n} R_k$$

下面计算整个系统的可靠性，在造成供应链瓶颈的原因中，企业利益博弈、信息的不对称、时间延迟性和市场的不确定性4个原因发生的概率非常大，即使可靠性以40%计算（实际应当远小于这个数值）；成员企业运营动荡发生概率属于一般情况，按80%计算；而外界的突发事件、社会信用机制的缺失发生的概率相对很小，可靠性可按99.999%计算。那么供应链系统每一个环节的可靠性为：

$$\begin{aligned} R_k &= 40\% \times 40\% \times 40\% \times 40\% \times 80\% \times 99.999\% \times 99.999\% \\ &\approx 2.05\% \end{aligned}$$

假设整个供应链有8个环节，这在实际中是非常简单的系统（系统环节越多，可靠性越低），那么系统可靠性为：

$$R=\prod_{k=1}^{n} R_k=(2.05\%)^8=0.000\,017\% \approx 0$$

因此，整个系统不发生瓶颈的概率为0，供应链在运行中必然产生瓶颈。

2.2 基于委托代理的分析

随着经济的全球化和科学技术的进步，企业间竞争演变为供应链与供应链之间的竞争。供应链中的合作企业应该是一种亲密的伙伴关系，但由于供应链成员间的目标相异和供应链中的“双重边际加价”，供应链经常处于冲突状态。当供应链成员间的战略目标不一致时，供应链整体战略目标就无法实现，渠道矛盾就会产生；另外，当每个成员的业绩评估标准都建立在各自的利润总额上时，其目标的设定往往是在不同利益驱使下形成的，因此，常常偏离供应链整体目标，造成供应链供需冲突。同时由于每个主体都忽略了自己的运营绩效对其他环节乃至整个供应链系统的影响，因而供应链常常处于冲突状态。即使是供应链成员目标一致，但当供应链成员分散决策，相互之间不存在任何协调措施时，供应链定价、订货、销售等活动往往不能达到一体化的最优水平，造成这一结果的根本原因在于供应链成员利益的“双重边际加价”。供应链企业间的冲突将影响整条供应链的运行效率，最终造成利益共同体的高成本、低效率，甚至解体。在这种情况下，供应链的冲突问题引起了学术界和企业界的重视，很多学者对此进行了研究。一些学者从契约理论的角度设计了供应链的协调机制以提高供应链的整体性能。一些学者从不对称信息的角度利用委托代理理论设计了供应链的激励机制以促进供应链企业间的协调。还有一些学者分析了供应链冲突存在的机理。例如，胡继灵分析了供应链企业间冲突的内涵、特性和冲突产生的诱因，并对供应链企业间冲突的二重性进行了剖析；唐建生从委托代理角度研究了制造型企业供应链中的冲突。他们对冲突机制的研究主要是定性描述，缺少定量的研究。本书利用委托代理原理，通过建立模型从理论上证明了供应链供需冲突产生的机理。

2.2.1 假设条件

本模型有如下主要假设：

（1）考虑供应链为三级结构，即包括零售商、制造商、供应商，如图 2-1 所示。产品有 N 个零部件需要采购，每个外购零部件对应一家供应商，且零部件与产品的装配比为 1∶1。制造商生产出来的产品由一家零售商销售。

（2）假设在供应链体系中，制造商处于核心地位，主导着整个供应链。在制造商-零售商环节，制造商是委托人，零售商是代理人；在供应商-制造商环节，制造商是委托人，供应商是代理人。委托人是风险中性的，代理人是风险规避的。

（3）代理人比委托人更了解工作流程，掌握委托人不具有的私有信息。委托人无法完全观测代理人的工作行为和工作的努力程度，只能监督和激励代理人努力工作。

（4）供应链采购商利用采购的元件进行生产的利用率是 100%，即从供应商采购的元件可以由制造商无损耗地制造成合格的相应的最终产品，并且无损耗地传递给零售商。在这种情况下，制造商、零售商的商品订购量是根据需要下达的，不存在为应付突发事件而多订购的后备订购量。

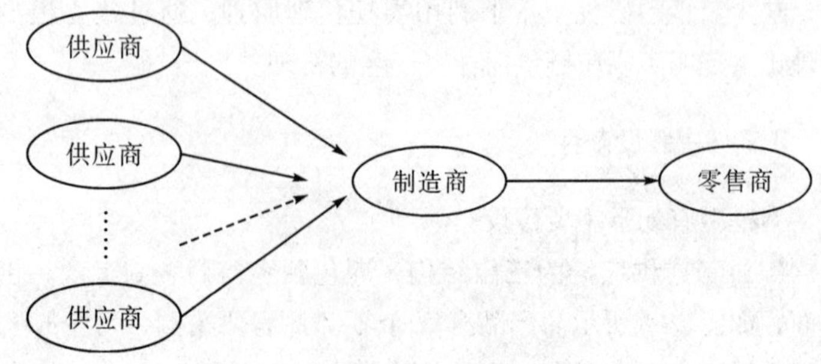

图 2-1 三级供应链供需图

2.2.2 制造商-零售商环节供需分析

制造商以成本 c 向零售商批发产品，零售商以零售价格 p_r 把产品销往市场。市场的销售量 Q 要受到市场条件、零售商促销努力程度以及市场随机因素的影响，可以表示为：

$$Q = f(a_r) + d + \theta_r - \lambda p_r$$

其中 Q 表示销售量，$f(a_r)$ 是努力水平的产出函数，$f'(a_r) > 0$ 表示努力水平的边际销售量为正，即零售商越努力，销售量越大；$f''(a_r) \leqslant 0$ 表示努力的边际销售量递减（当等号成立时，努力的边际销售量不变），即努力所导致的销售量的增加速度是逐渐递减的。d 为常数，表示的是当地市场状况，用固定产出表示，假设 d 足够大以使得市场的销售量不会为负，p_r 为零售价格，λ 为价格敏感系数。随机变量服从正态分布 $\theta_r \sim N(0,\ \delta^2)$。假设零售商付出努力的成本为 $c(a_r)$，并且满足 $c'(a_r) > 0$，$c''(a_r) > 0$。为了简化分析，假设 $f(a_r) = a_r$，即销售量为努力程度的线性函数，李善力的研究也说明线性函数的合理性。因此有：

$$Q = a_r + d + \theta_r - \lambda p_r$$

另设 $c(a_r) = b{a_r}^2/2$（$b > 0$ 为成本系数，b 越大，同样的努

力带来的负效用越大)。

零售商销售产品后的收益 $(p_r - c)Q$ 的处置权归制造商所有，制造商根据最后的收益给零售商线性支付（类似于代销模式）：

$$s(Q) = \alpha_r + \beta(p_r - c)Q$$

其中 $s(Q)$ 是零售商的总收入，α_r 是固定收入，β 是零售商分享的产出份额，称为佣金率，即产出 Q 增加一个单位，零售商的报酬增加 β 个单位。假设制造商是风险中性，则制造商的利润为：

$$\pi_m = (p_r - c)Q - s(Q) = (1 - \beta)(p_r - c)Q - \alpha$$

制造商的期望利润为：

$$\begin{aligned} E\pi_m &= E[(p_r - c)Q - s(Q)] \\ &= (1 - \beta)(p_r - c)(a_r + d - \lambda p_r) - \alpha \end{aligned}$$

零售商的利润为：

$$\begin{aligned} \pi_r &= s(Q) - c(a_r) \\ &= \alpha_r + \beta(p_r - c)Q - b{a_r}^2/2 \end{aligned}$$

零售商是风险规避，假设其效用函数为负指数效用函数：$V(x) = -e^{-\rho_0 x}$，根据张维迎的研究可知，当零售商是风险规避时，确定性等价等于随机收入的均值减去风险成本，代理人的风险成本为 $\rho_0\beta^2\delta^2/2 = \rho_0\beta(p_r - c)^2\delta^2/2$，其中 ρ_0 为绝对风险规避量，$\delta^2 = Var(\pi)$。

则零售商的确定性等价为：

$$\begin{aligned} E\pi_r - \rho_0\beta(p_r - c)^2\delta^2/2 = {} & \alpha_r + \beta(p_r - c)(a_r + d - \lambda p_r) \\ & - b{a_r}^2/2 - \rho_0\beta(p_r - c)^2\delta^2/2 \end{aligned}$$

作为 Stackelberg 博弈的领导者（Leader），制造商在整个博弈中具有“先走一步”的优势，但是在追求其自身期望利润极大化时，会受到两种制约：零售商的个人理性约束（Individual Rationality）和激励相容约束（Incentive Compatibility）。这样，制造商和零售商的委托代理关系可采用莫里斯（Mirrlees，1974，1976）和霍姆斯特姆（Holmstrom，1979）开始使用的“分布函数的参数化方法”建立制造商-零售商之间委托代理模型：

$$\max \quad (1-\beta)(p_r-c)(a_r+d-\lambda p_r)-\alpha_r$$

$$\text{s. t.} \quad (\text{IR})\alpha_r+\beta(p_r-c)(a_r+d-\lambda p_r)$$

$$-ba_r{}^2/2-\rho_0\beta({}^p_r-c)2\delta^2/2\geqslant \bar{w}$$

$$(\text{IC})\alpha_r+\beta(p_r-c)(a_r+d-\lambda p_r)-ba_r{}^2/2\geqslant \alpha_r$$

$$+\beta(p_r-c)(a_r'+d-\lambda p_r)-ba_r'{}^2/2$$

其中 $\bar{w}$ 为零售商的保留效用，即外在机会成本。上面的激励相容条件（IC）等价于：

$$\frac{\partial}{\partial a_r}[\alpha_r+\beta(p_r-c)(a_r+d-\lambda p_r)-ba_r{}^2/2]=0$$

解得：$a_r=\beta(p_r-c)/b$

故上述模型等价于：

$$\max \quad (1-\beta)(p_r-c)(a_r+d-\lambda p_r)-\alpha$$

$$\text{s. t.} \quad (\text{IR})\alpha_r+\beta(p_r-c)(a_r+d-\lambda p_r)-ba_r{}^2/2$$

$$-\rho_0\beta({}^p_r-c)2\delta^2/2\geqslant \bar{w}$$

$$(\text{IC})a_r=\beta(p_r-c)/b$$

求解此规划问题，得到：

$$\beta^*=1/(1+b\rho_0\delta^2)$$

$$a_r^*=(p_r-c)/b(1+b\rho_0\delta^2)$$

因此，从制造商角度看，市场的销售量，即需要生产的产品数量为：

$$Q_m^*=a_r^*+d-\lambda p_r+\theta_r$$

但是，在一次具体的行为中，对零售商而言，信息是充分的，故不存在确定性等价收入的问题，利润是确定的：

$$\pi_r=s(Q)-c(a_r)=\alpha_r+\beta(p_r-c)Q-ba_r{}^2/2$$

$$= \alpha_r + \beta \cdot [\frac{Q - (a_r + d + \theta_r)}{\lambda} - c] \cdot Q - ba_r{}^2/2$$

零售商实现利润最大化的条件为 $\partial\pi_r/\partial Q = 0$

解得：$Q_r^* = (a_r^* + d + \theta_r + \lambda c)/2$

由此可见，由于存在信息不对称，零售商是在完全信息情况下进行数量决策，而制造商是在不完全信息情况下决策，从而导致 $Q_r^* \neq Q_m^*$，即供需不平衡。

2.2.3 供应商-制造商环节供需分析

制造商根据其在“零售商-制造商”环节的决策产量向为其配套的供应商下达订单，即其订购量 $D = Q_m^* = a_r^* + d - \lambda p_r + \theta_r$。

假设供应商的最大生产能力是确定的，为 B。当制造商需求 D 超过供应商的最大生产能力后，企业要满足制造商的订货要求就必须采取非正常措施，比如加班、加速机器运转，而这些非正常措施会导致产品的边际成本递增，超正常产量越多，边际成本越大，故可认为超过正常产量后在原来正常成本基础上增加的产品成本为 $cq^2/2$，c 是常数，取决于具体的供应商，q 是超过正常生产能力后而增加的产量。（不同的供应商，其最大生产能力、成本等是不一样的，为简化书写，以下相应的字母下标字母 i 均暂时省略。）

A 表示供应商所有可选的行动的组合，$a \in A$ 表示供应商的一个特定行动。在此我们假定 a 是代表工作努力水平的一维变量。在这里，工作努力水平用供应商愿意尽力满足制造商订货量的努力程度，满足制造商订货量的努力程度越大，额外生产的商品越多。当总需求 $D + \theta < B$，努力水平为 $a = 0$，即在正常生产能力范围之内，不需要努力就能满足需求。当总需求 $D + \theta \geqslant B$，努力水平为 $a > 0$，提供给制造商的数量用公式表示为：

$$Q = x(a, \theta) = a + B - \theta \quad a \geqslant 0$$

其中 θ 表示突发事件，是不受供应商和制造商控制的外生随机变量。由于市场上会出现一次性的采购商，其由于紧急性的需要，往往购买价格比较高，它产生的利润大于供应商的违约成本；由于不对称信息，制造商观察不到这种行为，导致供应商在高利润的诱惑下，将 θ 数量的商品分配给临时采购商，θ 的取值范围为 $[0, B]$。假设 $\theta \sim N(B/2, \sigma^2)$，$x(a, \theta)$ 表示 a 和 θ 共同决定的一个可观测结果。

$\pi(a, \theta)$ 表示货币产出，即制造商的商品销售收入，则有：

$$\pi(a, \theta) = PQ$$

$s(x)$ 为制造商支付给供应商的报酬函数，则有：

$$s(x) = -\alpha + pQ - k(D - Q) = -\alpha - kD + (p + k)Q$$

式中 α 是供应商成为供应链的合作伙伴而付出的固定费用，与产量无关。根据 Gooley 的研究结论，$s(x) = \gamma + \beta\pi$，因此相当于：

$$\gamma = -kD - \alpha, \beta = (p + k)/P$$

其中 kQ 为制造商支付给供应商的商品费用，k 为供应商没满足制造商的订货量而进行的单位惩罚费用系数。（供应商供给制造商的商品不会超过需求，所以有 $Q \leqslant D$。）

假设供应商正常产量时（$D + \theta < B$）的边际成本不变，可设供应商的总成本为：$c = \eta Q$，其中 η 为常数，此时供应商付出的努力为零，故可以轻松完成制造商和其他临时采购商的订货量，实现自己的利润最大化。

超过正常产量时（$D + \theta \geqslant B$）的总成本为：

$$c = \eta B + c(Q - B)^2/2 = \eta B + c(a - \theta)^2/2$$

综合上面两种情况，供应商正常产量时的情况可以不考虑，只考虑超出正常产量而需要付出努力水平的情况，因为供应商的成本是 $D + \theta \geqslant B$ 时的成本。

则供应商的收入 w 为：

$$w = s(x) - c$$
$$= -\alpha - kD + (p+k)Q - [\eta B + c(Q-B)^2/2]$$
$$E(Q) = E(a + D - \theta) = a + D - E(\theta) = a + B/2$$

制造商的期望利润为：

$$E\pi = E(\pi - s) = E\{PQ - [-\alpha - kD + (p+k)Q]\}$$
$$= \alpha + kD + (P - p - k)E(Q)$$
$$= \alpha + kD + (P - p - k)(B/2 + a)$$

根据 Gooley 的研究，代理人的风险成本为：

$$\rho\beta^2\sigma^2/2 = \rho\left(\frac{p+k}{P}\right)^2\sigma^2/2$$

其中ρ为绝对风险规避量，$\sigma^2 = \mathrm{Var}(\pi)$。

供应商随机收入的均值为：

$$Ew = E(s - c)$$
$$= -\alpha - kD + (p+k)(B/2 + a)$$
$$- \eta B - [\sigma^2 + B^2/4 + a^2 - aB]c/2$$

供应商确定性等价为：

$$Ew - \rho\beta^2\sigma^2/2 = -\alpha - kD + (p+k)(B/2+a) - \eta B - [\sigma^2 + B^2/4 + a^2 - aB]\cdot c/2 - \rho[(p+k)/P]^2\sigma^2/2$$

采用莫里斯和霍姆斯特姆开始使用的“分布函数的参数化方法”建立制造商和供应商之间的委托代理模型：

$$\max \quad \alpha + kD + (P - p - k)(B/2 + a)$$

$$\text{s. t.} \quad (\mathrm{IR})\ -\alpha - kD + (p+k)(B/2+a) - \eta B - [\sigma^2 + B^2/4 + a^2 - aB]c/2 - \rho\left(\frac{p+k}{P}\right)^2\sigma^2/2 \geqslant \bar{u}$$

$$(\mathrm{IC})\ -\alpha - kD + (p+k)(B/2+a) - \eta B - [\sigma^2 + B^2/4 + a^2 - aB]c/2 \geqslant -\alpha - kD + (p+k)(B/2+a') - \eta B - [\sigma^2 + B^2/4 + a'^2 - a'B]c/2$$

根据 Gooley 的研究，IC 条件可以用等价的一阶导数等于零来替代。

$$\frac{\mathrm{d}w}{\mathrm{d}a}=\mathrm{d}\{-\alpha-kD+(p+k)(B/2+a)-\eta B-[\sigma^2+B^2/4+a^2-aB]c/2\}/\mathrm{d}a=0$$

解得：$a=(p+k)/c+B/2$

将这两个约束条件代入目标函数，并把 IR 约束的不等号变成等号以便运算，应用拉格朗日法求解目标函数：

$$k^*=\frac{cB/2-B/2-2\rho\sigma^2p/P^2}{1/c+\rho\sigma^2/P}$$

则最优努力程度为：

$$a^*=\frac{cB/2-B/2-2\rho\sigma^2p/P^2}{1+c\rho\sigma^2/P}+p/c+B/2$$

在此情况下供应商提供给制造商的产品数量为：

$$Q^*=\frac{cB/2-B/2-2\rho\sigma^2p/P^2}{1+c\rho\sigma^2/P}+p/c+3B/2-\theta$$

对某具体供应商，供给数量为：

$$Q_i{}^*=\frac{c_iB_i/2-B_i/2-2\rho_i\sigma_i{}^2p_i/P_i{}^2}{1+c_i\rho_i\sigma_i{}^2/P_i}+p_i/c_i+3B_i/2-\theta_i$$

因此，虽然制造商为了生产产品，向供应商下达的零部件订货量是一样的（供应商提供的零部件与制造商的成品装配比为 1 : 1），但是由于供应商的相应参数 c、B、ρ、σ^2、p、P、θ 是不一样的，一般情况下有：

$$Q_i^*\neq Q_j^*\qquad i\neq j$$

这也就是说，供应商提供给制造商的零部件数量失调，从而造成供应链供需冲突。

2.2.4 供应链瓶颈的产生

通过上面的分析可以看出：

（1）就供应链的零售商-制造商环节而言，在一段较长时间范围内，由于外界随机因素对零售商和制造商都是不确定的，基于委托代理理论的激励机制能够确保零售商按照制造商的要求提供相应产量需求，实现供需协调；但就一次具体交易，由于信息不对称，制造商面临未知的外界随机因素，而零售商却享有充分信息，其外界因素是确定的，在这种情况下，制造商的决策依据不变，而零售商的决策依据却发生了变化，造成产品供和需的不一致，从而产生了供需冲突。而供应链中前后环节的供需的不一致导致供应链瓶颈环节的出现。

（2）就供应链的制造商-供应商环节而言，当制造商和外界随机需求之和小于供应商最大产量（正常生产规模）时，即 $D+\theta<B$，供应商不需要付出额外的努力，就可以轻松完成制造商和其他临时采购商的订货量，实现自己的利润大化。而且在此情况下，随着制造商订货量的增加，供应商的利润也是增加的，所以供应链能够实现制造商和供应商之间供需平衡，不至于造成冲突。相反，当制造商和外界随机需求之和大于或等于供应商最大产量（正常生产规模）时，即 $D+\theta\geqslant B$，尽管制造商需求小于供应商正常生产规模，要满足制造商的订货需求，供应商需要付出额外的努力，随着努力程度的增加，产量下降，成本上升加快，因此在制造商惩罚机制的作用下，供应商存在一个最优努力程度，如果供应链只有唯一供应商，供需平衡是有可能实现的。但当供应链存在多个供应商时，各个供应商的成本、最大生产规模、绝对风险规避量、外界随机变量等参数是不一样的，其最优产量也是不一致的，因此会造成供应链供需冲突。随着制造商外购零部件种类的增加，需要的供应商越

多，供应链供需冲突就越大。同样地，供应链供需冲突的存在使产品在前后环节达不到理想的状态，从而产生供应链瓶颈。

2.3 基于信用缺失的分析

信用一词的渊源，可追溯至古罗马时代。它表示“相信他人会给自己以保护和屏障，它既可以涉及从属关系，也可以涉及平等关系”。广义的信用应该是社会与经济信用的结合体，其本质可以外延到以下方面：一是对物的信任（实质是品质的信用），二是对政府的信任（实质是全民的信用），三是对组织的信任（实质是群体的信用），四是对个人的信任（实质是品德的信用）。供应链中的信用包括两个方面：一是契约信用，即诚实地履行达成的合约，按时按质按量地提供合约规定的商品，而不是以低质品冒充质优品获得不正当利润或为了获得短期利润单方面违约；二是销售信用，是供应商向采购商提供的信用形式，供应商并不是在向采购商提供每项商品后均要求其付费，而是在累积达到一定金额或一定时期后再统一结算的形式。供应链虽然是一种较为稳定的交易关系，但在合作过程中仍不免发生信用缺失的行为，结果往往造成供应链的冲突。

2.3.1 供应链中信用存在的原因

供应链企业之间是合作关系，但供需双方存在着利益冲突，不会达成完全一致的目标。企业自愿加入供应链，目的是为了获得长期的利益和竞争力，供应链为了进一步的合作，使供应链稳定运行，必须建立相互之间的信用关系，实现在合作中共同获利。因此，供应链中信用的存在有其必然的原因。

2.3.1.1 供应链中信息不对称

当供应商方不能确定客户的信誉和财务状况时，它们无法做出可靠的出售决策。同样地，当采购商不了解供应商的产品或服务的时候，它们也没有信心做出最优采购决策。Smith 认为在这种情况下，交易信用可以解决信息不对称的问题。一方面，供应商通过信用期限的长短来向供应链传递信息，表明自身的产品质量优良并且品质稳定，或者表明企业将长期稳定地加盟供应链。同时，供应商通过采购商的支付方式和利用预付折扣的情况收集客户财务状况的相关信息。另一方面，采购商会得到充分的时间调查了解产品的质量、货币价值，并且在感到满意的时候支付，因而供应商愿意提供信用是其对产品或服务质量有信心的信号，交易信用被视为隐含的产品质量保证。

2.3.1.2 供应链中权力不对等

供应链把不同企业集合在一起提高了交易效率，注重的是企业之间的合作。虽然供应链中的各个企业是互相依赖的，但这种依赖关系大多是不对称的。企业在供应链中的地位不同，拥有的权力也就不等。当一方比另一方更依赖对方时，就可能会被对方利用，从而出现双方权力的失衡。事实上，在交易关系中，由于合同条款通常有利于更有力量的一方，利益也更偏向于这一方。供应链中核心成员往往拥有较大的权力，其为了自己的利益，往往要使用信用手段，获得供应链其他成员的融资，扩大自己的生产规模，提供市场占有率，在竞争中获得竞争优势。而处于弱势地位的企业成员，为了长期利益，也愿意在一定范围内做出让步，为核心企业提供销售信用。

2.3.1.3 信用有助于销售

使用信用工具，可以增加企业的购买能力，特别是对于处于竞争激烈行业的生产厂家，无不想方设法地扩大交易，提高市场占有率。在西方国家，多数企业都采取信用销售方式扩大销售。因此信用交易成为企业扩展市场的一种手段。

对于生产企业，信用交易方式可以帮助它们更多地购进生产原料，以生产更多的产品，更好地满足市场需要。对应销售企业，如果企业愿意向客户提供销售信用，就可以使更多的客户愿意立即购买商品和劳务，从而实现扩大市场和吸引客户的目的。当一个企业采取提供销售信用的方式来扩大市场份额和吸引消费者的时候，其他企业为了保持它们的市场地位，通常也会很快引进销售。

2.3.1.4 节省交易成本

以信用方式进行交易，支付是在固定的时间进行的，简化了供应商的现金管理。此外，积累所有的账单一并支付，可以减小交易成本。在现金交易情况下常出现由每日销售量波动引起的不可预测性，企业可以通过提供交易信用降低这种不确定性。Pike 和 Cheng 指出，从经验中积累得到的对客户行为的了解可以帮助企业进行更准确的预测，从而减少现金持有量，并降低持有预防性现金的成本。

2.3.2 信用服务在供应链中的运行过程

在供应链中，成员企业都是独立的经济实体，整个供应链是靠某种共同利益所产生的凝聚力暂时维系在一起的，是一种动态联盟，不可能像在企业内部那样来管理供应链。供应链的平稳运行主要是靠合作伙伴之间的信用关系维持的。

2.3.2.1 契约信用在供应链中的运作

在供应链中，契约信用的正常运行缘于它能节约交易费用，使企业降低交易成本，提高效率，摆脱诉讼，提高竞争力。一个企业常常与它的一些供应商长时间地进行商业交往，先发展有象征意义的关系，然后将购买活动从一系列谨慎的交易转为持续性买卖关系（即交易关系）。交易关系是基于双方信任的基础上的，双方都相信承诺会得到兑现，从而最大限度减少了出乎意料的情况，这样就大大降低了购买过程中的风险。除了经济交易，各方还能获得复杂的、个人的、非经济的满足感，并参与社会交流，发展出的相互信任感能促进合作。信任提高交易的效率，因为各方都能相信另一方会以一种可预见和可靠的方式行事。

供应链中信用关系的发展遵循一条循环往复、螺旋上升的路径，如图 2-2 所示。

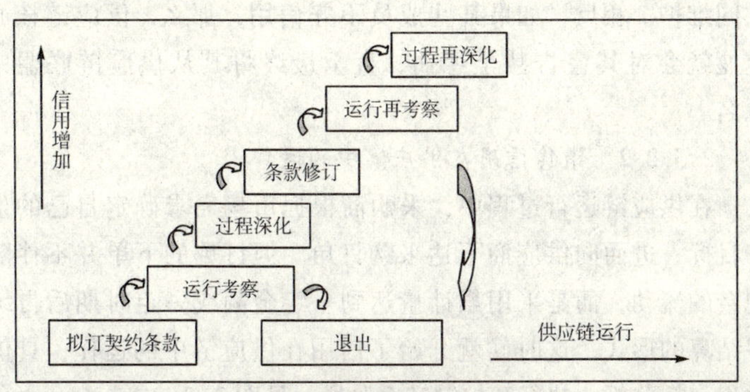

图 2-2　信用的形成与发展

成员企业在加盟供应链之初，首先需要和核心企业拟订供应链合作契约，作为建立初步信用关系的基础。随着供应链契约的生效，供应链节点企业通过磨合期加强相互的交往和了解，在各方遵守协议、信守诺言的过程中，信用关系得到进一步发展。由于不确定性因素的存在，已经签订的供应链契约是不可能完备的，合作双方在沟通、协商后，如果双方出现分歧，不能达成一致，则加盟的成员企业就会退出供应链联盟；如果协商后达成一致，则会进一步修订并完善供应链合作契约。在修改契约后，供应链继续运作，合作双方在新的基础上进行整合，通过整合，各方目标进一步接近，同时也进一步增进了各方之间的信用关系。合作各方以信用为前提进行每一次合作，都会带来利益的增加，这种结果会诱使合作各方进一步提高信用程度，以促进下一次合作效率和效益的提升，如此良性循环可使供应链联合体的信用空前高涨。这种供应链网络中的信用资源可以提升、强化成员之间的互惠观，随后供应链联盟全体成员会逐渐摒弃短期行为，共同致力于长远战略目标的实现。密切的合作又会促成联合体行为标准的形成，最终发展成为基于信用的成员之间对行为的共同期望，最终表现为对供应链信用的共同维护。相反，如果某些成员不守信用，那么，供应链核心企业就会对其警告甚至惩罚，直至最终将其从供应链联盟中除名。

2.3.2.2　销售信用在供应链中的运作

在供应链运行过程中，采购商根据市场需求确定自己的生产目标，进而向供应商下达采购订单。但订单的下单并不伴随现金的流动，而是采用累计量达到一定金额或一定时期后再统一结算的形式，这时候就开始了信用在供应链中的运作，具体过程包括分析、执行和控制三个阶段，见图 2-3。

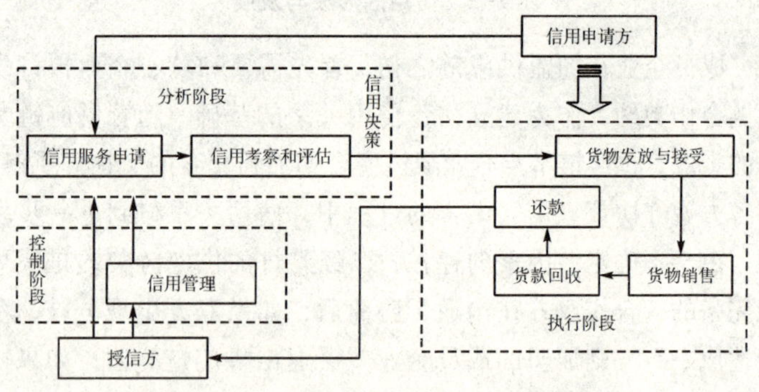

图 2-3　信用服务在供应链中的运作过程

（1）分析阶段。①信用服务申请，即信用申请人向授信方提出信用服务的申请。②信用考察和评估。供应商在收到信用申请后，如是刚刚加入供应链联盟中，则需要对采购商的信用进行评估，只有在采购商的信用满足要求，其违约的风险较小时才会批准信用申请；若供应商是供应链的固定成员，在供应链中有较长久的合作时间，则会考察采购商以往的信用状况，在采购商的以前的信用状况达到授信条件的情况下就会批准信用申请。③信用决策。企业根据自身的资金情况、信用申请人的经营情况和当时的市场环境，确定适宜的信用标准。

（2）执行阶段。①货物发放和接受。在供应商做出信用决策后，下一步就是通知采购商。公司可以先通过电话通知顾客，然后发出信函进一步证实公司对客户的信用授予，再将货物发放出去，采购商取得货物用于生产经营活动。②货物销售。采购商取得货物后，将其用于生产，然后销售给下一个环节的采购商，或者直接出售给销售者，实现价值增值。③货款回收。采购商在供应链下游同样也面临着销售信用的问题，并不是在提供每项商品后均立即收取现金，而是在累积达到一定金额或一定时期后再统一结算。因此，采购商的货款回收会有一定的时滞。④还款。采购商取得自己的销售货款后，将结算在供应商处采购产品的欠款，完成销售信用阶段。

（3）控制阶段。这个阶段主要是对信用进行管理，指导企业的信用决策、控制企业的赊销和应收账款持有水平，以防止过度授信造成企业的流动资金枯竭。信用决策一旦做出，为了方便管理，有关的数据都应记录到信用规模控制表上，内容包括账号、客户名称、分配的信用规模、最后一次再评估的时间、现在的信用规模，等等。利用信用规模控制表可以十分便利地知道哪一个账户已经到了进行再评估的时候，哪些账户需要多长时间才进行再评估。这是对客户进行监督和管理的有效工具。

以上销售信用的运作是一个循环过程，当客户结算完毕并顺利支付货款，一个阶段的销售信用结束，客户的信用水平进一步提高，下一个阶段的销售信用在长期合作的供应链中继续开始运行。

2.3.3 供应链运行中信用缺失引起的供应链冲突分析

供应链信用缺失引起的供应链冲突可以从两个方面进行分析：主观和客观。通过沟通和协调，客观信用缺失引起的冲突有可能减弱和消失，而主观信用缺失很难通过协商解决，往往导致冲突的强化。

2.3.3.1 主观信用缺失导致的供应链冲突

主观信用缺失，是指供应链加盟者主观上明知自己的信用行为（作为或不作为）是违反合约或将导致违反合约的结果，而希望或放任信用缺失行为发生，这是其自身原因而发生的信用缺失。主观信用缺失在供应链中主要表现为履约信用的缺失和供应链运行中销售信用的缺失，它们都会导致供应链的冲突。

（1）履约信用的缺失导致的冲突。

供应链合作企业的交易表现为供应商按照合约为采购商提供合适的产品，其履约信用的基本内容包括：产品质量的履约，即按合约规定提供优质的产品；产品时间的履约，即保证在规定的时间内交付产品，不发生延迟交货的情况；产品数量的履约，即保证交付的产品数量足够，不发生短缺；其他条款的履约，如售后服务、货款支付等，见图2-4。

在交易中，虽然双方已经签订了合约，由于双方的信用缺失，为了自己的利益往往违约，导致出现冲突的情况。从履约数量来看，供应商有能力满足采购商的需要，但市场上存在着随机需求，这种随机需求由于其采购的紧急性和一次性，能够支付高额的采购价格，供应商权衡比较后，发现与其违约的收益相比不违约的收益更高，此时，信用缺失的供应商就会以各

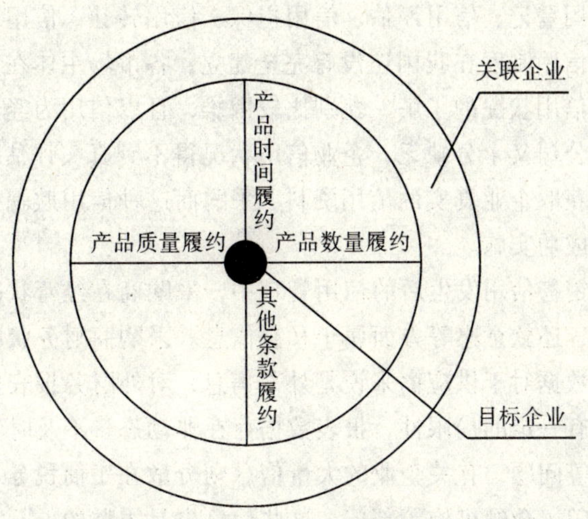

图 2-4　履约信用的基本内容

种不可抗力的理由减少交货数量。由于存在信息不对称，供应商数量违约原因属于私有信息，供应链采购商无法探知其真实原因。采购商不能采购到足够数量的商品，无法满足市场的需要，供需双方发生冲突，如果仅是偶尔的败德行为，这种冲突不至于引起供应链的断裂；但败德行为的频繁出现，会导致冲突的一步步升级，最终供需双方会中止合作关系。同样，信用缺失也会在履约信用的其他表现形式中出现，如交付时间延迟导致供应链下游无法连续经营，利用采购商信息不对称将低质产品以次充好，采购商拖欠货款引起供应商经营困难，等等。这些信用缺失的行为都会导致供应链的冲突。

（2）供应链销售信用的缺失导致的冲突。

销售信用在供应链中的运行以分析环节作为开始，信用缺失的采购商为了顺利获得供应商的销售信用，会采取虚假信息掩盖自己的真实信用状态和经营状况。而且由于信息的不对称，采购商处于信息优势地位，在目前征信体系不健全的情况下，企业信用登记、信用评估、信用担保、信用转让、信用监管等一系列信用制度在我国还没有完全建立，各市场主体在业务往来中对信用状况的了解、甄别比较困难，且以信用为经营对象的资信公司又十分缺乏，企业信用状况得不到真实评估，交易者很难获取企业真实的信用资料，采购商这种信用欺骗行为往往得以成功实施。

在销售信用发生后的信用管理中，采购商在经营状况等内部信息、还款意愿等方面属于私有信息。采购商财务状况和其他基本数据对于供应商来说是外部信息，对外财务报表反映的信息具有一定的局限性，报表数据存在非动态、不及时和可信度不高等问题，有关企业的大量信息则分散在工商税务、政府主管部门、金融机构等部门，这些信息也是零散的、不完整或是不准确不及时的。信用缺失的采购商往往以经营状况不理想，没有回收货款为由拖欠到期应当支付的采购款，而由于在供应链中处于弱势地位供应商基于种种顾虑无法诉诸法律，但通过消极行为表达对采购商的不满，如不能按时供货、提供的商品数量不够或商品质量达不到要求等，这些行为会引起采购商生产销售不能顺利进行，双方产生冲突，并导致冲突进一步扩散到整个供应链。

2.3.3.2 客观信用缺失导致的供应链冲突

客观信用缺失，是指供应链加盟者主观上既无故意也无过失，即主观上既不希望或放任违约行为的发生，也无疏忽、大意或轻信。其违约行为的发生，完全是主观无法控制和无法预见的客观外界条件的变化或第三人的过错所致。客观信用缺失在供应链中主要表现为供应链网络其他环节信用缺失和供应链外部信用缺失传导引起的信用缺失，它们同样会导致供应链的冲突。

（1）供应链网络环节信用缺失导致的冲突。

供应链信用缺失的传递是某一企业的信用缺失导致与之发生直接交易的关联企业经营恶化，造成财务资金的缺乏而引起关联企业针对下一个环节的相应信用缺失，信用缺失通过供应链链条传导，又使另一个或一些与其有直接交易联系的银行的资金缺乏，从而引发信用缺失现象在供应链间传递的过程。

对于信用缺失在供应链中的传递机制，有两种解释。一种是源于因果效应，即所谓的交易方风险：一个公司的信用缺失使其他有业务关系公司的经营活动处于困境，导致无法满足对其客户的合约要求，发生信用缺失。另一类解释源于信息效应，即修正信念：当上游环节得知某个违约已经在下游发生时会产生对其客户经营状况的修正，其信用缺失的概率值增大，从而导致一个信用缺失的风险溢价。这两种情况都会导致信用缺失沿着供应链向前或向后传递，蔓延到整个供应链，导致供应链上直接交易的供应商和采购商产生冲突，交易活动无法再顺利进行。

（2）外界信用缺失的“波及效应”。

信用缺失的传染指的是供应链外的公司信用缺失可能导致其他在经济或生产等方面与之有着直接联系的供应链公司生产经营活动产生危机或信用下降，这种外界的信用缺失经过“波及效应”而传递到供应链现象。假设A是供应链成员企业，A除了提供给供应链合作伙伴产品外，还向外界企业B提供产品，B由于自身经营不善不能偿还A的货款，导致A资金周转困难，被迫减少生产数量，提供给制造商的配套零部件数量减少，从而导致制造商不能获得足够的订货量，引发了制造商和供应商之间的供需冲突；同样，制造商由于缺乏组装的原件，也必须减少生产量，同时减少向零售商提供的商品，供需冲突进一步传导到制造商与零售商之间。这样，外界信用缺失沿着供应链从上游向下游传染，供应链前后环节的冲突也随之进行传递，形成了冲突的“波及效应”。

2.3.3.3 信用缺失的冲突强化

供应链主观信用缺失是成员企业主观意愿产生的，因而一般难于通过沟通和协调得以解决，其结果往往导致违约的相互强化，并进一步引起冲突的强化。关于一方的违约对另一方违约强度的影响，Jarrow 和 Yu 在违约传染效应 JY 模型中进行了分析，得出以下结论：违约强度不仅受共同宏观经济因素的影响，而且也受企业之间直接关系的影响。设两个公司是两个在经济上高度相关的公司，当一个公司违约时，另一个公司的违约强度将发生很大的跳跃。假设公司的违约时间分别为 τ^A、τ^B，滤子流 $F=(F_t)_{t\geqslant 0}$ 由违约时间 τ^A、τ^B 生成，违约强度是基于历史违约状态的：

$$\begin{cases}\lambda_t^A = a_0 + a_1 \times \beta_{(\tau^B \leqslant t)} \\ \lambda_t^B = b_0 + b_1 \times \beta_{(\tau^A \leqslant t)}\end{cases} \quad 其中 \quad \beta_{(\tau \leqslant t)} = \begin{cases}1 & \tau \leqslant t \\ 0 & \text{else}\end{cases}$$

a_0、$b_0 > 0$，a_1、$b_1 > 0$。由上式定义的违约强度是环形相关的。在此模型中，若 B 公司违约，则 A 公司的违约强度由 a_0 增加为 $a_0 + a_1$，跳跃幅度为 a_1，同样的解释也适用于公司 B。因此，主观信用缺失是由主观原因造成的，随着时间的消失，违约强度得不到衰减，两个公司的违约强度随着时间的延长而互相加强，其结果必然导致冲突的不断强化，最后以一方退出供应链为结局。

2.3.4 基于信用缺失的供应链冲突演化模型

卡诺顾客满意度模型是由日本质量管理专家 Noritaki Kano 博士于 1984 年提出的，可用于顾客满意度的定性分析，为顾客满意度测评的指数确定提供理论依据。本书引入卡诺顾客满意度模型，利用供应商和采购商之间的满意程度变化研究供应链冲突的演化。

2.3.4.1 供应链交易双方冲突-满意度关系模型

假设供应商、采购商对彼此的满意程度是可以测量的。供应商、采购商的满意程度，用数字“-1”表示极不满意，“1”表示非常满意，“0”表示满意程度居中。那么供应商和采购商的满意程度可以用数据组（a，b）来表示，其中，$-1 \leqslant a \leqslant 1$，$-1 \leqslant b \leqslant 1$。位置（1，1）表示双方的满意程度最高，供应商和采购商双方互相信任，利用、风险分配公平。位置（-1，-1）表示供需双方彼此极度不满，互不信任，缺乏继续合作的可能，只能中断合作关系。现实中，这两种极端情况都较少见，更多的是中间位置。（0，0）表示双方都处于满意的中间状态，这是一种临界状态，任何一方采取行为，改变自己的信用程度，就可能导致向其他位置移动，即在该点供需双方采取措施，容易改变双方的满意度。

满意度模型可以划分为 4 个区域，如图 2-5 所示（横轴表示供应商满意度，纵轴表示采购商满意度）：

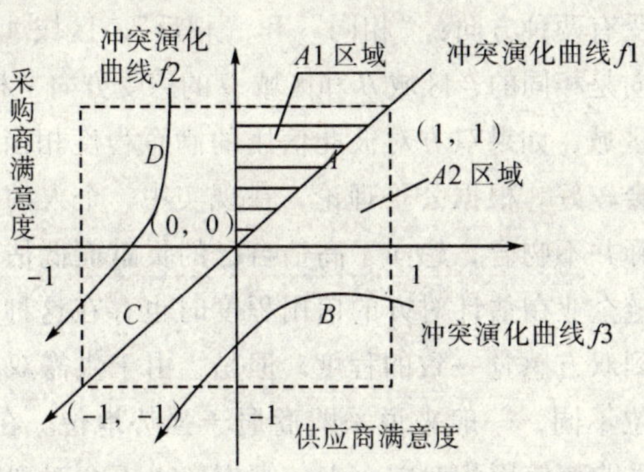

图 2-5 供应链交易双方冲突-满意度关系模型

区域 A：供需双方都很满意，供应链稳定性高，合作顺利，彼此信用关系良好。供需双方可以在此区域进一步发展，使满意度由（0，0）向（1，1）位置移动。

区域 B：供应商满意，采购商不满意，供需双方有冲突，容易导致采购商采取降低信用的行为，而这势必导致供应商不满意，因此冲突的结果容易使双方满意度向 C 区域移动。

区域 C：供需双方对彼此的信用关系都不满意，供应链不稳定，冲突不断。这种情况下，任何一方都会因对对方的不满而降低自己的信用，最终导致合作关系破裂，供应链中断。因此，满意度很容易由（0，0）向（-1，-1）位置移动。

区域 D：采购商满意，供应商不满意，供需双方有冲突。由于供应商不满意，有可能改变其行为，减少供货量、降低产品质量、不及时交货等，冲突的结果容易使双方满意度向 C 区域移动。

2.3.4.2 供应链交易双方冲突的演化

通过冲突-满意度模型，可以分析供需双方的合作关系和供应链交易双方冲突的演化。供应商和采购商对双方信用的满意程度的感受有两种方向："相同"和"相反"。区域 A 和区域 C 的感受方向是相同的，区域 B 和区域 D 的感受方向是相反的。

在 A 区域，如果双方对彼此信用的满意程度相当，则双方合作关系会较好。根据公平理论，在现实中，个人的主观感受往往和实际并不吻合，趋向于高估自己的贡献而低估别人的贡献，供应链企业在估计对方的信用程度时也存在这种趋势，因此很难达到双方感觉一致的程度。但是，由于供需双方在供应链中的地位不同，一般来说采购商居于强势地位。在 $A1$ 区域内，即使采购商信用相对差一点，供应商也不会对现状特别不满意，会接受目前的状态，双方会继续保持良好的合作关系，不会发生冲突。同样，在 $A2$ 区域内，供应商对采购商的信用满意度更高，由于采购商居于强势地位会要求供应商提高信用，若供应商能够接受，则双方会继续合作而不产生冲突；若供应商不接受，则采购商会降低自己的信用程度，双方产生冲突，多次博弈的结果使供应链供需冲突沿“冲突演化曲线 *f*1”向 *C* 区域移动，冲突越来越大，最终只能中止合作关系。而在 *C* 区域，虽然双方的满意度感受方向一致，但供需双方都是对对方不满意，这种情况下都会降低自己的信用，其结果往往是使供应链冲突升级，供应链处于极不稳定状态。

当双方对彼此信用程度的满意度感受方向相反时，双方对信用关系的位置评价处于对称的 *B*、*D* 两个区域。采购商认为自己的信用优于供应商（即认为供应商满意度应该更高），信用关系位置应处于 *B* 区域；相反，供应商认为自己的信用优于采购商，信用关系位置应处于 *D* 区域。这种双方认知上的矛盾导致采购商和供应商都对对方很不满意，不满意的双方都会采取行动降低自己的信用，其结果是使对方更加不满意，冲突进一步加剧，合作关系沿着“冲突演化曲线 *f*2”和“冲突演化曲线 *f*3”向 *C* 区域移动，供应链处于极不稳定状态。

综述所述，除了 *A*1 区域，双方信用关系在满意度不一致的感受下，会发生冲突，使供应链的合作关系受到破坏。

2.3.5　供应链冲突的结果——供应链瓶颈

供应链瓶颈指的是在供应链整个经营业务流程中产出率最低的环节，简单说来就是供应链链条中最薄弱的环节。供应链冲突必然导致链条的流通不畅，出现瓶颈，实际表现在 3 个方面。

2.3.5.1　供应链冲突导致供应链网络流通不畅

供应链网络渠道作为产品生产流程的载体，对产品的形成有着重要的影响，网络的状况影响着产品零部件的流通时间和流量，因而制约着产品生产的顺利实现，流向产品终端。供应链上信用的缺失使得某个环节上直接交易的企业间出现冲突，产品流通在冲突环节遭遇堵塞，不能顺利地从供应链的始端流入终端市场，冲突环节的实际流通能力达不到正常值，整个供应链能够生产的终端产品的最大流量减少，供应链出现瓶颈。

2.3.5.2 供应链冲突造成供给短缺

由于供应链环节中存在冲突，在双方的冲突没有得到解决前，原材料供应商不愿意提供足够数量的原材料，从而产生原材料短缺、原材料供应不及时或者不符合要求的问题。没有足够符合要求的原料，供应链的生产无法顺利进行下去，生产出来的产品数量也相应减少。

2.3.5.3 信用缺失造成供应链交易不顺

信用缺失增加了交易成本：它需要花更多的时间和成本找到可信赖的货源；采购商不能肯定购买的货物有可靠的质量保证，需要进行频繁的质量检验和运货检验。同时由于信用缺失，供应商不敢通过销售信用卖出多余的货物，采购商无法通过信用融资扩大生产规模。因此，对于存在信用缺失的供应链，交易成本大大增加。其生产的最终产生数量相比信用良好的供应链要少得多。

2.4 基于目标不一致的分析

在供应链联盟中，居于核心地位的供应链成员要对联盟中的成员进行管理，实现整体供应链的协调化运作和系统最优，使供应链获得最大的整体利益而不是单独企业成员的最大利益。因此，供应链优化的任务主要是从供应链整体的角度对所有相关的协作企业进行优选并对供应链的订货、质量、成本和服务水平等策略的参数进行优化，达到财务效益、经济效益、社会效益的满意解。

供应链中不同企业具有目标偏好的差异，如有的企业更偏好于利润，有的企业追求最大化的市场占有率，等等。但供应链的这种优化只是一种相对供应链整体的最优解，不是也不可能实现各个成员企业的最优解，成员企业为了实现自己的最优解往往做出背叛供应链的行为，供应链的冲突在现实中是不可避免的。

以往对供应链冲突的分析多基于博弈论方法，但这种方法比较适合于分析单目标（主要是基于最大利润）冲突，不适合多博弈方、多目标冲突分析。而现实中供应链各成员企业之间往往存在着不同目标，不同的成员企业经常发生目标冲突；即使供应链本身也存在多个目标，多个目标之间也不能同时达到最优，需要进行协调和取舍。本书采用遗传算法分析最优化供应链的多个目标，分析成员企业间的目标冲突，建立相应的冲突分析模型，能有效地解决冲突分析中存在的不足。这种分析方法比较适合于成员企业较多、各方关心的指标较多的情况，在供应链各方都能接受的范围内，使供应链整体利益达到最大。

2.4.1 供应链目标冲突的产生

供应链中通常存在着成员企业的目标和供应链目标发生冲突以及供应链成员之间的目标发生冲突。在供应链环境中，各个成员企业虽然加盟供应链，成为供应链整体的一个组成部分，但它们仍然是具有独立利益的经济主体，单个企业的行为目标是基于自身的考虑，以实现利益最大化，因此它们的行为既要满足供应链的整体目标要求又要谋求追求企业自身的最大利益；当实际中很难达到二者一致，冲突也就随之产生。同时，在供应链的运行过程中，合作伙伴成员之间有时也会发生目标冲突。

在供应链优化过程中，需要对不同环节的供应链企业进行优化协调，以达到供应链的高效运作，但在这个过程中，处于不同环节的成员企业之间的目标有可能发生冲突，从而给供应链企业的合作带来风险。

2.4.1.1 成员企业不同的目标

从长期来看，企业以利润最大化作为自己的目标，通过生产经营活动来获得最多的利润，这是由企业作为一个营利组织的性质决定的。但是，就短期来看，由于环境的不同，约束条件不同，以利润最大化为目标的短期决策未必是最佳决策。不同的企业在不同的时期会有不同的目标追求，这些目标在短期约束条件下仍然是最优决策。除了短期利润目标外主要包括以下几个方面的目标：①市场占有率最大化。市场占有率是指本企业的产品销售量占这种产品市场总销售量的百分比，它反映了企业的销售状况和产品竞争能力的大小，一个较高的市场占有率有助于企业未来利润的获得。②销售收入最大化。企业销售收入是指企业销售产品或提供劳务等取得的收入。在满足消费者需求的前提下，企业的产量或产值越高，能够取得的销售收入也就越大。③员工利益目标。员工是企业最可贵的财富，充分调动员工的主动性、积极性和创造性，是企业创造利润、实现可持续发展的重要条件之一。工资增长与福利待遇改善，对员工是一种有效的激励手段，能够提高员工的生活质量、业务素质和士气。④创新。要想在激烈的市场竞争中获得竞争优势，企业就必须创新，特别是对某些技术变革快的企业，创新更是成为其生存的必需条件。创新包括使用新的技术、研发新产品或对目前产品做出重大改变、创新方法以及使用新型原材料、新的生产方式、管理新方式等。⑤获得充足的财务资源。特别是对于有扩展需求或资金周转困难的企业，如何通过融资获得充足的资金来源非常重要，此时财务资源成为其短期目标。

⑥社会效益目标。主要指企业为自己确立的环境、生态、公关等工作目标。

正是由于成员企业各自面临的环境不同，同一时期内的短期目标也可能不同，导致彼此冲突。

2.4.1.2 供应链成员企业目标与供应链目标的冲突

在供应链模式下，供应链的各个企业是具有独立利益的经济主体，单个企业的行为目标从根本上说还是自身利益的最大化，因此他们的决策问题变成了一个双目标决策，即企业自身的利润最大化和满足供应链的整体要求。这两个目标在很多时候是一致的，但在下面两种情况下又会有冲突。

（1）满足供应链的整体目标会损害企业短期利益。供应链目标是通过供应链整合及协调以取得整个供应链在市场中的竞争优势，实现价值链各个部分的增值，在合作中避免内耗、提高效率，减少供应链的非增值环节和部分，由此提升供应链对于成员企业价值增值的绩效。从长期来看，供应链的目标和企业目标并不冲突，它有助于实现企业目标，否则企业就不可能成为供应链的稳定成员。但从短期看，企业自身短期目标与供应链长期目标之间并不一定能够协调，如处在产品成长期的企业，为了产品能够最大限度占领市场，往往暂时牺牲利润，把提高市场占有率作为短期目标，这就与供应链整体目标相冲突。

（2）成员企业同时为多条供应链服务。现实中，很多企业都是跨供应链服务。这样做的原因很多，如为实现多品种共同发展、减少品牌开发的浪费，为有效掌控客户、减少市场风险等。这意味着企业面临着多目标决策问题，而且目标不同的供应链联盟在企业决策中应该有不同的权重。而在短期内，企业可能面临多个供应链而无法兼顾，这就给某些供应链带来了冲突。特别是很多上游企业都是同时在为多条供应链服务，传导下去，该类企业的决策与取舍就会给下游供应链带来较大的波动以及无法实现商业目标。

2.4.1.3 供应链优化过程中，合作伙伴之间目标冲突

在供应链的组建或运行过程中，我们要对供应链进行优化协调，以达到供应链的高效运作。但正是在这个过程中，由于供应链的不同部分属于不同的所有者，如果每个成员都努力追求自身利益的最大化，则不同成员的目标有可能发生冲突。例如，供应链的核心企业管理者希望通过过量采购或超前采购而从供应商处获得数量折扣，但是这种采购却引起自身库存的增加，从而产生数量折扣和自身库存的冲突问题；而对于运输与分销环节，供应商总希望通过运输的规模经济来降低运输成本，但由此却引起了下游厂商库存成本的上升及其顾客服务水平的下降。这样如果各个成员在最优化自身的计划时，并未与其他成员进行必要协商，则成员之间的目标就可能发生冲突。因此在这里，我们需要解决的是整个供应链的采购、库存、生产、运输和分销之间的协调。

另外，供应链合作成员之间的不对等关系也会导致他们之间的目标冲突。供应链作为一个集成系统，追求的是供应链整体利益的最大化，因此为了整体的、长远的利益有时难免会牺牲个别成员暂时的利益。由于各个成员的实力不同，处于强势地位的企业通常只考虑自己的利益目标而漠视其他成员企业的目标，经常在合作过程中为了自己的利益最大化而采取转移成本、转嫁风险和签订不平等契约等形式以大欺小、恃强凌弱，这种权力与地位的不平等使得各成员权利与义务不对称、投资与回报不平衡，从而引发企业之间的利益冲突，导致其他成员企业不愿意提供或购买足够数量的产品，使得商品流通不畅，产生瓶颈。

2.4.2 供应链冲突模型的表示

典型的供应链是由零售商、制造商和供应商组成的，需要对他们的利益进行协调，假设共有 N 个企业成员，其多目标优化问题由决策变量、约束条件和目标函数组成。

2.4.2.1 决策变量

企业 M_i 独立决策时其决策变量为 a_{i_1}，a_{i_2}，…，a_{i_k}，k_i 为企业 M_i 的决策变量数，企业 M_i 和企业 M_i 的决策变量空间是不同的，即 $\{a_{i_1}, a_{i_2}, \cdots, a_{i_k}\} \cap \{a_{j_1}, a_{j_2}, \cdots, a_{j_k}\} = \varnothing$。令供应链运行过程中所有成员的全部决策变量集合为 D，则 $D = \{a_{i_1}, a_{i_2}, \cdots, a_{i_k}\}$。一般来说，企业的决策变量包括产品生产数量、产品质量水平、服务水平、员工工资、技术装备水平、产品种类的多少、促销和推销费用等。

2.4.2.2 约束条件

由于供应链是一种合作关系，需要成员企业的协调和配合，因此成员企业在决策时不仅受到自身条件的约束，也受到供应链的约束，其决策变量的取值空间小于或等于独立决策时的取值空间，设供应链中企业 M_i 可选择的决策变量的向量 $X_i \in C_i$。例如，制造商的产品销售价格的独立决策空间为 $[\lambda, +\infty)$，$\lambda > 0$，但在供应链中其价格受到销售商的制约，价格过高则无人购买，只能从供应链中退出，故其在供应链中的产品销售价格决策空间变为 $[\lambda, \gamma]$，$\lambda > 0$。

2.4.2.3 目标函数

设企业 M_i 有 m_i 个希望达到的目标 $f_{i,1}$，$f_{i,2}$，…，f_{i,m_i}。$f_{i,1}$，$f_{i,2}$，…，f_{i,m_i} 不仅取决于设企业 M_i 的决策变量，还要受到其他企业的决策变量的影响，即 $f_i = f(X_i, \overline{X_i})$，$\overline{X_i}$ 表示供应链决策变量全体中除去 X_i 后剩余的变量。每个企业都希望 X_i 的解

满足自己最优目标的要求，从而使自身的多个目标收益达到最大，即对于任意的企业 M_i，有：

$$F_i = \max[f_{i,1}(X_i, \overline{X_i}), f_{i,2}(X_i, \overline{X_i}), \cdots, f_{i,m_i}(X_i, \overline{X_i})]$$

$$\text{s. t.} \quad X_i \in C_i$$

上式属于对多目标函数求极大的问题，通过多目标函数优化方法，得到企业 M_i 优化决策向量 x_i^*。当前后环节共同关心的决策变量取值不一致时（如供需数量），说明前后环节在各自的目标下产生了冲突。

对供应链整体而言，其多目标是各成员企业的和，由于不同企业在供应链中的地位不同，故其目标的重要性也不同，可以通过权重体现企业目标的重要程度。供应链多目标优化模型为：

$$F = \max[F_1(X_i, \overline{X_i}), F_2(X_i, \overline{X_i}), \cdots, F_n(X_i, \overline{X_i})]$$

$$\text{s. t.} \quad X_i \in \bigcup_i^n C_i$$

通过多目标优化，可以得到供应链协调下的 Pareto 最优解，它照顾了供应链各方的目标，是企业长期合作的最优决策变量。但就企业而言，由于市场环境是变化的，有的时候更注重短期利益，此时企业的最优多目标解就会与供应链整体目标发生冲突。

通过上述供应链多目标冲突问题的形式描述可以看出，供应链合作过程实质上是对有多个决策变量的约束方程组的求解过程。每个企业需要确定自身领域内属性变量的取值，它们对应自身决策的对象有理想的期望目标，且各个成员企业的目标之间往往不一致。企业综述从本领域的目标出发，运用相关知识进行决策。每个企业都想将自己负责的变量限制在对自己利益较为有利的位置，即合作企业的出发点总是追求自己的目标效益为最大，但是，该取值还要满足全局范围内的值域要求，决策变量之间复杂的耦合关系缩小了变量的取值域，限制了个体最优目标的同时取得，从而导致了不同企业之间的冲突以及企业和供应链之间的冲突。

2.4.3 供应链多目标决策算法

传统的多目标优化方法，如目标权重法、距离函数法以及转换为最小最大问题法等，不仅需要较多的先验知识，计算效率较低，而且不能收敛 Pareto 最优前沿面上的非凸区域，难以处理目标噪声及变量空间不连续的情况，在实际运用中效果不佳。进化算法，是一种模拟自然进化过程的随机优化方法，主要包括遗传算法（GA）、遗传规划（GP）和进化规划（EP）等。与传统的优化技术比较，群体搜索策略和群体间个体之间的信息交换是进化算法的两大特点，因而进化算法特别适合于求解复杂的多目标优化问题。

采用遗传算法求解供应链多目标决策的步骤如下：

（1）生产初始种群。

决策变量采用二进制编码方案产生染色体。令每一条染色体对应一个多目标问题的决策变量集。染色体的表达式为：[10100…0110101]，一个决策变量对应染色体其中的若干基因，然后随机产生一定数量的染色体作为遗传进化算法的初始种群。

（2）计算适应度函数。

染色体函数适应度的评价采用范数理想点的方法，其基本思想是在目标空间 R^m 中引进范数 $\|\bullet\|$，并求离某给定理想点 $f^* = (f_1^*, f_2^*, \cdots, f_m^*,)^T$ 在该范数意义下的距离 d，距离越小，说明离理想点越接近，适应度就越高。

理想点是通过分别求解 m 个单目标规划问题得到的。

$$\begin{cases} \min f_i(a_i) \quad i = 1, 2, \cdots, n \\ \text{s. t. } g_j(a_i) \leqslant 0 \quad j = 1, 2, \cdots, p \end{cases}$$

解之得到理想点$f_i^* = f_i(a_i)$，距离公式为：

$$d = \left[\sum_{i=1}^{m} \omega_i \left[(f_i(a_i) - f_i^*)/f_i^* \right]^2 \right]^{\frac{1}{2}}$$

其中，ω_i 为权重，取决于该企业在供应链中的地位不同以及目标在该企业多个目标中的重要程度；a_i 为决策变量。

构造适应度函数为：

$F_i = 1/(1 + d)$

(3) 选择。

采用轮盘赌选择法，即第 i 个染色体的选择概率为 $p_{is} = F_i / \sum_{i=1}^{m} F_i$，为了保证进化过程中当前群体中适应度最好的个体能够尽可能地保留到下一代群体中，同时采用最佳保留策略。

(4) 交叉算子。

采用单点交叉，即在个体编码串中只随机设置一个交叉点，将两个父代在该点之后的基因部分相互交换，形成两个新的子代个体。

(5) 变异算子。

采用传统的基本位变异，即对个体编码串中以变异概率 p_m 随机指定某一位基因座上的基因值做变异运算。

(6) 循环或终止遗传操作。

循环迭代步骤 2~5 以便寻求相对于整个系统的最优决策。如果种群中的最优适值在规定的代数内没有变动或迭代到了最大允许进化代数，则停止迭代，此时种群中的最优适值就是供应链或企业的多目标满意值，最优适值对应的染色体就是供应链或企业的多目标决策问题的优化决策变量。

2.4.4 算例分析

设某三阶供应链由销售商、制造商和供应商三家企业组成，制造商为核心企业，如图 2-6 所示。销售商关心的目标是市场占有率最大（即在利润不小于零的前提下，实现销售数量最大）；制造商关心的目标是利润最大化；供应商关心的目标是在一定利润情况下，追求质量最好。

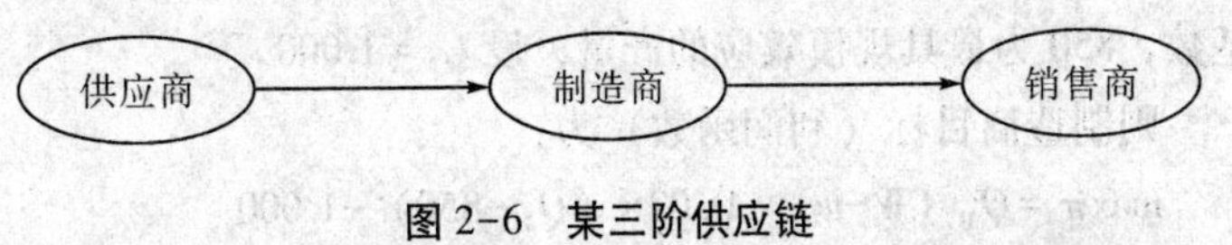

图 2-6 某三阶供应链

2.4.4.1 销售商

设销售商的市场需求函数为 $Q_R = 1\,000 - 2P + 6\sqrt{y} + 2\sqrt{z}$，其中 P 为产品销售价格，y 为促销或推销费用，z 为服务费用。销售商的成本由三部分组成：①促销或推销费用 $y \in [0, 400]$；②商品成本 W，即购买制造商产品的价格，令 $W = 10$；③服务费 $z \in [0, 256]$。

那么，销售商利润为：

$$\pi = Q_R(P - W) - y - z$$

$$= Q_R(500 + 3\sqrt{y} + \sqrt{z} - Q_R/2 - 10) - y - z$$

$$\pi = Q_R(490 + 3\sqrt{y} + \sqrt{z} - Q_R/2) - y - z$$

$$\pi = [-Q_R{}^2/2 + Q(490 + 3\sqrt{y} + \sqrt{z}) - (490 + 3)^2 \div 2] + (490 + 3) \times 2 \div 2 - y - z$$

$$= -\frac{1}{2} \times [Q_R - (490 + 3)] \times 2 + (490 + 3) \times 2 \div 2 - y - z$$

$\pi = 0$ 时，Q_R 达到最大。因此，目标函数变为：

$$\max Q_R = \sqrt{2[(490 + 3\sqrt{y} + \sqrt{z})^2 \div 2 - y - z]}$$

$+ (490 + 3\sqrt{y} + \sqrt{z})$

销售商理想点的销售量为 $Q_R{}^* = 1\ 130$

2.4.4.2　制造商

制造商从供应商采购原件，加工后出售给销售商。制造商销售额为 $Q_M W$，其中 Q_M表示制造商生产数量，W 为制造商产品销售价格。制造商成本包括：原料成本 w，即供应商提供的原件价格，令 $w=6$；产量成本 $C=C_N+0.02\ (Q_M-850)^2$，C_N为成本基数，850 为最具规模效应的产量，设 $C_N=1\ 000$。

则制造商目标（利润函数）为：

$$\max\pi = Q_M\ (W-w)\ -0.02\times\ (Q_M-850)^2-1\ 000$$

制造商理想点的产量为 $Q_M{}^* = 950$，制造商理想点的利润为 $\pi = 2\ 600$。

2.4.4.3　供应商

供应商的销售收入为 $Q_s w$，Q_s是供应商销售数量。其成本由三部分组成：①原材料成本 $Q_s p$（设 $p=2$，为供应商原材料采购单位成本）。②产量成本 $C=C_M+0.02\times\ (Q_s-600)^2$，600 为最具规模效应的产量。③质量成本 $C=C_N+12q^2$，C_M为成本基数，设 $C_M=500$；q 为质量水平，$q\in[0,\ 10]$，$q=0$ 表示制造商能接受的最差质量，$q=10$ 表示质量最好。则供应商利润为：

$$\begin{aligned}\pi &= Q_s\ (w-p)\ -\ [C_M+0.02\times\ (Q_s-600)^2]\ -\ (C_M+12q^2)\\ &= 4Q_s-0.02\times\ (Q_s-600)^2-12q^2-1\ 000\end{aligned}$$

为了保证在制造商配套地位中的长久竞争力，供应商的目标是在一定的利润下，追求质量的最大，假设利润大于 500。则供应商目标函数为：

$$\max q = \sqrt{\frac{4Q_s - 0.02\times(Q_s - 600)^2 - 1\ 500}{12}}$$

供应商理想点的质量值为 $q^* = 9.6$，供应商理想点的产量 $Q_s = 700$。

由于销售商、制造商和供应商在供应链中的地位不同，三者目标的权重也不同，假设它们的权重分别为：制造商为 0.6，销售商为 0.3，供应商为 0.1。则供应链多目标优化结果为：

$$\max f = \max\{\omega_1[\frac{Q_R}{Q_R^*} - 1]^2 + \omega_2[\frac{\pi_M}{\pi_M^*} - 1]^2 + \omega_3[\frac{q_S}{q_S^*} - 1]^2\}^{1/2}$$

$$= \max\{0.3 \times [-1]^2 + 0.6 \times [-1]^2 + 0.1 \times [9.6 - 1]^2\}^{1/2}$$

其中，$Q = \sqrt{2 \times [(490 + 3\sqrt{y} + \sqrt{z})^2/2 - y - z]} + (490 + 3\sqrt{y} + \sqrt{z})$

对于该优化问题，采用遗传算法来进行优化计算。根据所给信息，本书采用英国 Sheffield 大学推出的遗传算法工具箱，编写基于 MATLB 程序。经调试，设置计算参数为：种群染色体为 20，最大进化代数为 200，交叉概率为 0.9，变异概率为 0.05，代沟设置比例为 10%。利用该程序连续进行了 5 次运算，各次运算结果见表 2-1。

表 2-1　　程序运算结果

运算次第	1	2	3	4	5
最优适值	0.163 4	0.163 4	0.163 4	0.163 4	0.163 4
最优值收敛代数	16	34	21	26	48
运行时间（s）	0.317 8	0.385 8	0.326 3	0.340 1	0.391 9

第一次运算的跟踪情形如图 2-7 所示。由图 2-7 可以看出，随着进化代数的增加，种群的最优适值在逐渐减少（当进化到第 16 代时适值收敛）。各次运行结果的最优适值都为 0.163 4，即对于供应链各企业理想点的范数距离为 0.163 4。最优染色体为：

0　1　1　0　1　1　0　0　0　0　0

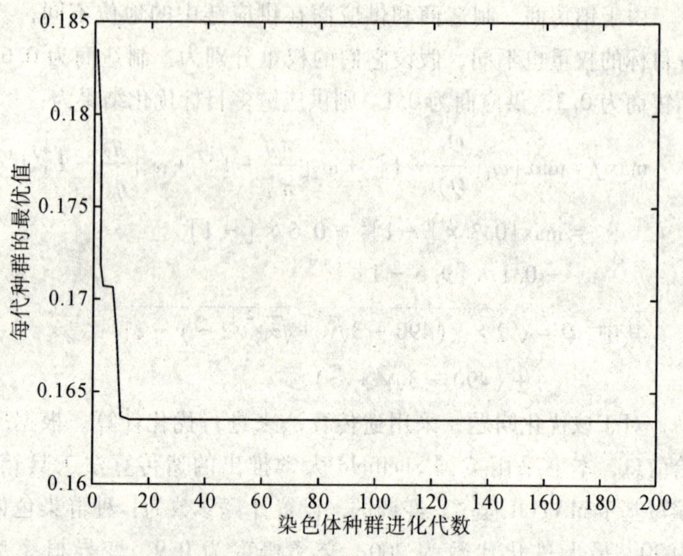

图 2-7　运行结果跟踪

2.4.5　供应链瓶颈的产生

对最优染色体进行解码，得到供应链协调情况下的多目标最优解为 $Q=864$。但是供应链的协调最优解和各成员企业的理想解并不吻合。从前面分析可知，零售商的最优解为 $Q=1\ 130$；制造商的最优解为 $Q=950$；供应商的最优解为 $Q=700$。供应链的协调运行限制了个体最优目标的同时取得，各企业为了自己的利益目标，往往存在违背供应链的冲动；同时，由于市场环境是变化的，企业有的时候更注重短期利益，如我国 20 世纪 90 年代发生彩电价格战时，彩电企业是以市场占有率为最大目标的，而不会考虑供应链的利润目标，否则就将被市场淘汰。因此，供应链企业之间的目标冲突会导致供应链前后环节的商品供需数量不等，从而导致供应链瓶颈的产生。

2.5 本章小结

由于内外部环境的不确定性，供应链瓶颈是客观存在的。本章分析了供应链产生瓶颈的内生原因和外生原因。内生原因是存在于供应链内部的不确定性因素而导致的原因，主要包括企业利益博弈、信息的不对称、时间延迟性和成员企业运营动荡4个方面；外生原因是外界的不确定性因素使供应链节点企业之间供需不平衡而产生瓶颈，这些因素常常具有不可预测性和抗拒性，通常包括外界的突发事件、市场的不确定性、社会信用机制的缺失3个方面。

然后，本章在相关理论的基础上，建立模型，分析了供应链瓶颈产生的微观机制。

（1）基于委托代理的分析。供应链的前后环节之间的关系可以看作是一种委托代理关系，本章利用委托代理原理，通过建立模型从理论上证明了供应链供需冲突产生的机理。就供应链的零售商-制造商环节而言，在一次具体交易中，制造商面临未知的外界随机因素，而零售商却享有充分信息，制造商的决策依据不变，而零售商的决策依据却发生了变化，造成产品供和需的不一致，进而导致供应链瓶颈环节的出现。就供应链的制造商-供应商环节而言，当供应链存在多个供应商时，各个供应商的成本、最大生产规模、绝对风险规避量、外界随机变量等等参数是不一样的，其最优产量也是不一致的，因此会造成供应链供需冲突，使产品在前后环节达不到理想的状态，从而产生供应链瓶颈。

（2）基于信用缺失的分析。供应链信用缺失引起的供应链冲突可以从两个方面进行分析：主观和客观。通过沟通和协调，客观信用缺失引起的冲突有望减弱和消失，而主观信用缺失很难通过协商解决，往往导致冲突的强化。本章引入卡诺顾客满意度模型，利用供应商和采购商之间的满意程度变化研究供应链冲突的演化。供应链冲突的结果，必然导致链条的流通不畅，出现瓶颈，实际表现在以下 3 个方面：供应链冲突导致供应链网络流通不畅，供应链冲突造成供给短缺，信用缺失造成供应链交易不顺。

(3) 基于目标不一致的分析。供应链中不同企业具有目标偏好的差异，通过建立多目标规划模型并通过优化求解，可以得到供应链协调下的 Pareto 最优解，它照顾了供应链各方的目标，是企业长期合作的最优决策变量。但就企业而言，由于市场环境是变化的，有的时候更注重短期利益，此时企业的最优多目标解就会与供应链整体目标发生冲突。供应链企业之间的目标冲突会导致供应链前后环节的商品供需数量不等，从而导致供应链瓶颈的产生。

3 基于供应能力的供应链瓶颈识别

本章主要研究基于供应能力的供应链瓶颈的识别问题。供应能力反映了供应链为市场提供产品的有效产量能力，是供应链竞争能力的重要指标。供应链供应能力瓶颈是供应链瓶颈识别的有一个参考指标。

3.1 供应链供应能力瓶颈的含义

给定一个有向网络 $D=(V, A)$。在 V 中指定了一点，称为发点（记为 V_s），再指定另一点，称为收点（记为 V_t），其余的点叫中间点。对于每一个弧 $(v_i, v_j)\in A$，对应有一个 $c(v_i, v_j)\geq 0$（或简写为 c_{ij}），称为弧的容量。

对于一个网络，最大流问题就是求一个可行流 $\{f_{ij}\}$，使其流量 $v(f)$ 达到最大，并且满足：

$$0\leq f_{ij}\leq c_{ij} \quad (v_i, v_j)\in A \tag{3-1}$$

$$\Sigma f_{ij}-\Sigma f_{ji}=\begin{cases} v(f) & (i=s) \\ 0 & (i\neq s, t) \\ -v(f) & (i=t) \end{cases} \tag{3-2}$$

根据最大流最小截定理，任一个网络 D 中，从 v_s 到 v_t 的最大流的流量等于分离 v_s、v_t 的最小截集的容量。通过求解网络的最大流，可以得到一个最小截集。最小截集的容量的大小影响总的输送量的提高。为提高总的输送量，必须首先考虑改善最小截集中各弧的输送状况，提高它们的通过能力。一旦最小截集中弧的通过能力被降低，就会使总的输送量减少。因此，最小截集上的弧段是整个网络上的瓶颈环节，它制约着网络性能的提高。

因此，定义供应链供应能力瓶颈为：

$$CB = \min(CP_i / SC) \quad i = 1, 2, \cdots, n$$

其中，CB 指供应链供应能力瓶颈，CP_i 为网络最小截集上第 i 个成员的供应能力，SC 为供应链整体的供应能力，$SC = \sum CP_i$。

供应链供应能力瓶颈是对整个网络供应能力贡献最小的成员。

3.2 大规模供应链网络供应能力瓶颈算法

经济全球化、信息技术与通信技术的进步、全球采购的实施、虚拟企业的快速建立与分解、更多的非核心业务外包等，使得供应链的形式变得越来越复杂并迅速向大规模甚至是超大规模网络化的形式演变。作为大规模供应链网络中的核心企业，由于其为市场提供产品的能力不仅受自身的影响，还要受合作伙伴的供应能力的影响，因此其市场最大供应能力取决于整个供应链网络的供应能力。同时，为了预防可能发生的风险，核心企业往往需要了解供应链中的薄弱环节，以便采取预防措施。这些问题实质上可以转化为关于供应能力的供应链网络最大流问题。目前，从复杂网络的角度研究供应链的研究并不很多，其中 Qi X 等提出了一个局部世界网络模型来描述供应链；美国学者 Nagur Ney 等提出的超级网络模型可以很好地描述供应链中的物流活动，通过求解网络系统的均衡点研究系统的行为；以 Dirk Helbing 为首的一批物理学家在采用复杂网络理论研究供应链网络。本书从网络最大流的角度研究了大规模供应链网络的最大供应能力问题。

关于网络最大流问题，Ford 和 Fulkerson 于 1957 年提出了求解的相应算法，即熟悉的“最大流最小截”定理，该算法在寻求增广链时，计算比较复杂，在几十年的发展过程中，国内外不少学者也相继提出了很多改进的方法。当网络规模较小时，使用这些方法求解最大流问题是一种有效的算法；当网络规模很大时，问题求解的效率将变得非常低下，甚至是不可能的；Ford-Fulkerson 方法适用解决单源单汇问题，求解多源多汇网络需要对问题进行转化；同时，对于无理数容量网络，Ford-Fulkerson 给出了个例子，说明标号法不能在有限步内停止，并且计算过程中得到的流序列也不收敛于最大流。而采用遗传算法求解网络最大流问题，其原理简单，不仅可以直接求解多源多汇网络、无理数容量网络，而且对于大规模网络来说是高效的，不失为一种好的思路。

关于用最小截集求解网络最大流问题，邹豪思等提出的网络最大流的矩阵算法虽然应用矩阵进行了计算，但需要计算 2^m（m 为中间点个数）个截容量矩阵；在此基础上，党耀国等提出了一种“截集矩阵算法”，通过对关联矩阵进行运算求解，降低了算法的计算量。这些算法实质上都是一种穷举法，当网络顶点较多时，比如当 $m=20$，截集的数量达到了 $2^{20}=1\ 048\ 576$，穷举法显然无法解决计算问题。因此，这些算法共同的特点是适合于小规模网络问题，对于大规模网络特别是超大规模网络则显得无能为力，此时采用遗传算法求最优则具有优势。

至于用遗传算法求解约束问题的相关文献很多，大多采用罚函数的方法进行处理。由于网络最大流问题的约束条件很多且很严格，交叉和变异后的染色体失效的概率非常大，因此用遗传算法求解最大流问题的研究很少。本书采用关联矩阵和最小截集的方法通过遗传算法求解网络最大流，完全避开了网络的约束条件，从而使得遗传算法在求解大规模问题上的优势得到充分体现。

3.2.1 算法的基本思想

对于供应链网络 $G=(V, A)$，V 为网络 G 的顶点集，代表供应链网络中的节点企业；A 为网络 G 的弧集，表示节点企业为客户提供产品的供应能力。将顶点集分为三部分：发点集、收点集和中间点集，设 X 为网络的发点集（供应链源点），Y 为网络的收点集，W 为中间点集，则有以下性质：

（1）$X\subset G$，$Y\subset G$，$W\subset G$。

（2）对于顶点集 V 有：$V=X+W+Y=\{x_1, x_2, \cdots, x_p; v_1, v_2, \cdots, v_m; y_1, y_2, \cdots, y_q\}$。

（3）$X\cap Y=\varnothing$，$X\cap W=\varnothing$，$W\cap Y=\varnothing$。

（4）对于发点集 X 中的每一个顶点 x_i，它都是网络 G 中的弧的起点；对于收点集中的每一个顶点 y_i，它都是网络 G 中的弧的终点；对于中间点集中的每一个顶点 v_k，它既是网络 G 中一些弧的起点，也是网络 G 中一些弧的终点。

将顶点集 $W+Y=\{v_1, v_2, \cdots, v_m; y_1, y_2, \cdots, y_q\}$ 作为列，将顶点集 $X+W=\{x_1, x_2, \cdots, x_p; v_1, v_2, \cdots, v_m\}$ 作为行，定义供应链网络 G 的关联矩阵 $M(G)$ 如下：

$$
M(G)=\begin{array}{c}
\\ x_1 \\ x_2 \\ \cdots \\ x_p \\ v_1 \\ v_2 \\ \cdots \\ v_m
\end{array}
\begin{array}{cccccccc}
v_1 & v_2 & \cdots & v_m & y_1 & y_2 & \cdots & v_q \\
a_{11} & a_{12} & \cdots & a_{1m} & a_{1,m+1} & a_{1,m+2} & \cdots & a_{1,m+q} \\
a_{21} & a_{22} & \cdots & a_{2m} & a_{2,m+1} & a_{2,m+2} & \cdots & a_{2,m+q} \\
\cdots & \cdots & \cdots & \cdots & \cdots & \cdots & \cdots & \cdots \\
a_{p1} & a_{p2} & \cdots & a_{pm} & a_{p,m+1} & a_{p,m+2} & \cdots & a_{p,m+q} \\
a_{p+1,1} & a_{p+1,2} & \cdots & a_{p+1,m} & a_{p+1,m+1} & a_{p+1,m+2} & \cdots & a_{p+1,m+q} \\
a_{p+2,1} & a_{p+2,2} & \cdots & a_{p+2,m} & a_{p+2,m+1} & a_{p+2,m+2} & \cdots & a_{p+2,m+q} \\
\cdots & \cdots & \cdots & \cdots & \cdots & \cdots & \cdots & \cdots \\
a_{p+m,1} & a_{p+m,2} & \cdots & a_{p+m,m} & a_{p+m,m+1} & a_{p+m,m+2} & \cdots & a_{p+m,m+q}
\end{array}
$$

其中，若弧（v_i，v_j）$\in A$，则关联矩阵中相对应的系数 $a_{ij}=1$，表示企业 v_i 为 v_j 提供配套产品；若弧（v_i，v_j）$\notin A$，则关联矩阵中相对应的系数 $a_{ij}=0$，企业 v_i 与 v_j 没有合作关系。

任一弧（v_i，v_j）$\in A$，有一个最大供应能力 c_{ij}，仿照关联矩阵的构造，得到容量矩阵 $C(G)$；其对应于 $M(G)$ 中 $a_{ij}=1$，弧（v_i，v_j）的容量为 c_{ij}，$a_{ij}=0$，则 $c_{ij}=0$。

$$
C(G)=\begin{array}{c}
\\ x_1 \\ x_2 \\ \cdots \\ x_p \\ v_1 \\ v_2 \\ \cdots \\ v_m
\end{array}
\begin{array}{cccccccc}
v_1 & v_2 & \cdots & v_m & y_1 & y_2 & \cdots & y_q \\
c_{11} & c_{12} & \cdots & c_{1m} & c_{1,m+1} & c_{1,m+2} & \cdots & c_{1,m+q} \\
c_{21} & c_{22} & \cdots & c_{2m} & c_{2,m+1} & c_{2,m+2} & \cdots & c_{2,m+q} \\
\cdots & \cdots & \cdots & \cdots & \cdots & \cdots & \cdots & \cdots \\
c_{p1} & c_{p2} & \cdots & c_{pm} & c_{p,m+1} & c_{p,m+2} & \cdots & c_{p,m+q} \\
c_{p+1,1} & c_{p+1,2} & \cdots & c_{p+1,m} & c_{p+1,m+1} & c_{p+1,m+2} & \cdots & c_{p+1,m+q} \\
c_{p+2,1} & c_{p+2,2} & \cdots & c_{p+2,m} & c_{p+2,m+1} & c_{p+2,m+2} & \cdots & c_{p+2,m+q} \\
\cdots & \cdots & \cdots & \cdots & \cdots & \cdots & \cdots & \cdots \\
c_{p+m,1} & c_{p+m,2} & \cdots & c_{p+m,m} & c_{p+m,m+1} & c_{p+m,m+2} & \cdots & c_{p+m,m+q}
\end{array}
$$

按照网络截集的定义，若顶点集 V 被剖分为两个空集合 V_s、V_t，使得 $X\subseteq V_s$，$Y\subseteq V_t$，那么弧集（V_s，V_t）称为分离 V_s 和 V_t 的一个截集。

建立截集矩阵 K_t，其建立过程是：在容量矩阵 C（G）中以截集起点集 V_s 所对应的行为截集矩阵 K_t 的行，在 C（G）中以截集终点集 V_t 所对应的列为截集矩阵 K_t 的列。假设 V_s 等于网络发

点集 X 及网络中任意 t 个中间点（$t=0, 1, 2, \cdots, m$），则有截集矩阵：

$$K_t = (c_{ij})_{(p+t)\times(q+m-t)}$$

截集矩阵 K_t 的容量为：

$$C_t = \sum_{j=1}^{q+m-t} \sum_{i=1}^{p+t} c_{ij}$$

根据最大流量最小截量定理，网络 G 中，从发点集 X 到收点集 Y 的最大流的流量等于分离 X、Y 的最小截集的容量，因此可得到最大供应能力 f^*：

$$f^* = \min C_t = \min\left(\sum_{j=1}^{q+m-t} \sum_{i=1}^{p+t} c_{ij}\right)$$

根据以上论述，通过“最大流最小截”定理将供应链网络最大供应能力问题转化为顶点集的组合优化问题，即随着顶点组合的改变而截集容量不断改变的组合优化问题。随着网络规模的扩大，顶点优化组合的搜索空间也急剧扩大，用枚举法或其他算法很难精确求出其最优解。这时候，可以使用遗传算法求解顶点的优化组合，使其分割得到的截集容量最小。在此问题的遗传算法中，以中间顶点为染色体的基因位，采用二进制编码，以截集容量为适应度评价函数，从而实现大规模供应链网络的最大供应能力求解。

3.2.2 遗传算法的实现

本问题是一个典型的组合寻优问题，用常规的遗传算法就可解决问题。中间点集中的每一个顶点都可以成为或不成为截集起点集中的顶点，规避了传统网络优化问题约束条件的限制，因此染色体不存在失效的问题，可直接编码计算。关键的地方是适应度评价函数，基本思想中的截集矩阵容量并不能直接作为适应度评价函数，因为截集矩阵是不断变化的，因此需要进一步转化，将适应度函数建立在容量矩阵上。

3.2.2.1　编码

采用二进制编码方式，每个染色体可表示为图 3-1 所示的代码串，表示中间点的选择方案；染色体中的基因为 v_1、v_2、v_i 和 v_m，表示该备选顶点的状态；1 表示被选中，与网络的发点集 X 一起成为截集起点集 V_s 中的顶点；0 表示未被选中，而与网络的收点集 Y 一起成为截集终点集 V_t 中的顶点。

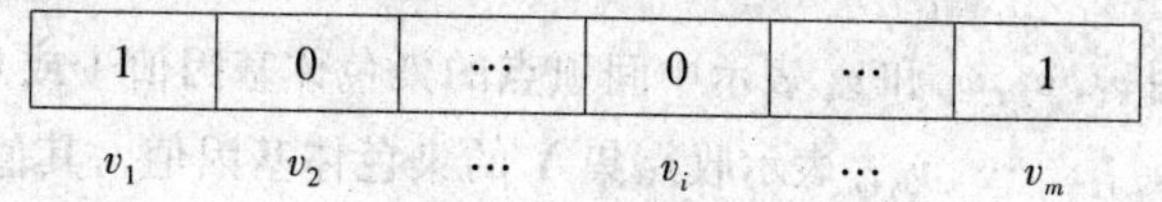

1	0	…	0	…	1
v_1	v_2	…	v_i	…	v_m

图 3-1　编码方式

3.2.2.2　适应度函数

根据前面的论述，目标评价函数也就是截集矩阵 K_t 的容量，即为：

$$f = C_t = \sum_{j=1}^{q+m-t} \sum_{i=1}^{p+t} c_{ij}$$

但这里的 c_{ij} 是截集矩阵的元素，每取一次截集矩阵，c_{ij} 随着发生变化，为便于计算机编码计算，需要对上式进行变形，用染色体编码值和容量矩阵 C 的元素值来表示。变换过程如下：

$$\begin{aligned} f = C_t &= \sum_{j=1}^{q+m-t} \sum_{i=1}^{p+t} c_{ij} \\ &= \sum_{i=1}^{p+t} c_{i,\ 1} + \sum_{i=1}^{p+t} c_{i,\ 2} + \cdots + \sum_{i=1}^{p+t} c_{i,\ m-t} + \sum_{i=1}^{p+t} c_{i,\ m-t+1} + \cdots \\ &\quad + \sum_{i=1}^{p+t} c_{i,\ m-t+q} \end{aligned}$$

$$\sum_{i=1}^{p+t} c_{i,\ j} = 1 \times \sum_{i=1}^{p+t} C_{i,\ j} + 0 \times \sum_{i=1}^{m-t} C_{i,\ j}$$

$$(j = 1,\ 2,\ \cdots m - t + q) \tag{3-3}$$

式（3-3）中，前半部分 $\sum_{i=1}^{p+t} C_{i,\ j}$ 表示截集起点集所对应的

容量矩阵取值，后半部分 $\sum_{i=1}^{m-t} C_{i,j}$ 表示 W 为中间点集中属于截集终点集的点所对应的容量矩阵取值，用 v_1、v_2、v_i 和 v_m 表示中间顶点的染色体基因值 1 或 0；用 v_{m+1}，v_{m+2}，…，v_{m+p} 表示发点集 X 的染色体基因值，其值恒为 1，用向量 $VS_{(p+m)\times 1}=(v_1,\ v_2,\ \cdots,\ v_{p+m})^T$ 表示。则式（3-3）变为：

$$\sum_{i=1}^{p+t} c_{i,j} = \sum_{i=1}^{p+m} v_i C_{i,j} \qquad (j=1,\ 2,\ \cdots m-t+q) \tag{3-4}$$

用 v_1', v_2', v_j' 和 v_m' 表示中间顶点的染色体基因值 1 或 0；用 v_{m+1}'，v_{m+2}'，…，v_{m+q}' 表示收点集 Y 的染色体基因值，其值恒为 0，用向量 $VT_{1\times(m+q)}=(v_1',\ v_2',\ \cdots,\ v_{m+q}')$ 表示。则有：

$$\begin{aligned}
f &= \sum_{j=1}^{q+m-t}\sum_{i=1}^{p+t} c_{ij} \\
&= \sum_{i=1}^{p+t} c_{i,1} + \sum_{i=1}^{p+t} c_{i,2} + \cdots + \sum_{i=1}^{p+t} c_{i,m-t} + \sum_{i=1}^{p+t} c_{i,m-t+1} \\
&\quad + \cdots + \sum_{i=1}^{p+t} c_{i,m-t+q} \\
&= (1-v_1')\sum_{i=1}^{p+t} c_{i,1} + (1-v_2')\sum_{i=1}^{p+t} c_{i,2} + \cdots \\
&\quad + (1-v_m')\sum_{i=1}^{p+t} c_{i,m-t} + (1-v_{m-t+1}')\times\sum_{i=1}^{p+t} c_{i,m-t+1} + \cdots \\
&\quad + (1-v_m')\sum_{i=1}^{p+t} c_{i,m} + (1-v_{m+1}')\sum_{i=1}^{p+t} c_{i,m+1} \\
&\quad + (1-v_{m+2}')\sum_{i=1}^{p+t} c_{i,m+2} + \cdots + (1-v_{m+q}')\times\sum_{i=1}^{p+t} c_{i,m+q}
\end{aligned} \tag{3-5}$$

由于截集矩阵中没取得 v_k 列（即 W 为中间点集中属于截集起点集的点所对应的列，共有 t 列）所对应的 $(1-v_k')$ 为零，故可将

$$\sum_{i=1}^{p+t} c_{i,j} = \sum_{i=1}^{p+m} v_i C_{i,j} \quad (j=1,\ 2,\ \cdots m-t+q)$$

变为：

$$\sum_{i=1}^{p+t} c_{i,j} = \sum_{i=1}^{p+m} v_i C_{i,j} \quad (j = 1, 2, \cdots m + q)$$

代入式（3-5），得到：

$$f = \sum_{j=1}^{m+q} (1 - v_j^{'}) \sum_{i=1}^{p+m} v_i C_{i,j} = \sum_{j=1}^{m+q} \sum_{i=1}^{p+m} (1 - v_j^{'}) v_i C_{i,j}$$

为方便计算，将上式进一步化简，定义矩阵 $S_{(p+m)\times(m+q)}$ 、矩阵 $T_{(p+m)\times(m+q)}$ 为：

$S_{n,i} = S_{n,j} = VS_{n,1}$ （$n = 1, 2, \cdots, p + m$；$i, j = 1, 2, \cdots, m + q$）

$T_{i,n} = T_{j,n} = VT_{1,n}$ （$n = 1, 2, \cdots, m + q$；$i, j = 1, 2, \cdots, p + m$）

为方便计算，将上式进一步化简，定义矩阵 $S_{(p+m)\times(m+q)}$ 矩阵 $T_{(p+m)\times(m+q)}$ 为：

$S_{n,i} = S_{n,j} = VS_{n,1}$ （$n=1, 2, \cdots, p+m$; $i, j = 1, 2, \cdots, m+q$）

$T_{i,n} = T_{j,n} = VT_{1,n}$ （$n=1, 2, \cdots, m+q$; $i, j = 1, 2, \cdots, p+m$）

定义矩阵相乘符号⊗为：$D = A \otimes B$，如 $D_{ij} = A_{ij} \times B_{ij}$。

令 $W = S \otimes (I - T) \otimes C(G)$，其中 I 为单位矩阵，则目标函数可表示为：

$f = \Sigma\Sigma W_{ij}$

由于最大流为最小截集的容量，故目标函数的值越小，适应度就越高，则令适应度函数为：

$F = C - f$

其中，C 为一适当大的常数。

3.2.2.3　遗传操作

（1）选择。

选择是用来确定重组或交叉个体以及备选个体将产生多少个子代个体。首先计算个体适值，采用按比例的适值分配，是利用比例于各个个体适值的概率决定其子孙的遗留可能性。若

某个个体 i，其适值为 F_i，则其被选择的概率表示为：

$$p_i = F_i / \sum_{k=1}^{M} F_k$$

然后对各个染色体计算它们的累积概率：

$$q_i = \sum_{i=1}^{M} p_i$$

采用轮盘赌选择法进行选择。为了选择交配个体，需要进行多轮选择，每一轮产生一个［0，1］均匀随机数，将该随机数作为选择指针来确定备选个体。

为了保证进化过程中当前群体中适应度最好的个体能够尽可能地保留到下一代群体中，同时采用最佳保留策略。设 $a(t)$ 是 t 代的最优个体，为能使上一代的优秀基因遗传到下一代，我们用 $a(t)$ 代替 $t+1$ 代中的最差个体。采用最佳保留策略，把当前代中适应度最好的个体保留到下一代群体，而不被交叉变异算法破坏掉，可以保证遗传算法在发现最优个体时以概率 1 收敛于最优解，同时根据精英个体可能产生适应度更高新个体。

（2）交叉。

采用单点交叉，即在个体编码串中只随机设置一个交叉点，将两个父代在该点之后的基因部分相互交换，形成两个新的子代个体，如图 3-2 所示。

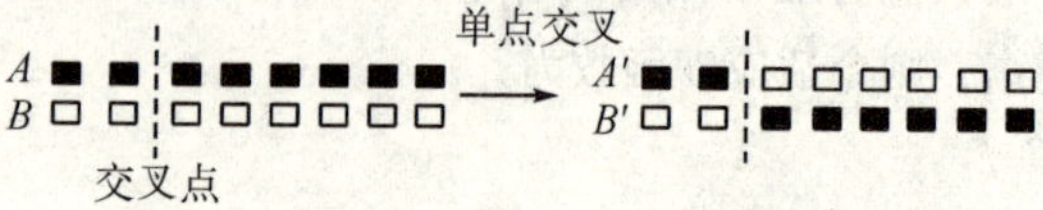

单点交叉
A　B　A′　B′
交叉点

图 3-2　单点交叉运算示意图

（3）变异。

变异是遗传算法中产生子代新个体的一种不可缺少的方式，适当地利用变异算子可以调整已有群体的基因，产生新的基因，从而保持了遗传算法的解收敛到最优解的可能性。经过交叉操作和选择操作以后，群体中的基因形式趋于单一，而这些基因未必是最佳个体的基因。因此，遗传算法容易停留在局部收敛的某些路径集合中，发生所谓的早熟现象。采用变异算子，能在一定程度上改善这种情况。

此处采用传统的基本位变异，即对个体编码串中以变异概率 p_m 随机指定某一位基因座上的基因值做变异运算（若原有基因值为 0，则变异操作将该基因值变为 1；反之，若原有基因值为 1，则变异操作将该基因值变为 0）。

3.2.2.4　终止条件

连续 K 代没有进化到一个更好的解或达到给定的最大迭代代数时，终止算法。

3.2.2.5　GA 程序

为了便于遗传算法的应用，结合英国 Sheffield 大学推出的遗传算法工具箱编写了基于 Matlab 的计算机程序，算法的伪代码如下：

```
input ( );%遗传算法参数赋值
gen=0;%赋予迭代代数初值
Chrom=crtbp ( );%构造初始群体
ObjV =fit ( );%计算目标函数
keep the best ( );%最佳保留
while (不满足终止条件)
FitnV=ranking ( ); %分配适应度值
SelCh=select ( ); %选择
SelCh=recombin ( ); %重组
SelCh=mut ( ); %变异
ObjVSel=fit ( ); %计算目标函数值
keep the best ( );%最佳保留
[Chrom ObjV] =reins (Chrom, SelCh, 1, 1, ObjV, Ob-
```

```
jVSel); %重插入子代的新种群
    gen=gen+1;%代计数器增加
    end;
    output ();%输出结果
```

3.2.3 算例分析

设某以制造商为核心企业的大规模供应链网络如图 3-3 所示。

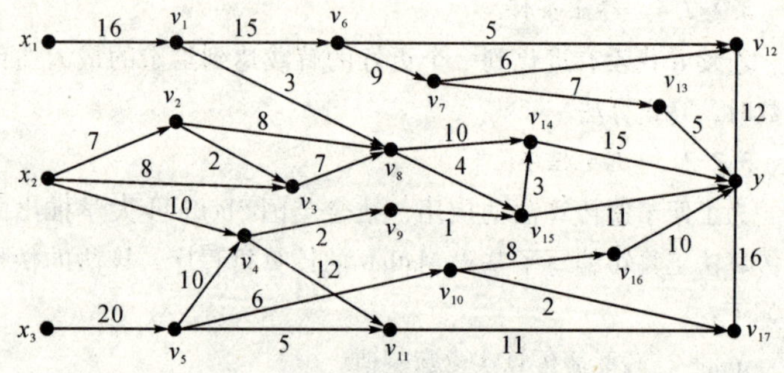

图 3-3 大规模网络最大流问题

x_1，x_2，x_3 是供应链的原料供应商，也是供应链网络的发点集；Y 是供应链核心企业（制造商），即供应链网络的收点；v_1，v_2，…，v_{17} 为网络的中间节点，共分三层供应商结构，第一层供应商为 v_{12}，v_{13}，…，v_{17}，第二层供应商为 v_6，v_7，…，v_{11}，第三层供应商为 v_1，v_2，…，v_5。后一层的企业为前一层的企业配套，但同时也可能为同层的企业配套，如第三层的企业 v_2 就为同层的企业 v_3 提供配套服务。弧上的数字 c_{ij} 为弧的容量，代表后向供应商 v_i 为前向企业 v_j 提供零部件的最大供应能力，现需知道网络的最大供应能力，并发现整个供应链网络的瓶颈环节，以便有针对性地采取措施。

从图 3-3 中可以看出，由于中间节点有 17 个，如果用邹豪思和党耀国的方法计算，网络截集的数量达到了 $2^{17}=131\ 072$，显然无法解决计算问题。在这种情况下，我们采用遗传算法来进行优化计算。根据所给信息，此处采用英国 Sheffield 大学推出的遗传算法工具箱编写 MATLB 程序，经调试，设置计算参数为：种群染色体 30，最大进化代数 200，交叉概率 0.9，变异概率 0.05，代沟设置比例 10%。利用该程序连续进行了 5 次运算，各次运算结果见表 3-1。

表 3-1　　程序运算结果

运算次第	1	2	3	4	5
最优适值	46	46	46	46	46
最优值收敛代数	31	54	41	68	82
运行时间（s）	1.085 2	0.988 7	0.957 6	0.938 6	1.004 3

第一次运算的跟踪情形如图 3-4 所示。由图 3-4 可以看出，随着进化代数的增加，种群的最优适值在逐渐减少（当进化到第 31 代时适值收敛）。各次运行结果的最优适值都为 46，即供应链网络的最大供应能力为 46。最优染色体为：

1 1 1 1 1 1 0 1 1 0 1 0 0 0 0 0 0

即截集起点集 V_s 为（$x_1, x_2, x_3, v_1, v_2, v_3, v_4, v_5, v_6, v_8, v_9, v_{11}$），截集终点集 V_t 为（v_7，v_{10}，v_{12}，v_{13}，v_{14}，v_{15}，v_{16}，v_{17}，y），这说明整个供应链网络的最小截集为（v_6，v_{12}），（v_6，v_7），（v_8，v_{14}），（v_8，v_{14}），（v_8，v_{15}），（v_9，v_{15}），（v_5，v_{10}），（v_{11}，v_{17}），要增大供应链的供应能力，就必须相应地增加这些环节的供应能力。

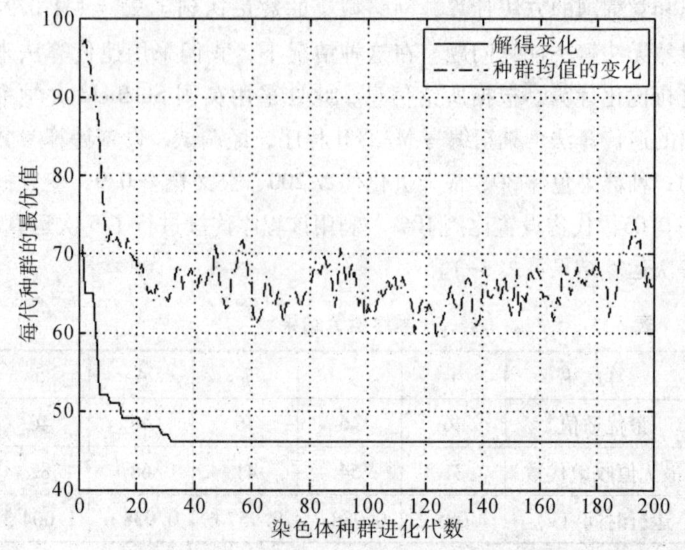

图 3-4　运行结果跟踪

从实例分析可见，本书采用遗传算法求解大规模供应链网络的最大供应能力问题是可行的，它能够解决列举法存在的计算困难问题，也能有效解决 Ford-Fulkerson 算法无法直接求解多源多汇网络的问题。遗传算法求解大规模网络的最大流问题程序简单、收敛速度快、求解效率高，其关键之处在于适应度评价函数的转化，将适应度函数建立在染色体编码和容量矩阵基础上可巧妙地解决此问题。

遗传算法求解大规模网络的最大流属于典型的组合优化问题，用标准遗传算法解这类问题存在一些不足。例如，算法的"未成熟收敛"，即很快收敛到局部最优解而不是全局最优解；算法在最优解附近摆动，即算法在达到最优解后由于交叉和变异破坏掉了最优染色体而使解在最优适值附近摆动。为了改进标准遗传算法不足，本书采用了最佳保留策略。至于其他解决诸如“未成熟收敛”等不足的改进方法，还有待进一步研究。此外，标准遗传算法和 Ford-Fulkerson 算法一样不能求出网络所有的最小截集，需要对标准遗传算法进行改进，如采用小生境技术，这些也有待研究。

3.2.4 供应链能力瓶颈识别

根据前面的分析，整个供应链网络的最小截集为（v_6，v_{12}），（v_6，v_7），（v_8，v_{14}），（v_8，v_{15}），（v_9，v_{15}），（v_5，v_{10}），（v_{11}，v_{17}），这些弧段阻碍了供应链的供应能力的增加。因此，要增大整个供应链的供应能力，就必须相应地增加这些环节的供应能力。当各弧段每增加 1%的供应能力时，供应链整体供应能力受到的影响如表 3-2 所示。

表 3-2　　各环节对供应链整体供应能力的影响

弧	供应能力	增加 1%后供应能力	增加后供应链供应能力	供应链供应能力增加百分比
v_6，v_{12}	5	5.05	46.05	0.11%
v_6，v_7	9	9.09	46.09	0.20%
v_8，v_{14}	10	10.1	46.1	0.22%
v_8，v_{15}	4	4.04	46.04	0.09%
v_9，v_{15}	1	1.01	46.01	0.02%
v_5，v_{10}	6	6.06	46.06	0.13%
v_{11}，v_{17}	11	11.11	46.11	0.24%

结合前面供应链供应能力瓶颈的定义 $CB=\min(CP_i/SC)$，$i=1, 2, \cdots, n$ 可知，此供应链的供应能力瓶颈为企业 v_{11}。

从表 3-2 中可以看出，在各企业供应能力增加相同幅度后，供应链整体供应能力增加程度是不一样的，企业 v_{11} 对供应链的影响最大，因此它是整体供应链的能力瓶颈，对它进行扩张，更能提高对市场的供应能力。

3.3 大规模随机容量供应链网络瓶颈识别

现有研究都是在假定网络容量为常数的情况下进行研究的。然而在大规模供应链网络中，供应商的最大供应能力往往受到各种因素的影响。这些影响因素按其性质可分为两类：一是供应商生产计划安排，这取决于供应商的生产习惯、前端客户在供应商的客户体系中的地位等主观情况；二是客观因素，如供应商生产设备状况、人员的熟练程度、运输条件等，这些因素众多，影响程度难以预测，没有一项因素起决定性作用。因此，供应商的最大供应能力并非固定不变的常量，而是一个随机变量。

3.3.1 供应商供应能力分布函数

以供应商原计划的供应能力为原点，供应商实际能力与原定能力的偏离值为横坐标，事件发生的概率为纵坐标，建立直角坐标系。考虑一组某供应商在历年相同影响因素起作用的时段内（因为有些时段会出现阶段性的影响因素，如运输条件的季节性气候、设备的周期性修理等）实际最大供应能力与供应商原定供应能力之间的差异 $X_i = x_i - x_c$（x_i 为实际供应能力，x_c 为以供应商原定供应能力）。现不考虑供应商主观因素造成的随机性，即假定该供应商的 x_c 是一个常数，而 X_i 与 x_i 为随机变量。设随机变量 X_i 的密度函数为 $f(x_i - x_c)$。类似于潘徐杰的研究，供应商的实际供应能力与原定供应能力的差异 X_i 服从 N（0，σ^2）正态分布。由于 x_c 是常数，令 $x_c=\mu$，这样在坐标轴中，供应商的实际供应能力 x_i 将服从一般正态分布 N（μ，σ^2），如图3-5所示。

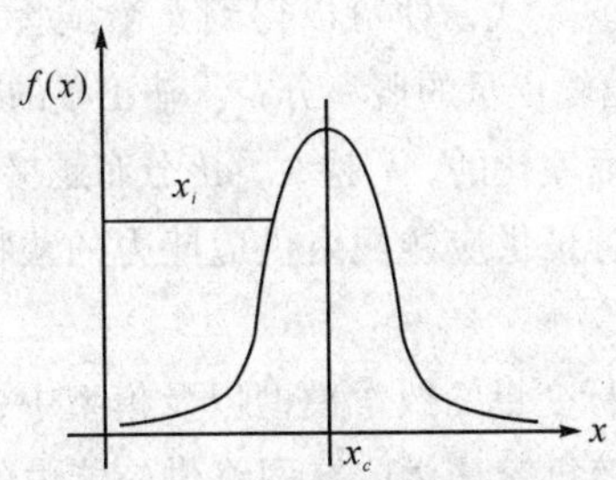

图 3-5 供应商实际供应能力服从一般正态分布

3.3.2 大规模随机容量供应链网络供应能力算法

供应商实际能力是一个连续型随机变量，常规的方法是将其转化为若干离散化数据进行处理。但是，如果连续型随机参数的数量很多，各随机参数离散点的组合数量将急剧增加，使得模型的计算面临很大困难。例如，假设有 15 个弧容量是随机参数，每个参数离散化为 5 个点，那么，离散点的组合数量为 $5^{15}=3.051\ 8\times10^{10}$。这样，整个计算将非常繁杂，计算时间太长以至于没有实际运用价值。因此，对于这种涉及随机因素多、用解析方法无法求解的复杂的数学模型，蒙特卡洛模拟抽样方法就显示出了它的优越性，可以保证在精度范围内有效地解决计算问题。

蒙特卡洛模拟抽样方法又称统计模拟实验法、随机模拟法，属于实验数学的一个分支。它是以统计抽样理论为基础，利用随机数，通过对有关的随机变量的统计、抽样实验或随机模拟，以求得统计特征值（如均值、概率等）作为待解问题的数值解，是求解工程技术问题近似解的一种数值计算方法。一般来说，虽然我们对未来的情况不能确定，但知道各输入变量按一定概率分布取值，就可以用一个随机数发生器来产生具有相同概率的数值，赋值给各个输入变量，计算出各输入变量，就对应于实际上可能发生的一种情况、一个试验或者是实施一个方案。如果这样反复试验 k 次，便可以得到 k 个试验方案数据，由这 k 组数据就可求出输出量的概率分布。输出量的概率分析函数是随 k 的大小变化而变化的，k 越大，该分布越接近真实的分布。

大规模随机容量供应链网络供应能力的蒙特卡洛模拟步骤如下：

（1）确定目标变量的数学模型以及模型中各个变量的概率分布中。大规模随机容量供应链网络供应能力的数学模型与网络最大流的数学模型相似，弧容量代表节点供应商向相应客户提供产品的供应能力，所求的网络最大流即为容量确定情况下整个供应链网络向市场提供产品的能力。模型中目标变量的概率分布如前所述服从正态分布，为了简化讨论，在不影响问题性质的前提下，假设一部分变量为随机变量，其余为确定型变量，并且随机变量之间是相互独立的。

（2）确定模拟抽样的次数。关于模拟的重复次数，一般来说重复的次数越多，对输出结果的分布特性的刻画及参数统计就越精确，但究竟至少重复多少次才能得出一个比较精确的估计？具体实施时可以利用平均标准误差来计算。计算公式为：平均标准误差 $=\sigma/N^{1/2}$，其中 σ 为随机抽样值的标准误差，N 为重复的次数。

（3）根据供应商供应能力分布函数产生若干个抽样样本。通过模拟试验，为各风险变量抽取随机数，并将随机数按照概率分布模型转化为变量的抽样值。产生随机数的方法很多，有随机数表法、计算机上附加硬设备、计算机移位发生器、计算机编程语言随机数函数、利用数学公式产生均匀随机数等。本书的模拟过程完全由计算机程序完成，随机数采用 MATLAB 编程语言提供的正态分布随机数函数（Randn）获取。

（4）计算每个样本组成的确定型容量供应链网络的最大供应能力，确定瓶颈环节。确定出一组节点企业供应能力随机变量的抽样值后，以这组抽样值和原有的确定型容量数据作为基础数据，形成了一个容量确定的供应链网络，根据 3.1 节所提出的求解大规模网络最大流的遗传算法计算出网络的最大供应能力，找到网络的瓶颈环节。

（5）重复试验，直到完成抽样。重复步骤 2~3 共 N 次，进行若干次模拟后整理试验结果所得供应链网络供应能力的期望值、方差、标准差和它的累计概率，绘制累计概率图，并统计各弧段成为瓶颈环节的概率。使用计算机进行供应链网络最大供应能力模拟的流程见图 3-6。

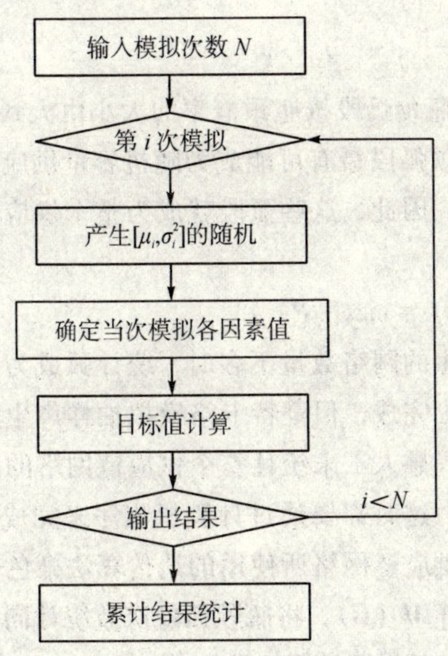

图 3-6　蒙特卡洛计算机模拟流程图

3.3.3 大规模随机容量供应链网络供应能力的瓶颈

求解随机容量供应链网络供应能力的瓶颈环节的方法如下：

（1）对随机容量弧段进行一次抽样试验，形成一个容量确定型供应链网络。根据网络最大流理论，求出网络的最小截集，则连接最小截集的弧，即最小截发点集 V_s 指向最小截收点集 V_t 的弧段为该网络瓶颈，记为：

$$h(v_i, v_j) \quad i, j \in \{X, M, Y\}$$

（2）完成抽样试验 M 次后，统计各瓶颈弧段出现的次数。

$$\sum_{k=1}^{N} h(v_i, v_j) = n_{ij}$$

（3）计算各瓶颈弧段出现的概率。由于抽样是完全随机的，每个样本的发生是等可能的，因此属于古典概率，根据古典概率的定义，有：

$$P\{h(v_i, v_j)\} = n_{ij}/N$$

（4）对各瓶颈弧段按瓶颈概率的大小由大到小排序，那么概率最大的瓶颈弧段最有可能成为随机容量供应链网络供应能力的制约环节，因此，这些弧段就成为整个供应链网络的瓶颈环节，记为：

$$Bh(v_i, v_j) = \max\{P_{ij}\}$$

当抽样产生的网络数量不多时，统计弧成为瓶颈弧段的次数，可以由人工完成，但蒙特卡洛模拟抽样产生的网络数量达到几百上千个，靠人工来统计整个供应链网络的瓶颈环节显然不具有可行性，这时需要通过计算机程序来完成。联系 3.1 节求解固定容量供应链网络所使用的遗传算法染色体编码方法和构造的关联矩阵 $M(G)$，将瓶颈弧段次数统计同染色体和容量矩阵联系起来，其思路举例如下：

假设抽样产生某固定容量供应链网络，其最大供应能力的最优染色体如图 3-7 所示：

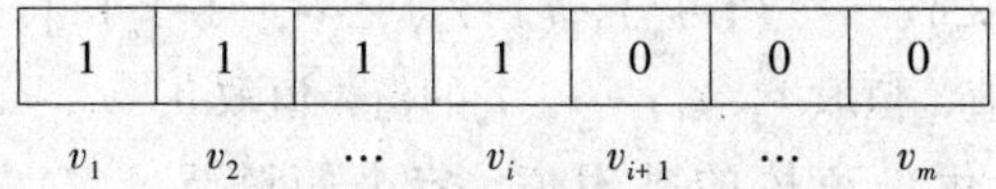

图 3-7　假设的最优染色体

那么最小截发点集为（X_1，…，X_p，v_1，v_2，…，v_i），收点集为（v_{i+1}，…，v_m，Y_1，…，Y_q），瓶颈环节即为最小截发点集指向收点集的弧段。从图 3-8 可以看出，区域 A 部分为最小截发点集内部的弧段，不属于网络的瓶颈环节；区域 B 部分为最小截收点集指向发点集的弧段（方向弧段），不属于网络的瓶颈的环节；区域 C 部分为最小截收点集内部的弧段，也不属于网络的瓶颈环节；只有区域 C 部分为最小截发点集指向收点集的弧段，其数值为 1 的点所代表的弧段即为瓶颈环节。

	v_1	v_2	…	v_i	v_{i+1}	…	v_m	Y_1	…	Y_q
X_1	0	1		0	1		0	0		0
…										
X_p	1	1		0	0		1	1		0
v_1	0	1		1	1		1	0		1
v_2	0	0		0	0		0	1		0
…			A			D				
v_i	0	1		0	0		0	1		1
v_{i+1}	0	0		0	0		0	0		1
…			B			C				
v_m	0	0		0	0		0	1		1

图 3-8　瓶颈弧段统计方法示意图

定义列$S_{n,i}=(X_1, \cdots, X_p, v_1, v_2, \cdots, v_m)^T$，行$T_{i,n}=[(1-v_1), (1-v_2), \cdots, (1-v_m), (1-Y_1), \cdots, (1-Y_q)]$，其中$X_1, \cdots, X_p$的值，恒取1，$Y_1, \cdots, Y_q$的值，恒取0，$v_1, v_2, \cdots, v_m$为相应最优染色体的基因值。定义矩阵$S_{(p+m)\times(m+q)}$、矩阵$T_{(p+m)\times(m+q)}$为：

$$S_{n,i}=S_{n,j}=S_{n,1}\ (n=1, 2, \cdots, p+m;\ i, j=1, 2, \cdots, m+q)$$

$$T_{i,n}=T_{j,n}=T_{1,n}\ (n=1, 2, \cdots, m+q;\ i, j=1, 2, \cdots, p+m)$$

因此，S是各列相同的矩阵，T是各行相同的矩阵。

定义矩阵相乘符号⊗为：$D=A\otimes B$，如$D_{ij}=A_{ij}\times B_{ij}$。令$W=T\otimes S\otimes C(G)$，其中$T$的作用是将关联矩阵的$A$和$B$区域置零，$S$的作用是将关联矩阵的$B$和$C$区域置零，因此$W$矩阵保留了关联矩阵的$A$区域不变，而将$A$、$B$、$C$剔除了，$W$矩阵中数值为1的点所代表的弧段为瓶颈环节，称$W$为瓶颈矩阵。

将每次抽样所形成的瓶颈矩阵相加：

$$W'=W_1+W_2+\cdots+W_n \quad (n\text{为抽样次数})$$

则矩阵W'中数值不为零的点的值代表其处于瓶颈环节的次数。

$$W''=W'/n\times 100\%$$

根据古典概率的定义，矩阵W''中数值不为零的点的值表示相应弧段是供应链网络瓶颈的概率。

3.3.4 算例分析

设某以制造商Y为核心企业的大规模供应链网络如图3-9所示，x_1，x_2，x_3是供应链的原料供应商，也是供应链网络的发点集；Y是供应链网络的收点；v_1，v_2，…，v_{16}为网络的中间节点，共分三层供应商结构，第一层供应商为v_{12}，v_{13}，…，v_{16}，第二层供应商为v_6，v_7，…，v_{11}，第三层供应商为v_1，v_2，…，v_5。后一层的企业为前一层的企业配套，但同时也可能为同层的企业配套，如第三层的企业 v_2 就为同层的企业 v_3 提供配套服务。

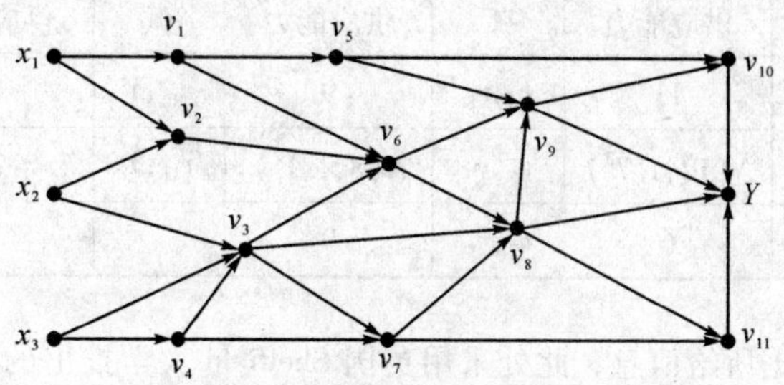

图 3-9　某随机容量供应链网络

供应链网络中的供应商往往不是向一个固定的客户提供产品，因此不同的客户在供应商中的地位是不一样的，供应商往往要首先保证为大客户提供配套服务的能力。在这种情况下，给予其他客户的供应能力是随机变化的，比如节点 v_1，v_6 是 v_1 的重点客户，供应商首先保证为 v_6 的企业提供供应量为 9 的产品，其向 v_5 企业提供的最大供应能力就不是恒定不变的，而是服从概率分布 $N(10, 1.4^2)$。假设各节点企业向客户的供应能力（即弧容量）分布见表 3-3。

表 3-3　　　　　各弧段的供应能力

弧	供应能力	弧	供应能力	弧	供应能力
x_1, v_1	16	v_3, v_7	$N(12, 1.6^2)$	v_7, v_{10}	$N(10, 1.2^2)$
x_1, v_2	22	v_4, v_6	6	v_8, v_9	9
x_2, v_3	18	v_4, v_7	4	v_8, v_{11}	14
x_2, v_4	$N(12, 1.8^2)$	v_4, v_8	$N(15, 2^2)$	v_8, Y	$N(6, 0.8^2)$
v_1, v_5	$N(10, 1.4^2)$	v_5, v_9	$N(6, 1^2)$	v_9, v_{10}	$N(12, 1.5^2)$
v_1, v_6	9	v_5, v_{10}	8	v_9, Y	11

表3-3(续)

弧	供应能力	弧	供应能力	弧	供应能力
v_2, v_4	11	v_6, v_8	9	v_{10}, Y	15
v_2, v_6	$N(12, 1.7^2)$	v_6, v_9	$N(8, 1.1^2)$	v_{11}, Y	21
v_3, v_4	6	v_7, v_8	9		

根据所给信息，此处采用英国 Sheffield 大学推出的遗传算法工具箱编写基于 MATLB 程序，经调试，设置计算参数为：种群染色体为 20，最大进化代数为 200，交叉概率为 0.9，变异概率为 0.1，代沟设置比例为 10%。而随机容量供应链网络的蒙特卡洛模拟的次数设置为 $N = 1\ 000$，共运行 5 次。5 次模拟后，供应链网络各弧段成为的瓶颈弧段的概率见表 3-4。

从表 3-4 可以看出，程序运行稳定，5 次模拟的结果基本一致，最大的累计概率仅相差 2.9%，说明用蒙特卡洛模拟随机容量供应链网络最大供应能力的瓶颈环节符合实际情况，能用于指导实践。同时，根据运行结果，算例所提供的随机容量供应链网络的瓶颈环节为（v_8，Y），其成为瓶颈环节的概率达到了 90%以上；其次是（v_{11}，Y），其成为瓶颈环节的概率达到了 85%；而其他环节则不明显，它们成为瓶颈环节的概率都没有超过 60%。因此，可以认为，该随机供应链网络的瓶颈为弧段（v_{11}，Y），即企业 v_{11} 为瓶颈企业。

从上面的分析和应用可以看出，蒙特卡洛法作为一种数学手段在处理随机容量供应链网络最大供应能力以及找到其瓶颈环节方法是行之有效的，而且该方法借助计算机技术，实现起来比较容易，具有较强的可操作性。同时，针对大规模网络的特点，本书提出了一种求解网络最小截集新方法——遗传算法，解决了随机网络蒙特卡洛模拟中各瓶颈环节累计概率的自动计算问题。在实践中，供应商的最大供应能力一般是处于一种波动状态，通过蒙特卡洛模拟，可以找到供应链网络的薄弱环节，为企业的决策和采取预防措施提供了依据。

表 3-4　　各瓶颈弧的累计概率（%）

弧段	成为瓶颈弧的概率和				
	第 1 次	第 2 次	第 3 次	第 4 次	第 5 次
x_1，v_1	0	0	0.3	0	0
v_1，v_5	50.8	50.3	51.6	52.7	50.2
v_2，v_6	0	0	0.1	0	0
v_3，v_7	9.3	9.1	8.9	8.5	8.8
v_4，v_6	0	0	0.1	0	0
v_4，v_7	9.3	9.1	8.9	8.5	8.8
v_4，v_8	9.6	9.1	8.9	8.6	8.8
v_5，v_9	0.5	0.4	0.7	0.5	0.2
v_5，v_{10}	0.9	0.9	1.4	1.1	0.8
v_6，v_8	9.6	9.1	9.6	8.6	8.8
v_6，v_9	51.2	50.6	52.5	51.2	50.4
v_7，v_8	0.3	0	0.3	2	0
v_7，v_{11}	3	2.9	2.2	2.4	2.2
v_8，v_9	41.6	41.5	43.7	44.4	41.4
v_8，v_{11}	2.7	2.9	2.2	2.3	2.2
v_8，Y	90.4	90.9	91.1	91.4	91.2
v_9，v_{10}	0.5	0.6	0.7	0.8	0.6
v_9，Y	48.8	49.4	47.4	47	49.6
v_{10}，Y	48.3	48.8	46.7	46.2	49
v_{11}，Y	87.7	88	88.9	89.2	89

3.4 基于供应商选择的大规模供应链网络瓶颈识别

构建一个供应链网络如图 3-10 所示，节点之间的配套关系是确定的，供应链网络节点上有多家供应商可供选择，由于每家供应商在设备、人员、管理水平以及客户在其供应关系中的地位等方面是不同的，因此不同的供应商向相同的客户提供的产品供应能力是不同的。如果市场处于成长期，产品供不应求，核心企业为了满足市场的需要，必须尽可能地提高对市场的供应能力，这就需要在现有情况下通过选择合适的供应商来达到这个目的。

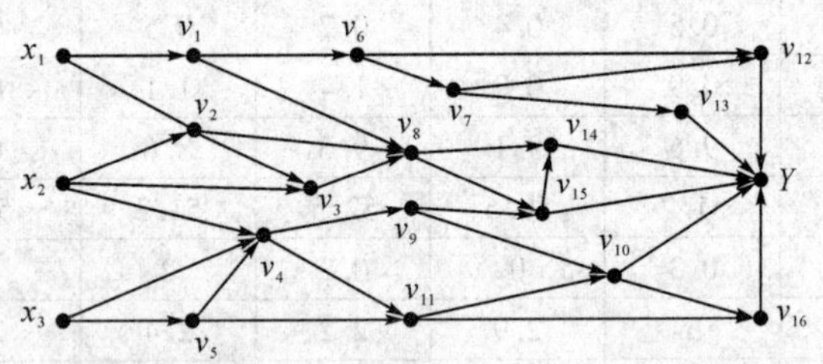

图 3-10　基于供应商选择的大规模供应链网络

这样，基于最大供应能力的供应商选择问题实际上构成了一个双重优化问题。首先，选择最优的供应商组合，使其组合后的最大流达到最优，这是供应商的优化问题；其次，针对特定的供应商组合，找到该网络的最大流量（即最大供应能力），这是供应能力的优化问题。对于前一个问题，由于节点众多，组合方案随着变量（节点）的增加而呈指数增长，用常规的方法求解很困难。譬如，假设有 15 个供应链网络节点，每个节点可选择的供应商有 3 个，那么可供选择的供应商方案的组合数量应有 3^{15}种；亦即，为了求得理想的供应商组合方案，需要求解 14 348 907 个供应链网络的最大流。这样，优化选择需要很长的运行时间，甚至这个时间是人们无法忍受的。因此，为了解决可供选择方案本书采用遗传算法来进行优化。至于后一个问题，属于大规模网络最大流问题，如 3.2 节所述，采用常规方法求解效率将非常低下。因此，本书提出了一种嵌套的混合遗传算法以解决整个问题的优化。

3.4.1 模型假设

为了简化讨论，在不影响问题性质的前提下，本模型做以下假设：

（1）核心企业处于强势地位，具有选择供应链网络节点企业的权利，其供应商没有选择前向供应商的权利。

（2）核心企业选择供应商的依据是唯一的，即对供应链最大供应能力的贡献大小，而质量、成本等因素不在考虑范围内。比如产品供不应求的核心企业就存在这种情况。

（3）供应链网络结构固定不变，即节点之间的供应关系是固定的，不随节点上供应商的不同而不同。

（4）对于供应链相同节点上的可选择企业而言，其产品是同质的，交付时间是相同的，不同的只是供应能力的大小。

（5）供应链的每一个网络节点（除核心企业）能够保证按时供应配套的零部件，因此同一节点不必选择两家供应商。

3.4.2 优化模型

基于供应商选择的大规模网络的最大供应能优化力问题实际上分两步进行决策。首先完成供应商的选择，即完成供应链网络构成的决策。然后，需要在给定供应链网络的基础上，实现供应量的合理分配，从而实现整个供应链网络的最大供应能力。

对于供应链网络 $G=(X, M, Y, A)$，$V=X+M+Y$ 表示网络的顶点集，其中，X 为网络 G 的发点集（供应链源点）；Y 为网络的收点集（供应链核心企业）；M 为网络的中间点集，代表供应链网络中的节点企业；A 为网络 G 的弧集，表示节点企业为客户提供产品的供应能力。

在网络中，$X+M$ 为供应链的供应商，每一个顶点都有若干可供选择的企业，假设某发点共有 n 个企业可供选择，表示发点集中顶点 x_i 的某个可选企业用 $x[k]_i$（$k=1, 2, \cdots, n$）表示。

供应链网络中，若弧 $(v_i, v_j) \in A$，则表示节点企业 v_i 为 v_j 提供配套产品；若弧 $(v_i, v_j) \notin A$，则企业 v_i 为 v_j 没有合作关系。

因此，上述问题就是求关于供应量分配的一个可行流 $\{f_{ij}\}$，使其流量达到最大：

$$\max v \tag{3-6}$$

$$\text{s. t.} \quad c_{ij} \in (v[k]_i, v[k]_j) \ k=1, 2, \cdots, n \tag{3-7}$$

$$0 \leqslant f_{ij} \leqslant c_{ij} \ (v_i, v_j) \in A \tag{3-8}$$

$$\Sigma f_{xj} - \Sigma f_{jx} = v(f) \quad (v_x \in X, v_j \in V) \tag{3-9}$$

$$\Sigma f_{ij} - \Sigma f_{ji} = 0 \quad (v_i, v_j \in M) \tag{3-10}$$

$$\Sigma f_{tj} - \Sigma f_{jt} = -v(f) \quad (v_t \in Y, v_j \in V) \tag{3-11}$$

上述模型中，式（3-6）表示优化目标函数，即实现供应链网络的最大供应能力。式（3-7）为节点企业约束，即同一节点相应弧的容量必须是同一可选择企业的供应能力。式（3-8）为网络容量限制条件，即对于每一弧上的流量 f_{ij}，它小于选定企业的相应弧（$v[k]_i$，$v[k]_j$）的容量。式（3-9）至式（3-11）为流量平衡条件，式（3-9）表示所有发点的净流出量的和等于可行流，式（3-10）表示所有收点的净流入量等于可行流的相反数，式（3-11）表示任一中间节点的流入量等于流出量。

3.4.3 优化算法

基于供应商选择的大规模网络供应能力优化力问题，由于其组合方案数量巨大，不宜使用传统方法求解。而遗传算法是基于“优胜劣汰”的全局优化智能算法，非常适合于解决高维决策问题。因此，本书采用遗传算法来解决优化问题，同时，考虑到大规模网络的特点，在计算遗传算法的适应度函数中再次嵌入遗传算法，从而形成了求解上述模型的混合遗传算法。实现步骤如下：

（1）生成初始种群。采用二进制编码方式，每条染色体可表示为图 3-11 所示的代码串，每条染色体对应一种供应商选择方案。供应链网络每一个节点的企业选择用若干个基因位表示，基因位长度取决于相应节点可选择企业的个数。例如，节点 x_i 有 4 家可选择企业，则选择方案可用 2 个基因位表示，基因值“00”表示企业 A 被选中，“01”表示企业 B 被选中，“10”表示企业 C 被选中，“11”表示企业 D 被选中。然后，随机产生一定数量的染色体作为遗传进化的初始种群。

0	1	…	1	0	…	1	1	0	0	…	0	1	…	1	0
x_1	…	x_i	…	x_n	v_1		v_j		v_m						

图 3-11　编码方式

（2）适值计算。因为每条染色体对应一种固定的供应链网络，所以其目标函数即为相应网络的最大供应能力。鉴于所研究的网络是大规模网络，用常规的最大流算法计算繁杂、效率低，因此采用 3.2 节基于遗传算法的最大流最小截集的计算方法来求解网络的最大供应能力。

（3）适值排序。根据适值采用等差为 2 的线性排序方法计算出各条染色体的适应度。

（4）选择。利用轮盘赌算法和代沟技术形成下一代种群中的部分染色体。为了保证算法的收敛性，同时采用最佳保留策略，把当前代中适应度最好的个体保留到下一代群体，使其不被交叉变异算法破坏掉。

（5）交叉。以交叉概率随机在新一代种群中选择两条染色体进行交叉，并采用两点法随机确定交叉位置。

（6）变异。采用传统的基本位变异，即对个体编码串中以变异概率 p_m 随机指定某一位基因座上的基因值做变异运算（若原有基因值为 0，则变异操作将该基因值变为 1；反之，若原有基因值为 1，则变异操作将该基因值变为 0）。

（7）重插入。根据代沟设置比例采用基于适应度选择的重插入。

（8）循环或终止遗传操作。循环迭代步骤（2）~（7）以便寻求相对于整个系统的最优决策。如果种群中的最优适值在规定的进化代数内没有变动或迭代到了最大允许进化代数，则停止迭代。此时种群中的最优适值就是实际问题的最优值，最优适值对应的染色体就是实际问题的供应商选择方案。

3.4.4 算例分析

设某以制造商为核心企业的大规模供应链网络如图 3-10 所示，x_1，x_2，x_3是供应链的原料供应商，也是供应链网络的发点集；Y 是供应链核心企业（制造商），即供应链网络的收点；v_1，v_2，…，v_{16} 为网络的中间节点，共分三层供应商结构，第一层供应商为 v_{12}，v_{13}，…，v_{16}，第二层供应商为 v_6，v_7，…，v_{11}，第三层供应商为 v_1，v_2，…，v_5。后一层的企业为前一层的企业配套，但同时也可能为同层的企业配套，如第三层的企业 v_2 就为同层的企业 v_3 提供配套服务。

弧上的数字 c_{ij} 为弧的容量，代表后向供应商 v_i 为前向企业 v_j 提供零部件的最大供应能力。设每个节点可选择的企业各有4家，其向客户的供应能力（即弧容量）分布见表3–5。

表3–5　　　　节点可选择企业供应能力表

节点	弧	A	B	C	D	节点	弧	A	B	C	D
x_1	x_1，v_1	16	10	7	4	v_7	v_7，v_{12}	3	5	7	9
	x_1，v_2	4	5	6	7		v_7，v_{13}	7	6	5	4
x_2	x_2，v_2	2	5	7	9	v_8	v_8，v_{14}	10	8	6	4
	x_2，v_3	8	7	5	4		v_8，v_{15}	3	5	6	7
	x_2，v_4	4	6	9	13	v_9	v_9，v_{10}	2	4	6	8
x_3	x_3，v_4	13	10	7	5		v_9，v_{15}	6	5	4	3
	x_3，v_5	10	13	16	20	v_{10}	v_{10}，v_{16}	18	14	9	8
v_1	v_1，v_6	8	11	15	18		v_{10}，Y	3	6	9	13
	v_1，v_8	5	4	3	2	v_{11}	v_{11}，v_{10}	5	7	10	13
v_2	v_2，v_3	2	3	4	5		v_{11}，v_{16}	11	8	6	4
	v_2，v_8	8	6	4	2	v_{12}	v_{12}，Y	12	11	10	13
v_3	v_3，v_8	7	6	5	8	v_{13}	v_{13}，Y	5	6	7	8
v_4	v_4，v_9	10	7	6	5	v_{14}	v_{14}，Y	15	14	13	12
	v_4，v_{11}	4	7	11	15	v_{15}	v_{15}，v_{14}	5	6	7	8
v_5	v_5，v_4	4	7	10	13		v_{15}，Y	11	8	5	4
	v_5，v_{11}	15	11	8	5	v_{16}	v_{16}，Y	16	15	14	13
v_6	v_6，v_7	9	7	5	3						
	v_6，v_{12}	3	4	6	8						

注：对应不同的节点，A、B、C、D代表的供应商是不同的，如 x_1 节点的A供应商与 x_2 节点的A供应商是不同的企业。

现需知道网络的最大供应能力，并发现整个供应链网络的瓶颈环节，以便有针对性地采取措施。

从图中可以看出，节点 v_3、v_{12}、v_{13}、v_{14}、v_{16} 各自只向一家下游企业服务，因此只需选择供应能力最大的供应商即可。即使这样，需要做出选择的供应商节点仍有 14 个，可供选择的供应商组合方案也达到了 $4^{14}=268\ 435\ 456$ 个，显然用常规的优化方法无法解决计算问题。同时，供应链网络属于大规模网络，通用面临计算复杂的问题。在这种情况下，我们采用混合遗传算法来进行优化计算。根据所给信息，此处采用英国 Sheffield 大学推出的遗传算法工具箱编写基于 MATLB 程序，经调试，设置计算参数为：种群染色体 20，最大进化代数 200，交叉概率 0.9，变异概率 0.1，代沟设置比例 10%。利用该程序连续进行了 5 次运算，各次运算结果见表 3-6。

表 3-6　　　　程序运算结果

运算次第	1	2	3	4	5
最优适值	52	52	52	52	52
最优值收敛代数	9	88	27	34	121
运行时间（s）	2 339.9	2 341.6	2 332.6	2 298.2	2 324.7

第一次运算的跟踪情形如图 3-12 所示。由图 3-12 可以看出，随着进化代数的增加，种群的最优适值在逐渐减少（当进化到第 31 代时适值收敛）。各次运行结果的最优适值都为 52，即供应链网络的最大供应能力为 52。最优染色体为：

0 0 1 0 1 0 1 1 0 0 0 0 0 0 0 0 1 0 0 0 1 0 1 1 1 1 0 0

即使整个网络供应能力最大的各节点供应商选择方案为，x_1：A；x_2：C；x_3：C；v_1：D；v_2：A；v_3：D；v_4：A；v_5：A；v_6：A；v_7：C；v_8：A；v_9：C；v_{10}：D；v_{11}：D；v_{12}：D；v_{13}：

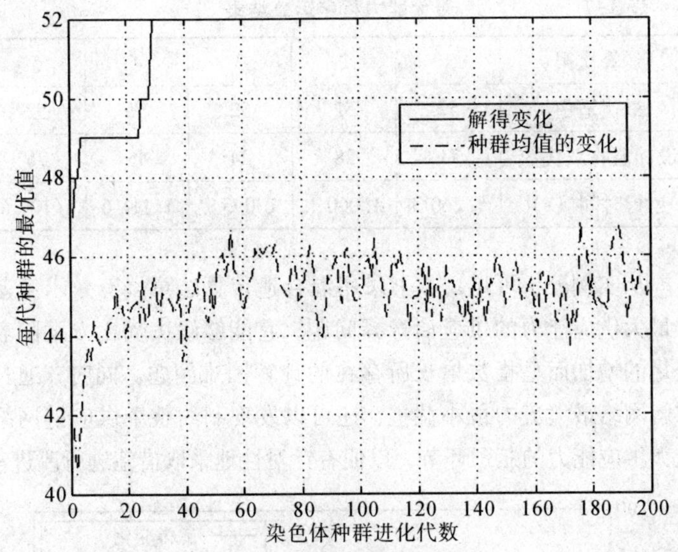

图 3-12　运行结果跟踪

D；v_{14}：A；v_{15}：A；v_{16}：A。

根据已选定的供应商组合，计算供应链网络的最小截集，其遗传算法计算参数设置为：种群染色体为 20，最大进化代数为 300，交叉概率为 0.9，变异概率为 0.1，代沟设置比例为 10%。利用该程序连续进行了 5 次运算，各次运算结果见表3-7。

第一次运算的跟踪情形如图 3-13 所示。由图 3-13 可以看出，随着进化代数的增加，种群的最优适值在逐渐减少（当进化到第 31 代时适值收敛）。各次运行结果的最优适值都为 52，即供应链网络的最大供应能力为 52。最优染色体为：

1 1 1 1 1 1 0 1 0 0 1 0 0 0 0 0

表 3-7　　　　最大能力程序运算结果

运算次第	1	2	3	4	5
最优适值	52	52	52	52	52
最优值收敛代数	71	28	24	45	75
运行时间（s）	1.260 3	1.060 1	1.095 7	1.118 6	1.121 6

从实例分析可见，本书采用混合遗传算法可以有效求解基于最大供应能力的供应商选择问题，它能够解决优化方案随着变量的增加而呈指数增长所存在的计算困难问题。同时，通过求解网络最大流的最小截集，还可以发现制约整个供应链网络最大供应能力的瓶颈环节，以便有针对性地采取措施进行改进。

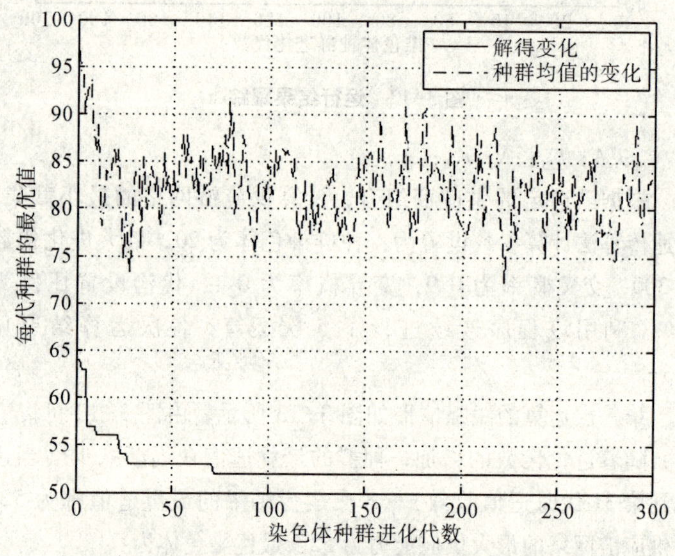

图 3-13　供应商确定情况下最大供应能力程序运行结果跟踪

在使用遗传算法求解供应商最优组合的过程中，由于适应度函数使用的遗传算法并不能保证最优解百分之百收敛到最优值，而适应度函数一旦不是收敛到真正最大流，其目标函数值（并不是真正的最小截集）比实际值大，从而导致其所代表的组合被错误地以大概率机会复制并遗传到下一代，最终使得收敛结果不正确。为了解决这个问题，本书采用同一供应商组合多次求适应度值，然后取最小值的办法来解决。例如，一次求适应度值的错误率为1%，那么同一组合计算3次取最小值得到的最大流是错误的概率为1%×1%×1%＝0.000 1%，随着计算次数的增加，其精度更高。因此，此方法基本可以保证结果的正确性，但随着计算次数的增加，所需要花费的时间也呈倍数增长。如何解决计算精度和计算时间之间的矛盾，还需进一步研究。此外，在对供应商选择方案进行染色体编码时，可能出现基因位和企业数量不对等的关系，如某节点的企业数量为3个，这是必须采用两个基因位来表示该节点的企业，00表示A企业，01表示B企业，10表示C企业，则出现剩余的基因11，其处理办法有两种：一是使其成为无效基因，二是使其表示3个企业中的某个企业，前一个办法需要编程进行处理，后一个办法人为地增加了某个基因遗传的概率，这些都有待进一步研究。

3.4.5 供应链能力瓶颈识别

根据3.1节和最优染色体可知，优化后网络的最小截集为（v_6，v_7），（v_6，v_{12}），（v_8，v_{14}），（v_8，v_{15}），（v_4，v_9），（v_{11}，v_{10}），（v_{11}，v_{16}），这些弧段阻碍了供应链的供应能力的增加。因此，要增大整个供应链的供应能力，就必须相应地增加这些环节的供应能力。当各弧段每增加1%的供应能力时，供应链整体供应能力受到的影响见表3-8。

表 3-8　　各环节对供应链整体供应能力的影响

弧	供应能力	增加 1%后供应能力	增加后供应链供应能力	供应链供应能力增加百分比
v_6，v_{12}	3	3.03	52.03	0.06%
v_6，v_7	9	9.09	52.09	0.17%
v_8，v_{14}	10	10.1	52.1	0.19%
v_8，v_{15}	3	3.03	52.03	0.06%
v_4，v_9	10	10.1	52.1	0.19%
v_{11}，v_{10}	13	13.13	52.13	0.25%
v_{11}，v_{16}	4	4.04	52.04	0.08%

又结合前面供应链供应能力瓶颈的定义 $CB=\min\ (CP_i/SC)$，$i=1$，2，…，n，可知此供应链的供应能力瓶颈为企业 v_{11}。

从表 3-8 中可以看出，在各企业供应能力增加相同幅度后，供应链整体供应能力增加程度是不一样的，企业 v_{11} 对供应链的影响最大，因此它是整体供应链的能力瓶颈，对它进行扩张，更能提高对市场的供应能力。

3.5　本章小结

本章对供应链瓶颈从供应能力的角度进行了研究。供应能力反映了供应链对提供产品给市场的有效产量能力，对提高供应链竞争能力有重要的参考意义。对供应能力瓶颈进行定义，根据网络流相关理论，最小截集是供应链网络的瓶颈环节。

针对供应链结构变得越来越复杂并迅速向大规模甚至是超

大规模网络化演变的特点，提出了大规模供应链网络的最大供应能力，根据网络最大流最小截定理，结合关联矩阵和最小截集的方法通过遗传算法求解网络最大流，完全避开了网络的约束条件，解决了最大流问题中染色体失效问题。在此基础上，进行了供应链能力瓶颈的识别。

现实供应链网络中，供应商的最大供应能力往往受到各种因素的影响，并非固定不变的常量，而是一个随机变量。针对这种情况，本章将关联矩阵和蒙特卡洛模拟方法结合起来，通过瓶颈环节累计概率的计算机自动计算，解决了随机容量供应链网络供应能力瓶颈的识别问题。

供应链网络节点上有多家供应商可供选择，由于多种因素影响，不同供应商的产品供应能力是不同的。从长期来看，核心企业可以通过选择合适的供应商来提高对市场的供应能力。本章针对基于供应商选择的大规模供应链网络的瓶颈识别问题，提出了嵌套的混合遗传算法以解决网络的优化配置，并根据供应能力瓶颈，对优化后的供应链网络瓶颈进行了识别。

4 基于响应时间的供应链瓶颈识别

本章主要研究基于响应时间（Response Time，RT）的供应链瓶颈的识别问题。响应时间反映了供应链对市场的敏捷性，是供应链竞争能力的重要指标。供应链响应时间瓶颈是供应链瓶颈识别的又一个参考指标。

4.1 供应链时间瓶颈的含义

大多数产品的生产过程可以表述为一个多级系统。多级系统的各生产阶段分别进行产品的加工、装配及其他的价值增值的过程，每一生产阶段的输出作为后发生产阶段的输入，如食品加工和包装系统、电子和汽车装配系统、半导体生产系统等。供应链是在相互关联的部门或业务伙伴之间所发生的物流、资金流和信息流，覆盖从产品（或服务）设计、原材料采购、制造、包装到交付给最终用户的全过程。因而，就产品生产从原材料到最终交付到用户的整个供应链的全过程来看，供应链是一个多阶的生产供应过程，即供应链多级结构。其简化模型如图 4-1 所示。

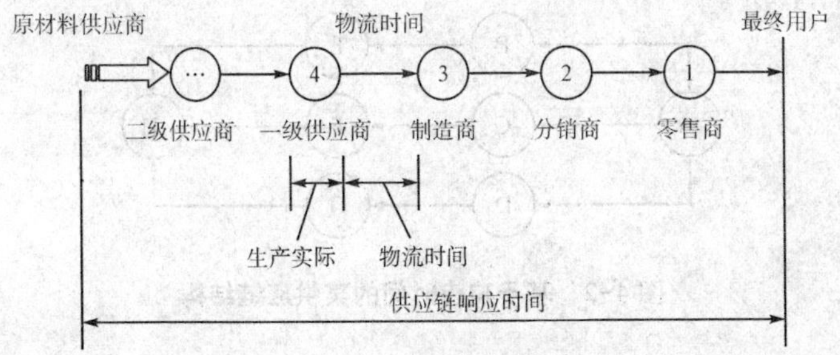

图 4-1　供应链多级结构

一个供应链的不同阶段上有许多不同的企业，站在满足最终客户的角度来看，要经过整个供应链的所有阶段才能向最终客户提供其所需的产品。因此，供应链成员接到客户订单后立即开始生产，在生产任务完成后将产品运输到客户处，这才完成了对供应链响应。供应链响应时间是由不同阶段的企业响应时间的累积效应形成的。企业响应时间由企业生产时间和物流时间组成，生产时间是为完成订单而进行的订单处理、原材料采购、加工制造等作业活动所需时间，物流时间是库存、运输等物流过程中所消耗的时间。供应链响应时间是指为完成一个订单所需的全部时间，即从顾客向供应链发出订单开始到订单以产成品形式交付给顾客的这段时间，也就是客户的等待时间。

现实中的供应链结构多是一种网络结构，供应链响应时间并不是简单地等于各成员响应时间的总和。实际上，基于响应时间的供应链结构可以看作是一个网络计划图，如图 4-2 所示的某供应链结构，将其进行变形后成为 4-3 所示网络计划结构，成员的响应时间相当于网络计划图中工作持续时间，成员之间的配套关系相当于网络计划图中前后工序的逻辑关系。

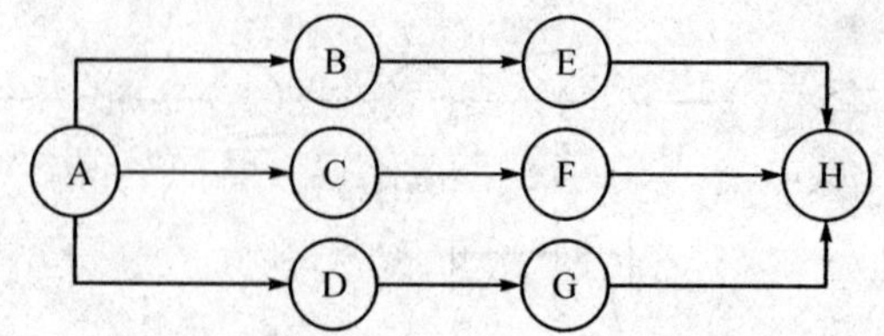

图 4-2　基于响应时间的某供应链结构

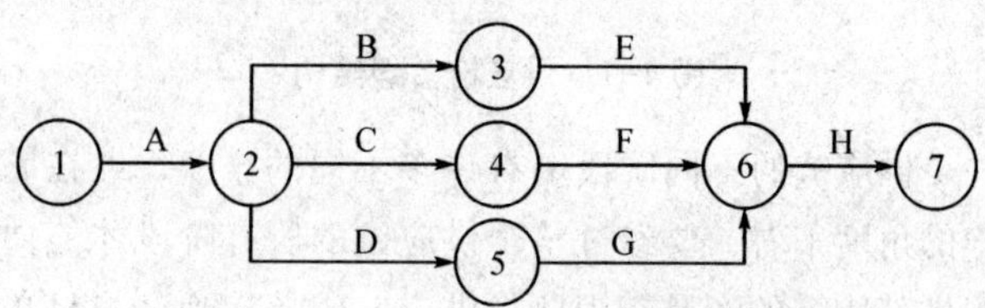

图 4-3　与供应链相对应的网络计划图

于是，整个供应链的响应时间就等于网络计划图中的关键路径的工作总持续时间。关键路径是整个网络的瓶颈环节，关键路径的任何迟延都将推迟整个供应链的完成时间，管理应以关键路径上的关键成员为管理重点，调动企业资源，以期更好、更快地完成计划任务。

同一时间供应链网络中关键路径上的成员都是响应时间瓶颈，但由于资源条件的限制，同时消除所有的瓶颈几乎是不可能的；而最大的响应时间瓶颈对供应链总体流程时间影响最大，是时间压缩的重点对象。亦即供应链响应时间瓶颈是对整个网络响应时间影响最大的成员，它阻碍供应链以更快的速度响应顾客。因此，定义供应链时间瓶颈为：

$$TB = \max(RB_i/ST) \quad i = 1, 2, \cdots, n$$

其中，TB 指供应链时间瓶颈，RB_i 为响应时间关键线路上第 i 个成员的响应时间，ST 为供应链整体的响应时间，$ST = \sum RB_i$。

4.2 资源配置问题下供应链时间瓶颈识别

当前，由于经济全球化、需求的个性化与多变性，企业的竞争已经逐步从成本、质量等转移到了时间上，谁能更迅速地适应环境的变化和缩短对顾客需求的响应时间，谁就能占领市场，赢得竞争。与此同时，市场竞争已经不局限于孤立的企业之间了，市场的竞争是在企业及其合作伙伴所组成的供应链与其竞争对手的供应链之间展开的，任何一个企业必须依托其供应链的整体实力才能立足于市场。在供应链与供应链的竞争中，对市场需求变化的快速反应能力是供应链获得竞争优势的主要来源之一。

在供应链管理环境下，由于产品对最终用户的响应时间不是单指哪个环节，而是供应链各环节的累积效应，因此基于时间的竞争要求考虑系统整体响应时间，对整个供应链进行时间优化。Denis Towill 通过对实际供应链进行仿真，指出缩短供应链的响应时间可以提高供应链的反应速度，减少供应链上各环节的库存，降低需求放大效应，缓解供应链上的波动。虽然缩短供应链的不同环节的时间都可能提高供应链的响应速度，但其的影响大小是有差别的。由于资源的有限性，在改善供应链时，首先要考虑提高供应链响应时间最大的环节，也就是供应链上的响应时间瓶颈，对供应链的优化的时间必须从最薄弱的环节入手，才能得到显著的改善。

4.2.1 问题描述

某供应链网络如图 4-2 所示，其中供应商 A 向供应链的成员 B、C 和 D 同时提供服务。当企业 B、C 和 D 同时向 A 下达订单时，A有可能受到自身资源的限制，无法同时满足它们的需要，但企业B、C和D又无法转向其他供应商需求服务，如资源垄断性行业往往就存在这种情况。这时，供应商A就面临一个资源配置的问题，它需要将企业B、C和D的优先顺序排列出来，然后依次满足它们的需要。假设供应商A的资源配置方案为B→C→D，则A首先安排资源满足B的需要，在此过程中C和D一直处于等待状态。直到B服务完成，C才得到A的服务，而D仍然处于等待状态，它最后得到A的服务。假设A配置资源的标准是使供应链的整体响应时间最短，那么它配置资源的方案应该是什么顺序呢？同样，当供应链接受一笔订单时，供应链中需要配置资源的环节并不止一个，在多个环节存在资源配置问题的情形下，供应链应该如何确定资源配置方案呢？

上述问题，实际上可以转化为图4-3所示的网络计划图，借助于项目管理工具来解决。优化的目标是要实现整个供应链的响应时间最短，对应到网络计划图中就是要实现整个项目的完工期最短，亦即找到能得到最短的关键路径资源配置方案。

这样，基于响应时间的供应链节点资源配置方案问题实际上构成了一个双重优化问题。首先，是选择最优的资源配置方案，使方案的关键路径最短，这是资源配置的优化选择问题；其次，是针对特定的资源配置方案，找到该网络计划的关键路径（即最短的响应时间），这是线路的优化问题。对于前一个问题，由于节点众多，组合方案随着变量（节点）的增加而呈指数增长，用常规的方法求解很困难。譬如，假设有8个供应链网络节点，每个节点企业为3个供应链成员服务，那么每个节点企业面临的资源配置方案有6种，可供选择的配置方案的组合数量应有6^8种，亦即，为了求得理想的资源配置方案，需要求解6^8=1 679 616个供应链网络计划图的关键路径。这样，优化选择需要很长的运行时间，甚至这个时间是人们无法忍受的。

因此，为了解决可供选择的资源配置方案，本书采用遗传算法来进行优化。至于后一个问题，属于网络计划的关键路径问题，采用 MATLAB 编程用计算机进行计算。因此，本书提出了一种嵌套的混合遗传算法解决整个问题的优化。

4.2.2 假设条件

为了简化讨论，在不影响问题性质的前提下，本模型进行以下假设：

（1）核心企业处于强势地位，对供应链网络节点企业的资源分配有权利进行选择，其供应商对资源的分配使用要听从核心企业的指挥。

（2）核心企业对资源分配方案的选择依据是唯一的，即对供应链相应时间的贡献大小，而质量、成本等因素不在考虑范围内。这有利核心企业缩短产品相应时间，提高市场竞争力。

（3）对于供应链而言，资源的不同分配方案对企业是有影响的，如提供产品的价格（可以考虑延长供货的企业往往在价格上可以得到一定的优惠）、供需双方的关系等，简化起见，不考虑这些影响。

（4）当供应商面临多个客户时，供应商受资源条件限制，无法同时满足客户的服务需要，只能是按照一定的资源配置方式依次满足客户的需要；同时，客户能够容忍时间的等待而不会转向其他的供应商需求服务。

（5）供应链成员接到客户订单后就可以开始生产，不考虑成员需要向供应商再发出订单所造成的等待时间。

（6）供应链节点企业必须在前向供应商都完成为其提供的服务后才能开始生产，缺少任何一家供应商提供的商品，此节点企业都无法生产。

4.2.3 优化算法

基于资源配置方案选择的供应链网络关键路径优化问题，由于其组合方案数量巨大，不宜使用传统方法求解。而遗传算法是基于“优胜劣汰”的全局优化智能算法，非常适合于解决高维决策问题。因此，本书采用遗传算法来解决优化问题。

4.2.3.1 编码

将需要进行资源配置的节点企业的响应时间按提供服务的客户分成相应的几个部分，如图 4-4 中供应商 A 的响应时间可分成 3 部分：T_{AB}、T_{AC}和 T_{AD}，T_{AB}表示供应商 A 为客户 B 提供服务需要花费的时间，T_{AC}表示供应商 A 为客户 C 提供服务需要花费的时间，T_{AD}表示供应商 A 为客户 D 提供服务需要花费的时间，$T_{AB}+T_{AC}+T_{AD}=T_A$。

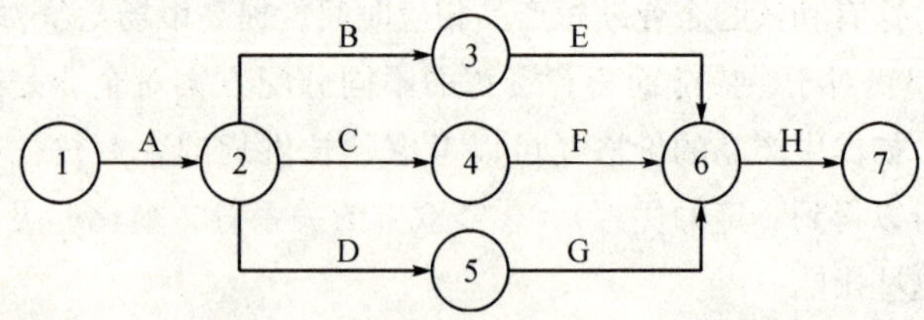

图 4-4 与供应链相对应的网络计划图

采用二进制编码，每个染色体代表一种资源配置方案，染色体的基因位数取决于资源配置可行方案的个数，即为 $n!$。例如，供应商 A 后面有客户 B、C 和 D，资源配置方案就有 6 个，因此染色体的基因位为 3 位，相应的染色体和资源配置方案如下：

000：B→C→D　001：B→D→C　010：C→B→D

011：C→D→B　100：D→B→C　101：D→C→B

多余的两个染色体 110 和 111 作为无效染色体处理。在计算关键路径时，为方便计算机处理，将 A 的 3 部分响应时间分配给后续的 B、C 和 D 企业，比如 000 染色体代表资源配置方案 B→C→D，则 A 的响应时间分配后，A 的完成时间变为零，B 的完成时间变为 $T_{AB}+T_{B}$，C 的完成时间变为 $T_{AB}+T_{AC}+T_{C}$，D 的完成时间变为 $T_{A}+T_{D}$。待求得最优资源配置方案后，重新将变动还原，因此不影响计算结果。

4.2.3.2　适应度函数

染色体的适应度函数为相应网络计划图中关键路径的总时间，采用 MATLAB 编程用计算机进行计算。

对于关键线路的智能算法的相关研究已经有很多，如蚁群算法、遗传算法等。但这些算法属于近似算法，并不能保证一定能得到最优解。在单次求解的情况下，这些近似解完全能够满足精度要求，因此把这些智能算法用在不存在嵌套算法问题时是可以的。但当供应链网络存在资源分配选择情况时，它就变成了嵌套算法，近似解得到的适应度函数会被错误地以大概率机会复制并遗传到下一代，最终使得收敛结果不正确。虽然在供应链网络规模较大的情况下，这些智能算法相比精确算法在时间效率上具有优势，尤其是在嵌套算法中优势更为明显。但是为了避免出现这种情况，适应度函数即关键路径的求解只能采用精确算法。本书使用 MATLAB 编程求解非资源分配选择情况下的关键路径。下面，说明 MATLAB 编程的基本思想：

用弧段 $T(i,\ j)$ 代表一个供应链成员的订单响应时间，如 (1, 2) 代表供应商 A 为客户 B、C、D 提供服务总共需要花费的时间；节点 (k) 代表一个事项（为了计算方便而取的一个符号，无实际的代表意义）；取初始节点的最早开工时间为 0，即 $ES(1)=0$，则其他节点的最早开工时间按下式计算：

$$ES(j)=\max_{i}[ES(i)+T(i,\ j)]\quad j=2,\ 3,\ \cdots,\ n$$

以 $LF(k)$ 代表节点 k 的最迟完工时间，则终点节点的最迟完工时间 $LF(n)=ES(n)$，其他节点的最迟完工时间按下式计算：

$$LF(i)=\min_{j}[LF(j)+T(i,j)] \quad i=n-1, n-2, \cdots, 1$$

这样，就可以得到网络的各事项最早开工时间向量：

$ES=[ES(1), ES(2), \cdots, ES(n)]$

各事项的最迟完工时间为：

$LF=[LF(1), LF(2), \cdots, LF(n)]$

关键线路法规定 ES 和 LF 中数值相等的事项构成关键线路。这里，需要注意的是，有的节点为 $ES=LF$，但这个节点不一定处于关键线路上，如图 4-5 所示。

假设解出的结果为：$ES(1)=LF(1)$；$ES(2)=LF(2)$；$ES(3)=LF(3)$；$ES(4)\neq LF(4)$；$ES(5)=LF(5)$；$ES(6)=LF(6)$；$ES(7)=LF(7)$。按照规则，关键线路应该是：1→2→3→5→6→7，但节点 3 和 5 之间不存在连线，节点 5 不在关键路径上。因此要通过设置查找的方式检查节点，把不符合要求的节点删除。

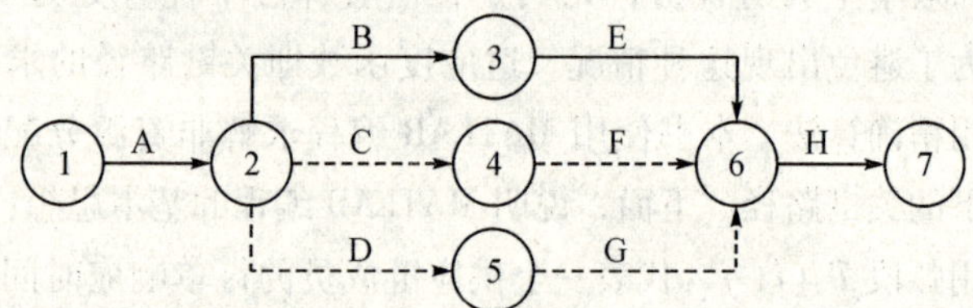

图 4-5　$ES=LF$ 点不在关键路径上的示例

注：实线代表关键线路。

4.2.3.3　遗传操作

基于资源配置的供应链网络响应时间优化力问题，由于其组合方案数量巨大，不宜使用传统方法求解。而遗传算法是基于“优胜劣汰”的全局优化智能算法，非常适合于解决高维决策问题。因此，本书采用遗传算法来解决优化问题，同时，在计算遗传算法的适应度函数中基于 MATLAB 的网络计划关键路径精确算法，从而形成了求解上述模型的混合遗传算法。实现步骤如下：

（1）生成初始种群。每条染色体可表示为图 4-6 所示的代码串，每条染色体对应一种供应链的资源配置方案。供应链网络中面临资源配置的每一个节点企业选择用若干个基因位表示，基因位长度取决于相应节点资源配置方案的个数，譬如节点 x_i 后面有三家客户，则资源配置方案为 6 种（3！=6），可用 3 个基因位（$2^2<6<2^3=8$）表示，依次类推。然后，随机产生一定数量的染色体作为遗传进化的初始种群。

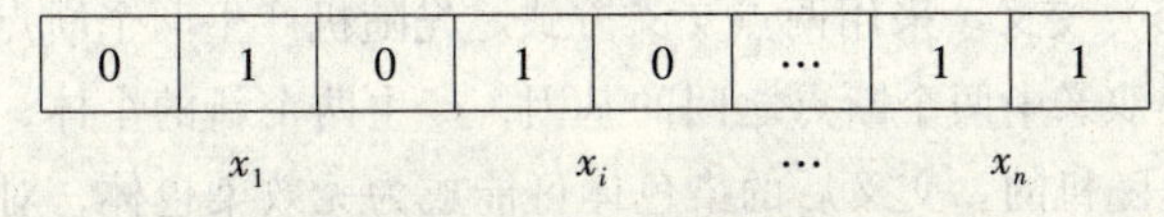

图 4-6　染色体编码

由于采用的编码方案使得染色体的基因位数可能大于资源配置可行方案的个数，因此在生成的初始种群中，存在无效染色体的可能，需要对初始种群中的染色体进行检查。一旦出现无效染色体，则将其丢弃，使用重新生产的有效染色体进行替代。

（2）适值计算。遗传算法在计算过程中是以适值为依据来进化搜索的，以个体适值的大小来确定该个体被遗传到下一代群体中的概率。个体的适值越小，该个体被遗传到下一代的概率也越小；反之，个体的适值越大，该个体被遗传到下一代的概率也越大。为正确计算不同情况下各个个体的遗传概率，要求所有个体的适值必须为正数或零。由前面论述可知，此目标函数为网络关键路径的总时间，其值域总是非负的，优化的目标是求函数的最小值。对于求目标函数最小值的优化问题，只需简单地对其增加一个负号就可将其转化为求目标函数最大值的优化问题，即 $\min f(x) = \max[-f(x)]$。为了满足适值为正的要求，故个体的适值函数可以取为：$F(x) = C-f(x)$，其中 C 为一个预先指定的相对比较大的数。

（3）适值排序。根据适值采用等差为 2 的线性排序方法计算各条染色体的适应度。

（4）选择。选择操作是建立在群体中个体的适应度评估基础上的，适应度值越小，该个体被遗传到下一代群体中的概率也就越大。本书采用精英法进行染色体的选择，即将上一代中最好的一个或多个个体直接加入下一代中。再按轮盘赌方式进行选择，这样可以保证遗传算法的收敛性。

（5）交叉。采用两点交叉方式。先随机产生两个断点，然后交换双亲中两个断点之间的基因，产生两个新的个体，杂交位置是随机的。交叉后的染色体可能成为无效染色体，对无效染色体的处理本书采用修补策略，即对于染色体的无效基因按照轮盘赌的方式使用该位置相应的有效基因替换。如图 4-7 所示。

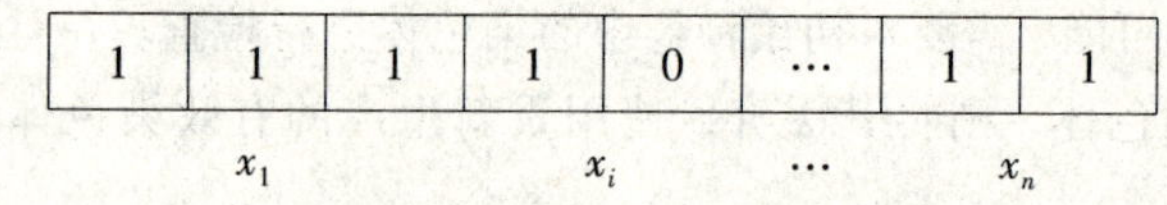

图 4-7　无效染色体示例

染色体前 3 个基因位代表企业 x_1 的资源配置方案，该企业后面的客户有 3 家，因此资源配置方案就有 6 种，设有效染色体为 000、001、010、011、100 和 101，而 110 和 111 为无效染色体。按照轮盘赌的方式将代表 x_1 的资源配置方案的无效染色体 111 使用 6 种有效染色体中的一种替代。依次类推，其他无效基因也采用此策略进行修补。

(6) 变异。变异算子目的是改善遗传的局部搜索能力，维持群体的多样性，防止出现早熟现象。本书的变异操作对基本变异（Simple Mutation）做了一些改动，即用在二进制码中常用的变异方法即随机选择变异位，然后取反。

(7) 重插入。根据代沟设置比例采用基于适应度选择的重插入。

(8) 循环或终止遗传操作。重复以上步骤（2）~（7）直到达到最大的迭代数，则以进化过程中所得到的具有最大适应度的个体作为最优解输出，终止计算。此时种群中的最优适值就是资源配置问题下供应链响应时间的最优值，最优适值对应的染色体就是实际问题的资源配置方案。

4.2.4 算例分析

设某供应链网络如图 4-8 所示，节点代表是供应链中的企业，箭线表示企业之间的配套关系。当某个节点有多条箭线发出时，说明此节点企业为供应链中的多个企业提供服务，由于资源的限制，需要选择节点企业的资源配置方案，如企业 Q_1 为企业 Q_2、Q_3 和 Q_9 提供服务。

设一笔订单到来时，供应链各节点企业需要的加工时间分别如下：

T_{Q_1}：5 天，其中，$T_{Q_1-Q_2}=1$ 天，$T_{Q_1-Q_3}=2$ 天，$T_{Q_1-Q_9}=2$ 天，(注：其中 $T_{Q_1-Q_2}$ 表示企业 Q_1 为完成为企业 Q_2 的配套服务需要 1 天时间，其余类同。)

T_{Q_2}：4 天，其中，$T_{Q_2-Q_4}=1.5$ 天，$T_{Q_2-Q_7}=1.5$ 天，$T_{Q_2-Q_8}=1$ 天；

T_{Q_3}：3 天，其中，$T_{Q_3-Q_5}=1$ 天，$T_{Q_3-Q_{10}}=2.5$ 天，$T_{Q_3-Q_{11}}=1.5$ 天；

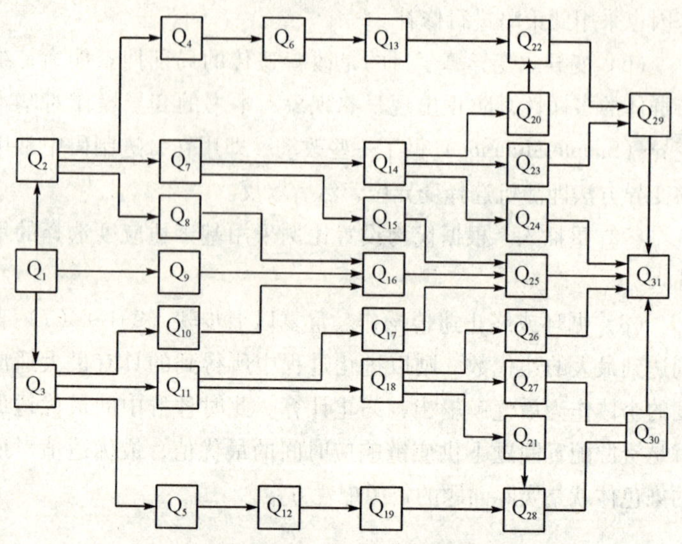

图 4-8　某供应链网络结构

T_{Q_4}：1 天；T_{Q_5}：5 天；T_{Q_6}：1.5 天；

T_{Q_7}：4.5 天，其中：$T_{Q_7-Q_{14}}=3$ 天，$T_{Q_7-Q_{15}}=1.5$ 天；

T_{Q_8}：2 天；T_{Q_9}：2.5 天；$T_{Q_{10}}$：1.5 天；

$T_{Q_{11}}$：4.5 天，其中，$T_{Q_{11}-Q_{17}}=2$ 天，$T_{Q_{11}-Q_{18}}=2.5$ 天；

$T_{Q_{12}}$：2 天；$T_{Q_{13}}$：3 天；

$T_{Q_{14}}$：7.5 天，其中，$T_{Q_{14}-Q_{20}}=3$ 天，$T_{Q_{14}-Q_{23}}=2.5$ 天，$T_{Q_{14}-Q_{24}}=$ 2 天；

$T_{Q_{15}}$：2 天；$T_{Q_{16}}$：1.5 天；$T_{Q_{17}}$：1.5 天；

$T_{Q_{18}}$：6.5 天，其中，$T_{Q_{18}-Q_{21}}=2$ 天，$T_{Q_{18}-Q_{26}}=2$ 天，$T_{Q_{18}-Q_{27}}=$ 2.5 天；

$T_{Q_{19}}$：1 天；$T_{Q_{20}}$：1.5 天；$T_{Q_{21}}$：2 天；

$T_{Q_{22}}$：2 天；$T_{Q_{23}}$：2.5 天；$T_{Q_{24}}$：1.5 天；

$T_{Q_{25}}$：2.5 天；$T_{Q_{26}}$：1.5 天；$T_{Q_{27}}$：1 天；

$T_{Q_{28}}$：3 天；$T_{Q_{29}}$：2 天；

$T_{Q_{30}}$：2.5 天；$T_{Q_{31}}$：3 天。

现需寻找最优资源配置方案，求得供应链网络的最短响应时间，并发现整个供应链网络的瓶颈环节，以便有针对性地采取措施。

从图中可以看出，该供应链总共有 31 家企业成员，节点企业 $Q_4 \sim Q_6$、$Q_8 \sim Q_{10}$、$Q_{12} \sim Q_{13}$、$Q_{15} \sim Q_{17}$和 $Q_{20} \sim Q_{31}$各自只向一家下游企业服务，Q_{31}是供应链的收点企业，没有下游企业，它们都不存在资源配置问题。即使这样，需要做出选择的供应商节点仍有 7 个，可供选择的资源配置组合方案也达到了 $6^5 \times 2^2 =$ 31 104种，显然用常规的优化方法无法解决计算问题。在这种情况下，我们采用混合遗传算法来进行优化计算。

为了求解算例的最优资源配置方案，将图 4-8 所示供应链结构转换成等同的网络计划图，如图 4-9 所示。

在这里，将企业 Q_1 的三部分响应时间分配给后续的企业 Q_2、Q_3和 Q_9（不考虑顺序），则 Q_1的响应时间分配后，Q_1的响应时间变为零，Q_2的完成时间变为 $T_{Q_1-Q_2}+T_{Q_2}$，Q_3的响应时间变为 $T_{Q_1-Q_3}+T_{Q_3}$，Q_9的响应时间变为 $T_{Q_1-Q_9}+T_{Q_9}$。而 Q_2和 Q_3也面临对后续企业的资源配置问题，但在进行响应时间计算转化过程中，不能将 $T_{Q_1-Q_2}+T_{Q_2}$一起后移，只能将 T_{Q_2}后移分配，于是经过最终处理后 Q_2的响应时间变为 $T_{Q_1-Q_2}$。同理，对应于 Q_3的处理也是这样。但 Q_9无后续企业的资源配置问题，因此 Q_9处理后的响应时间为 $T_{Q_1-Q_9}+T_{Q_9}$。其他供应链节点企业响应时间的按相同方法进行处理。

根据建立的模型和所给信息，此处采用英国 Sheffield 大学推出的遗传算法工具箱编写基于 MATLB 程序，经调试，设置计算参数为：种群染色体为 20，最大进化代数为 200，交叉概率为 0.9，变异概率为 0.1，代沟设置比例为 10%。利用该程序连续进行了 5 次运算，各次运算结果见表 4-1。

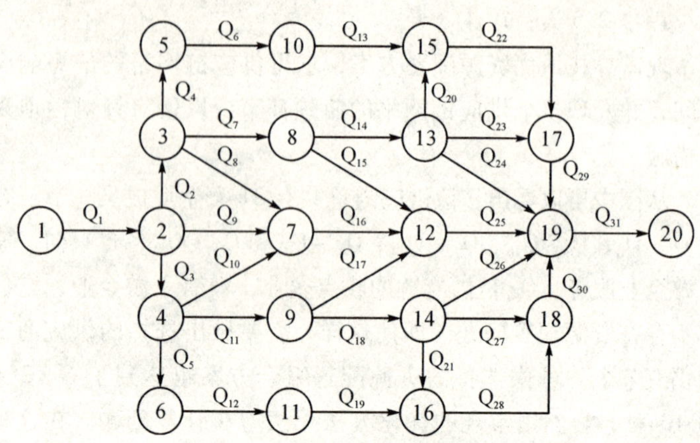

图 4-9　某供应链对应的网络计划图

表 4-1　　　　　　程序运算结果

运算次第	1	2	3	4	5
最优适值	20.5	20.5	20.5	20.5	20.5
最优值收敛代数	57	19	24	49	156
运行时间（s）	4.422 1	4.396 6	4.376 2	4.576 1	4.752 3

第一次运算的跟踪情形如图 4-10 所示。由图 4-10 可以看出，随着进化代数的增加，种群的最优适值在逐渐减少（当进化到第 57 代时适值收敛）。各次运行结果的最优适值都为 20.5，即供应链网络的最小响应时间为 20.5。最优染色体为：

0 0 0 0 1 1 0 0 1 0 0 1 0 0 1 0 1

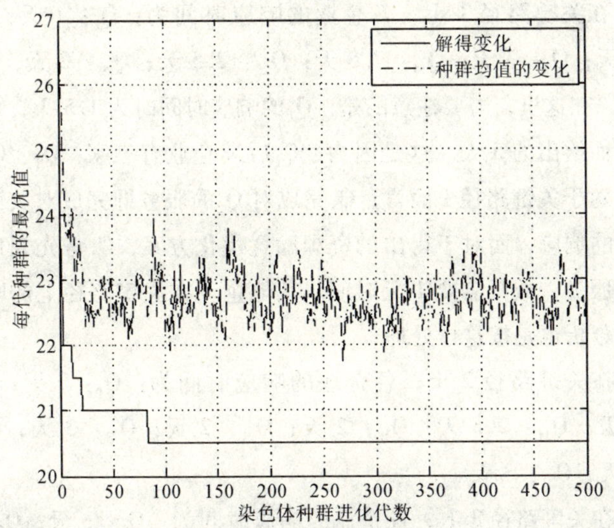

图 4-10　运行结果跟踪

即使整个供应链网络响应时间最短的各节点资源配置方案为，Q_1 节点：$Q_2 \rightarrow Q_3 \rightarrow Q_9$；$Q_2$ 节点：$Q_7 \rightarrow Q_8 \rightarrow Q_4$；$Q_3$ 节点：$Q_5 \rightarrow Q_{11} \rightarrow Q_{10}$；$Q_{14}$ 节点：$Q_{20} \rightarrow Q_{24} \rightarrow Q_{23}$；$Q_{18}$ 节点：$Q_{21} \rightarrow Q_{27} \rightarrow Q_{26}$；$Q_7$ 节点：$Q_{14} \rightarrow Q_{15}$；$Q_{11}$ 节点：$Q_{18} \rightarrow Q_{17}$。

4.2.5　供应链时间瓶颈识别

根据优化结果，可以确定整个供应链网络响应时间最短的各节点资源配置方案，按照 4.2.3 节中对供应链网络计划图中各企业响应时间的处理，然后再将处理后各企业响应时间转化为关键路径上前面企业对后续企业的服务时间。供应链共有三条关键路径，关键路径 1 为 $Q_1 \rightarrow Q_2 \rightarrow Q_7 \rightarrow Q_{14} \rightarrow Q_{23} \rightarrow Q_{29} \rightarrow Q_{31}$，关键路径 2 为 $Q_1 \rightarrow Q_3 \rightarrow Q_{11} \rightarrow Q_{18} \rightarrow Q_{21} \rightarrow Q_{28} \rightarrow Q_{30} \rightarrow Q_{31}$，关键路径 3 为 $Q_1 \rightarrow Q_3 \rightarrow Q_5 \rightarrow Q_{12} \rightarrow Q_{19} \rightarrow Q_{28} \rightarrow Q_{30} \rightarrow Q_{31}$，关键路径的时间皆为 20.5，亦即供应链的整体响应时间为 20.5。

在关键路径 1 上，各企业的响应时间为：Q_1：1 天；Q_2：1.5 天；Q_7：3 天；Q_{14}：7.5 天；Q_{23}：2.5 天；Q_{29}：2 天；Q_{31}：3 天。在这里，需要注意的是，Q_1的响应时间时为 1.5 天，而不是前面给出的 5 天。这是因为，Q_1后续企业有三家：Q_2、Q_3和 Q_9，对于关键路径 1 而言，Q_1完成对 Q_2的服务即完成对关键路径 1 的响应，而对于得出的资源配置优化方案，Q_1首先完成对 Q_2的服务，故只需要 1 天时间。其他企业在关键路径上的响应时间分析也是按这样处理。

在关键路径 2 上，各企业的响应时间为：Q_1：3 天；Q_3：2.5 天；Q_{11}：2.5 天；Q_{18}：2 天；Q_{21}：2 天；Q_{28}：3 天；Q_{30}：2.5 天；Q_{31}：3 天。

在关键路径 3 上，各企业的响应时间为：Q_1：3 天；Q_3：1 天；Q_5：5 天；Q_{12}：2 天；Q_{19}：1 天；Q_{28}：3 天；Q_{30}：2.5 天；Q_{31}：3 天。

又结合前面供应链时间瓶颈的定义 $TB=\max\ (RB_i/ST)$，$i=1, 2, \cdots, n$，可知此供应链的响应时间瓶颈为企业 C。当各企业每延迟 1%的响应时间时，供应链整体响应时间受到各企业的影响见表 4-2~4-4。

表 4-2　关键路径 1 上各企业对供应链整体响应时间的影响

企业	响应时间	延迟 1%后响应时间	延迟后供应链响应时间	供应链响应时间延迟百分比
Q_1	1	1.01	20.51	0.05%
Q_2	1.5	1.515	20.515	0.07%
Q_7	3	3.03	20.53	0.15%
Q_{14}	7.5	7.575	20.575	0.37%

表4-2(续)

企业	响应时间	延迟 1%后响应时间	延迟后供应链响应时间	供应链响应时间延迟百分比
Q_{23}	2.5	2.525	20.525	0.12%
Q_{29}	2	2.02	20.52	0.10%
Q_{31}	3	3.03	20.53	0.15%

表 4-3 关键路径 2 上各企业对供应链整体响应时间的影响

企业	响应时间	延迟 1%后响应时间	延迟后供应链响应时间	供应链响应时间延迟百分比
Q_1	3	3.03	20.53	0.15%
Q_3	2.5	2.525	20.525	0.12%
Q_{11}	2.5	2.525	20.525	0.12%
Q_{18}	2	2.02	20.52	0.10%
Q_{21}	2	2.02	20.52	0.10%
Q_{28}	3	3.03	20.53	0.15%
Q_{30}	2.5	2.525	20.525	0.12%
Q_{31}	3	3.03	20.53	0.15%

表 4-4 关键路径 3 上各企业对供应链整体响应时间的影响

企业	响应时间	延迟 1%后响应时间	延迟后供应链响应时间	供应链响应时间延迟百分比
Q_1	3	0.15	0.15	0.15%
Q_3	1	0.05	0.05	0.05%

表4-4（续）

企业	响应时间	延迟 1%后响应时间	延迟后供应链响应时间	供应链响应时间延迟百分比
Q_5	5	0.24	0.24	0.24%
Q_{12}	2	0.10	0.10	0.10%
Q_{19}	1	0.05	0.05	0.05%
Q_{28}	3	0.15	0.15	0.15%
Q_{30}	2.5	0.12	0.12	0.12%
Q_{31}	3	0.15	0.15	0.15%

从表 4-2~4-4 中可以看出，在各企业响应时间延迟相同幅度后，供应链整体响应时间延迟程度是不一样的，企业 Q_{14} 对供应链的影响最大。因此它是整体供应链的时间瓶颈，对它进行压缩，更能提高对顾客的响应速度。

4.3 基于时间窗口的供应链响应时间瓶颈识别

供应链系统是由多阶的节点企业所构成的，在供应链的管理过程中，存在着具体节点企业局部利益和供应链整体利益之间的冲突关系。当前，快速响应（Quick Response，QR）能力已成为供应链及其企业生存和发展的决定性因素。在这种情况下，如何通过供应链企业间的协同优化，实现低成本和快速响应来满足市场需求，成为供应链系统需要解决的决策问题。特别是在供应链及其企业面对市场的时间敏感型需求下，供应链中的各节点企业应该通过何种方式进行合作，如何能够依照系统整体目标优化各自决策，协调相互之间成本与收益，快速、准时响应市场需求，成为供应链决策的一个重要研究问题。

在按订单制造（Make-to-order，MTO）环境中，制造商给供应商下达一笔订单，要求供应商在一定的时间范围内完成。而供应商订单响应时间的长短往往又与费用成一定的比例关系，一般来说，时间越短，费用越高。现在需要知道供应链响应时间在一定时间范围内，如何实现供应链整体费用最小，并求出相应供应链的瓶颈环节。这实际上是一个随着客户需求的变化，供应链整体如何合理地分配和调整成员企业响应时间的决策问题。在供应链最终用户供货时间的要求下，依据各成员企业成本等约束条件，确定响应时间分配方案；在此基础上，通过模型计算，给出各成员企业响应时间的合理安排。这里的合理安排，既不是响应时间越长越好，也不是响应时间越短越好，而是通过成员企业之间响应时间及成员企业内部生产时间和物流时间的合理分配使得供应链整体及各节点企业的利益均达到最佳或较佳的优化过程。

4.3.1 模型假设

（1）客户要求供应商在规定的时间完成客户的订单，但提前完成订单并不能得到客户的任何奖励；相反，超出时间范围完成订单的处罚成本为无穷大，以至于供应商不会超时完成订单。

（2）供应商完成订单的响应时间与成本为反比例函数 $y=a+c/t$（$b>t>0$），其中，t 为响应时间，y 为成本，a、b、c 为常数。

（3）供应链为单链结构，即除了供应链结构上的源点和末点外，每一个供应链节点企业仅有一家供应商和一家客户，如图 4-11 所示。

（4）供应链各节点企业是平等、自治的，为达到一个共同的目标自发地相互协作；供应链是分层决策的，首先供应链根据整体利益最大化优先做出决策，选择决策变量，然后供应链成员企业根据供应链确定的决策变量和自己的优化目标进行决策。

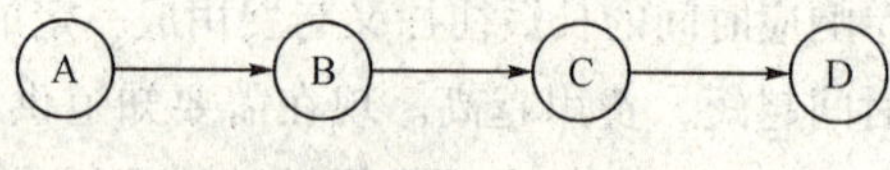

图 4-11　单链结构供应链

4.3.2　优化模型

根据问题，建立优化模型如下：

$$\min Y=\sum Y_i\ (t_i) \tag{4-1}$$

$$\text{s. t. } \beta_i \leqslant t_i \leqslant \gamma \tag{4-2}$$

$$\beta \leqslant \sum t_i \leqslant \gamma \tag{4-3}$$

$$t_i \geqslant 0 \tag{4-4}$$

$$i=1,\ 2,\ \cdots,\ m$$

其中，Y 表示供应链总体成本；Y_i（t_i）是节点企业 i 的成本（$i=1, 2, \cdots, m$），为决策变量；t_i代表供应链节点企业 i 的响应时间，t_i为非负正数；［β_i，γ］是响应时间分配区间；$\sum t_i$ 表示供应链整体响应时间；γ 表示客户要求的响应时间范围不超过此值，一旦超过此值，客户将离开供应链，转向其他渠道需求服务。

式（4-1）的目标函数是从供应链整体角度追求收益最大（即成本最小），式（4-2）是保证节点企业 i 的响应时间不在分配的时间范围内的约束，式（4-3）是为了满足客户要求的响应时间的约束。

4.3.3　优化算法

根据问题建立的优化模型从结构上看属于二次规划问题：

首先，供应链对各成员企业分配响应时间达到供应链利益最大化；其次，成员企业根据各自的成本函数，确定自己响应时间下最优的成本。这里，由于假定成员企业完成订单的响应时间与成本为反比例函数 $y=a+c/t$，（$b>t>0$），对于每个响应时间值，可以根据函数算出相应的成本值，不存在优化问题。因此原问题简化为简单的组合优化问题，可用智能优化算法直接求解。

假设最终客户要求的时间为［0，T］，这意味客户要求供应链在 T 的时间范围内完成订单的交付，而且时间越早越好。此即整个供应链的响应时间窗口为要实现在时间 T 范围内的最小费用。

定理：当供应链的响应时间窗口为［0，T］，最小费用必定在 T 时刻取得。

证明：由于成员企业 i 的成本函数 $Y_i=a+c/t_i$ 在［0，T］范围为单调递减函数。所以 $Y=\sum Y_i$（t_i）在［0，T］范围也是单调递减函数。因此，当假设最终客户要求的时间为［0，T］，在提前时间交付没有奖励的情况下，供应链的最小费用必定在 T 时刻取得。供应链的整体响应时间决策为 T。

由此可见，尽管最终客户要求的时间范围为［0，T］，但出于自身利益的考虑，供应链仍然会将整体响应时间定为 T，所要做得决策问题是将相应时间 T 分配到供应链成员企业，实现整体成本最低。鉴于决策变量 t_i 属于实数，在本书里，采用改进的粒子群算法来解决优化问题。

4.3.3.1 粒子群算法

粒子群算法（PSO）是一种模仿鸟类捕食过程中群体行为的智能优化算法，它由一群的随机粒子（每个粒子代表着一个可能的解）开始，粒子在搜索空间中以一定的速度飞行，并根据自身的飞行经验和当前最优粒子的状态对速度进行调节，通过种群间个体的合作与竞争来实现对优化问题的迭代求解。

设在 m 维搜索空间中，由 n 个粒子组成种群 $X=\{x_1, x_2, \cdots, x_n\}$；$x_i=(x_{i1}, x_{i2}, \cdots, x_{im})$ 为第 i 个粒子的 m 维位置矢量，根据设定的适应度函数即可计算粒子 i 当前位置的适应度值；粒子 i 的飞行速度为 $v_i=(v_{i1}, v_{i2}, \cdots, v_{im})$。粒子 i 经历的最好位置记作 $p_i=(p_{i1}, p_{i2}, \cdots, p_{im})$；整个粒子群经历的最好位置记作 $p_g=(p_{g1}, p_{g2}, \cdots, p_{gm})$；粒子 x_i 将按式（4-5）、式（4-6）改变速度和位置：

$$v_{im}^{t+1}=wv_{im}^{t}+c_1r_1(p_{im}^{t}-x_{im}^{t})+c_2r_2(p_{gm}^{t}-x_{im}^{t}) \tag{4-5}$$

$$x_{im}^{t+1}=x_{im}^{t}+v_{im}^{t+1} \tag{4-6}$$

式（4-5）表示粒子 i 更新的速度由三部分组成：粒子 i 前一时刻的速度，粒子 i 的当前位置与其最好位置之间的距离，粒子 i 的当前位置与群体最好位置之间的距离。粒子 i 通过式（4-5）、式（4-6）决定下一步的运动位置。每个粒子都通过 p_i 和 p_g 这两个极值的不断更新产生新一代群体，不停地迭代从而达到寻优的目的。

粒子群优化算法相比其他进化算法而言，直观且实现简单，所需调节的参数较少，故使用比较方便。但是它的缺点是易陷入局部极值点，搜索精度不高，进化后期收敛速度慢。在此，本书以粒子群优化算法框架为基础，结合分散初始化策略和精英池策略，提出了改进的 PSO 算法来解决优化问题。

4.3.3.2　分散初始化策略

基本粒子群算法采用随机方法产生初始种群，种群粒子的分布相对杂乱，缺乏均匀性；采用分散初始化策略产生初始种群分布能比采用随机方法产生初始种群分布均匀，具有较好的多样性。相关研究表明，均匀设计的方法产生的空间点集所构成的初始种群更能从统计意义上反映出目标函数的特性，并能使进化算法具有较好的收敛结果。

针对已有的研究结果及所存在问题，本书采用拟网格法，即把各待优化参数的搜索范围均匀分割，然后在分割的区间上随机产生初始种群。设第 i 维参数的搜索区间为 $[a_i, c_i]$，将其分割为 N 个小区间，则区间宽度为 $\Delta_i = (c_i - a_i)/N$，如图 4-12 所示。

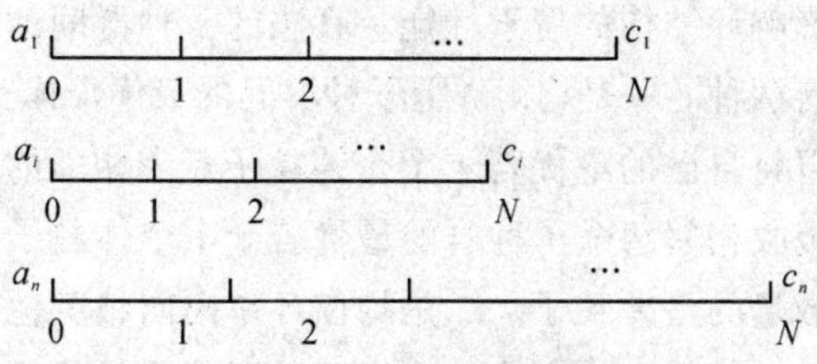

图 4-12　拟网格法示意图

然后，在 $[1, N]$ 范围内产生一个随机整数序列 $(k_1, k_2, \cdots, k_n)$，则某个初始粒子在第 i 维参数在区间 $\left[(k_i - 1)\frac{c_i - a_i}{N},\ k_i\frac{c_i - a_i}{N}\right]$ 产生一个均匀分布的随机数作为其取值，其他维参数也按相同方法产生，从而构成一个初始粒子。

按分散初始化策略生成的初始个体将很大程度地均匀分布在整个解的空间上，并可以保证随机产生的个体间有明显的差距，增大了得到全局最优解的可能，同时也可以大大加快算法的收敛速度。

4.3.3.3　精英池策略

多样性是粒子群算法能够搜索到全局最优解的重要条件。有效控制种群的多样性是提高粒子群算法性能的一个重要途径。单种群演化较难控制群体多样性与选择压力之间的有效平衡，这时算法或出现早熟或频繁在非有效区域进行搜索而导致搜索效率过低。多种群粒子群算法通过对不同的子种群配置不同的初始化值和参数而有效地控制子种群的独立演化特性，同时还通过种群间的个体迁移来保证子种群间的融合，从而实现算法在整体上的性能提升。

据相关研究，本书设计了如图 4-13 所示的采用环形拓扑的多种群粒子群算法。算法共有 5 个子种群，1~4 种群构成一个均衡环，种群 5 为精英池，单向地从其他 4 个种群接受最优个体，它不影响环结构的搜索性能。算法的子种群间的最优个体交换策略有两种。一是均衡环上子种群间的最优个体交换策略：某个子种群将自己的最优若干个个体粒子赋予相邻的两个子种群，同时吸收相邻两个子种群的最优若干个个体粒子替换掉自身的相应数量的最差粒子。二是均衡环单向向精英池交换最优个体的策略：精英池从环绕的四个子种群吸收最优若干个个体粒子替换掉自身的相应数量的最差粒子。同时，为了兼顾全局搜索和局部搜索能力，其中 1 和 3 两个子种群采用较大的飞行速度以增强全局搜索能力，而 2 和 4 两个子种群采用较大的飞行速度以增强局部搜索能力。

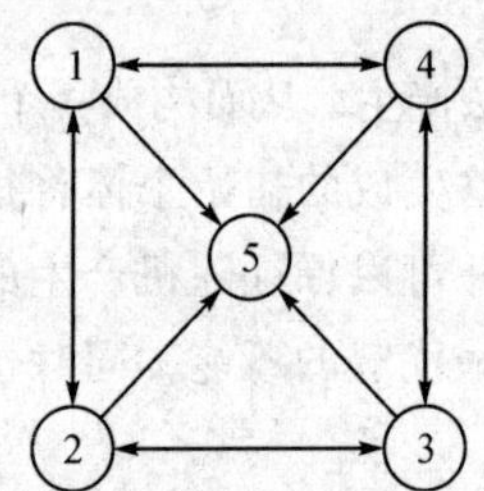

图 4-13　多种群精英池策略示意图

4.3.3.4　算法步骤

因此，根据改进的粒子群算法，结合所提出的优化问题，求解的步骤为：

（1）确定阈值 ε（当连续几代种群最优值的误差小于 ε 时算法迭代停止）和最大迭代次数 N_{max}（达到种群的最大迭代次

数 N_{max}时算法停止）。

（2）根据分散初始化策略初始化粒子的位置，每个成员企业在其响应时间范围内［a_i，c_i］任取一个数的向量作为初始种群的一个粒子，$x_i^{(0)} = (x_{i1}, x_{i2}, \cdots, x_{im})$，$i = 1, 2, \cdots, n$，$(x_{i1}, x_{i2}, \cdots, x_{im})$ 对应供应链上的 m 个节点企业（n 为种群规模）；同时设定每个粒子的初始速度 $v_i^{(0)} = (v_{i1}, v_{i2}, \cdots, v_{im})$。

（3）测量每个粒子的初始适应度值，适应度函数为成本函数 $F_i = \sum Y_j(x_j)$，$Y_j(x_j)$ 为第 j 个节点企业相应的响应时间到成本的映射函数。在这里，由于 $\sum_{j=1}^{m} x_j \neq T$，所以要对粒子进行归一化处理，公式为：

$$t_i = \frac{x_j}{\sum_{j=1}^{m} x_j} \times T$$

归一化处理后的成本函数值 $F_i = \sum Y_j(t_j)$ 为粒子的初始适应度值。此时粒子 i 的最好位置为 $p_i^{(0)} = x_i^{(0)}$，全局最优粒子为 $p_g^{(0)} = \min(F_1^{(0)}, F_2^{(0)}, \cdots, F_m^{(0)})$。

（4）根据式（4-5）更新种群中所有粒子的飞行速度，然后根据式（4-6）更新所有粒子的位置，从而得到下一代种群（设种群代数为 k）。

（5）应用适应度函数重新测量新一代每个粒子的适应度值。同样，这里用于计算适应度的粒子应当是归一化处理后的粒子：

$$t_j^{(k)} = \frac{x_j^{(k)}}{\sum_{j=1}^{m} x_j^{(k)}} \times T$$

更新粒子的个体最优位置 $p_i^{(k)} = \min\{F_i^{(0)}, F_i^{(1)}, \cdots, F_i^{(k)}\}$，$i = 1, 2, \cdots, n$。

更新粒子的群体最优位置$p_g^{(k)}=\min\{p_{g1}^{(0)}, p_{g2}^{(1)}, \cdots, p_{gn}^{(k-1)}, F_1^{(k)}, F_2^{(k)}, \cdots, F_n^{(k)}\}$。

（6）如果$F^{(k-1)}-F^{(k)}/F^{(k)}>\varepsilon$且$k<N_{\max}$，则重复步骤4和5，直到满足条件结束循环，输出的最优粒子经归一化处理后即得到优化问题的解。

4.3.4 算例分析

设某供应链共有4家企业组成，其结构如图4-14所示。节点企业的成本与响应时间的关系函数分别为：

企业A：$y_A=180+300/t$，$4\leqslant t\leqslant 25$，约束条件$5\leqslant t$表示企业A对于此批订单，在挖掘所有潜力，如加班生产、外包部分产品、加快机器生产速度等的条件下，最快需要4个单位时间才能完成对订单的响应。$t\leqslant 25$则表示供应链整体的响应时间不超过25，作为供应链中的一环，A的响应时间不能超过此值。其他企业成本函数的约束条件也具有类似的意义。由成本函数可知，生产速度越快，成本越高。

企业B：$y_B=240+220/t$，$3\leqslant t\leqslant 25$；

企业C：$y_C=100+400/t$，$5\leqslant t\leqslant 25$；

企业D：$y_D=300+150/t$，$2\leqslant t\leqslant 25$。

客户要求供应链在25个时间单位内完成订单的生产，越提前越好，提前并没有相应奖励机制。但最迟不能超过25个时间单位，一旦延迟交货，客户将拒绝接受此批订货。现在供应链面临订单的响应时间分配问题，以使整个供应链成本最低。

从前面的分析可知，使供应链整体成本最低的响应时间总和应该是25个时间单位，优化问题是如何将这25个时间单位分配给这四家成员企业。为解决此优化问题，采用基于MATLAB程序的改进粒子群优化算法。粒子的编码由四维向量构成，如图4-14所示。

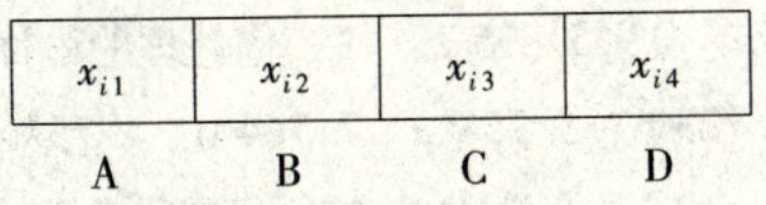

图 4-14　粒子编码格式

算例的运算参数设置如下:

初始种群采用分散化策略，将参数的搜索区间［a_i，c_i］均匀分割为 10 个小区间。设置 5 个子种群，每个种群的群体规模取值为 30。均衡环相邻子种群（1~4 子种群）间交换最优的 2 个个体；同时，每个子种群将最优的 2 个个体向精英池提供。1、3、5 子种群采用较大的飞行速度以增强全局搜索能力，令加速因子 $c_1=2$，$c_2=1.8$。2、4 子种群采用较小的飞行速度以增强局部搜索能力，令加速因子 $c_1=0.9$，$c_2=0.9$。取 $\varepsilon=0.02$，最大进化次数 $N_{max}=500$，惯性权因子 $\omega=0.8$。利用程序连续进行 5 次运算，各次运算结果见表 4-5。

表 4-5　　　　　　　　程序运算结果

运算次第	1	2	3	4	5
最优适值	985. 896 2	985. 896 2	985. 896 2	985. 896 2	985. 896 2
最优值收敛代数	19	34	16	28	22
运行时间（s）	0. 782 4	0. 793 1	0. 803 9	0. 792 7	0. 796 4

第一次运算的跟踪情形如图 4-15 所示，由图 4-15 可以看出，随着进化代数的增加，种群的最优适值在逐渐减少（当进化到第 19 代时适值收敛），种群均值的波动幅度也逐渐在减少，在 200 代以后，种群均值的波动就很小了，这体现了群体智能信息的作用下，粒子集聚到最优解处。各次运行结果的最优适值都为 985. 896 2，即在供应链的整体响应时间为 25 个时间单位时，供应

链网络的最低成本为985.896 2。归一化处理的最优粒子为：

(6.723 6　5.758 0　7.764 0　4.754 4)

此即供应链各成员企业的响应时间最优分配方案。

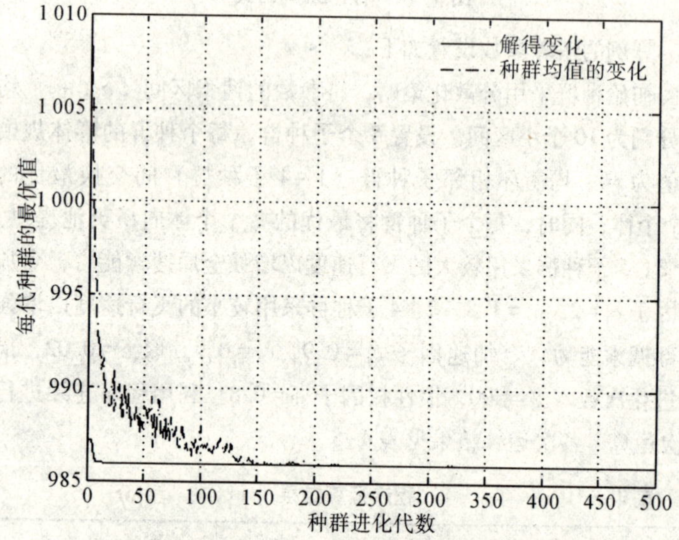

图4-15　运行结果跟踪

4.3.5　供应链时间瓶颈识别

根据优化结果，为了实现供应链总体响应时间的最低成本，对供应链上各企业的时间分配是：企业A为6.723 6个时间单位，企业B为5.758 0个时间单位，企业C为7.764 0个时间单位，企业D为4.754 4个时间单位。

又结合前面供应链时间瓶颈的定义 $TB=\max(RB_i/ST)$，$i=1, 2, \cdots, n$，可知此供应链的响应时间瓶颈为企业C。当各企业每延迟1%的响应时间时，供应链整体响应时间受到各企业的影响见表4-6。

表 4-6　　各企业对供应链整体响应时间的影响

企业	响应时间	延迟 1%后 响应时间	延迟后 供应链 响应时间	供应链 响应时间 延迟百分比
A	6.723 6	6.790 8	25.067 2	0.27%
B	5.758 0	5.815 6	25.057 6	0.23%
C	7.764 0	7.841 6	25.077 6	0.31%
D	4.754 4	4.801 9	25.047 5	0.19%

从表 4-6 中可以看出，在各企业响应时间延迟相同幅度后，供应链整体响应时间延迟程度是不一样的，企业 C 对供应链的影响最大，因此它是整体供应链的时间瓶颈，对它进行压缩，更能提高对顾客的响应速度。

4.4　基于时间扩展模型的供应链响应时间瓶颈识别

就整个供应链而言，由于它是多个独立企业的联合，随着供应和需求不确定性的增加、市场全球化、产品和技术生命周期的缩短、企业合作等所导致的供应链关系的日益复杂以及供应链所处环境变化的加快，供应链所面临的风险也在加大。同时，供应链是一种战略联盟，它不像企业对内部的各个部门管理那样是一种内部控制关系，供应链节点企业之间的这种伙伴关系既存在竞争又存在合作，节点企业之间通过利润分享和风险分担联系在一起，核心企业对供应链其他节点企业并不存在强制关系。因此，供应链在从原材料采购到成品交付的整个过程中，随时可能出现导致企业节点延迟甚至中断供货的意外情况，从而使得整体供应链无法确定一个固定的交付时间。

在这种情况下，供应链最终客户要求的响应时间也不可能是某个固定的时间点，而是一个时间范围。假设最终客户要求的时间为 $[0, T]$，这意味客户要求供应链在 T 的时间范围内完成订单的交付，而且时间越早越好。由于信息不对称，最终客户无法知道供应链的真实响应时间，因此也无法判断供应链的延迟是出于主观意愿还是客观原因。为了解决这个问题，最终客户以契约的形式设置了激励机制，以达到对响应时间的适度控制。一般而言，对于供应链的提前交付，最终客户会提供一定的奖励；相反，如果时间延后，则会提出处罚。奖励和处罚可用函数关系来表示。当然，最终客户对时间延迟可以有一定的容忍限度，如果响应时间延迟过于严重，超过了客户的容忍限度，最终客户也会抛弃供应链，重新需找新的供货渠道。

同时，供应链也存在响应时间的成本函数问题。如果供应链延迟交货，成本虽然可以得到一定程度的降低，但它同时面临最终客户的处罚问题；相反，如果供应链提前交货，虽然将带来成本的增加，但同样可以得到最终客户的奖励。

于是，供应链的费用和响应时间的选择是供应链与它的客户双方利益博弈的结果，当供应链延迟交货而减少的成本大于处罚费用时，供应链就会延迟它的响应时间，直到两者相等为止；同样，当供应链提前交货而增加的成本小于奖励利润时，供应链就会提前它的响应时间，直到增加的费用等于奖励为止。现在，供应链面临着两个决策问题：①供应链的响应时间究竟应该定为多少；②供应链的各个成员企业的响应时间应该如何分配，才能使得供应链的整体利益最大化。

4.4.1 模型假设

为了简化分析，模型做以下假设：

（1）对于提前交付，最终客户给予的奖励函数关系为 $\pi=\lambda(T-t)$ $(t\geqslant T)$；对于延迟交付，最终客户给予的惩罚函数为 $\pi=\xi(t-T)^2$，$T\geqslant t$，λ、ξ、T 为常数。

（2）供应链成员企业完成订单的响应时间与成本为反比例函数 $y=a+c/t$ $(b>t>0)$，其中，t 为响应时间，y 为成本，a、b、c 为常数。

（3）供应链存在一个核心企业，规划、协调、监督各节点企业任务的执行，以确保相互之间的协作及冲突的解决。

（4）供应链优先做出决策，供应链成员企业在为优化自己的目标而选择策略时，不能违背供应链的决策。

（5）供应链的决策可能影响供应链成员企业的策略集，因而部分地影响成员企业目标的达成。但供应链不能完全控制成员企业的决策，在供应链决策允许的范围内成员企业有自主决策权。

（6）无论是供应链还是成员企业，其决策变量选择的标准是唯一的，即利益最大化原则。但成员企业的决策变量不与供应链冲突，即成员企业的利益最大化决策是在供应链利益最大化优先的前提下的最大化。

4.4.2 优化模型

根据以上分析，建立优化模型如下：

$$\min C=\sum C_i(t_i)-\frac{\left[1+\operatorname{sgn}\left(T-\sum t_i\right)\right]}{2}\lambda(T-t)+\frac{\left[1+\operatorname{sgn}\left(\sum t_i-T\right)\right]}{2}\xi(t-T)^2 \tag{4-7}$$

$$\text{s. t.}\quad C_i(t_i)=a_i+c_i/t_i \tag{4-8}$$

$$\beta_i\leqslant t_i\leqslant N\cdot\beta_i,\ \beta_i>0 \tag{4-9}$$

$$\Sigma\beta_i \leqslant \sum t_i \leqslant N \cdot \beta_i \tag{4-10}$$

$i=1, 2, \cdots, m$

其中，C 表示供应链总体成本；$C_i(t_i)$ 是成员企业 i 的费用（$i=1, 2, \cdots, m$），为决策变量；t_i 代表供应链成员企业 i 的响应时间；t_i 为非负正数；$[\beta_i, N \cdot \beta_i]$ 是响应时间分配区间。原则上，t_i 的时间上限可以为无穷大，但客户不可能容忍无穷大的延迟，因此成员企业 i 的时间上限取为 β_i 的倍数 $N \cdot \beta_i$。N 为适当大的整数，这样就可以缩短搜索空间的范围，有利于优化问题的求解。$\sum t_i$ 表示供应链整体响应时间。

式（4-7）的目标函数是从供应链整体角度追求成本最小（即收益最大）。其中 $C_i(t_i)$ 为供应链成员企业 i 的费用；$[1+\text{sgn}(T-\Sigma t_i)] \cdot \lambda (T-\Sigma t_i)^2/2$ 表示供应链因提前于客户的要求而得到的奖励，它对费用起到减少的作用；$[1+\text{sgn}(\Sigma t_i-T)] \cdot \xi (\Sigma t_i-T)^2/2$ 表示供应链响应时间超过客户的要求而遭受的处罚，它对费用起到增加的作用。当 $T \geqslant \Sigma t_i$ 时，$[1+\text{sgn}(\Sigma t_i-T)]=0$，处罚函数不起作用；当 $\Sigma t_i \geqslant T$ 时，$[1+\text{sgn}(T-\Sigma t_i)]=0$，奖励函数不起作用，这与实际情况是相吻合的。式（4-8）为成员企业 i 的费用 C_i 与响应时间 t_i 的关系函数。式（4-9）为成员企业的响应时间约束，对于任何一笔订单，不论它的数量有多小，企业都不可能将时间压缩到零，必然存在一个极限最短时间，因此 $\beta_i>0$。式（4-10）为供应链整体响应时间的约束。

4.4.3 优化算法

4.4.3.1 算法基本思想

当供应链提前交付时，最终客户会提供一定的奖励，同时，供应链的费用也会增加。如果增加的费用小于得到的奖励，出于逐利的动机，供应链会继续提前响应时间。由于供应链成员企业的成本函数是反比例函数，其边际费用随响应时间的减少而逐渐提高；而最终客户的奖励函数是二次函数，其边际费用随响应时间的减少而逐渐降低。因此，当供应链的边际费用等于边际奖励时，供应链就会停止提前响应时间，此时的整体响应时间就是供应链的最优时间。同样，如果供应链延迟交货，则会遭受处罚，只有当供应链因延迟交货而产生较少的费用收益等于处罚的边际费用时，供应链才会停止延迟响应时间的行为。

如果用传统方法求解所提出的优化问题，则首先要确定出供应链的整体响应时间究竟应该是多少，然后再向供应链成员企业分配响应时间。按照前面所述，供应链的整体响应时间应该根据边际收益等于边际成本的原则来确定，虽然最终客户提供给供应链的边际成本或收益可以用求导的方法求出，当供应链的费用是由各成员企业的费用累积而成，不存在精确的函数形式，其边际成本或收益无法求得，因此用传统方法无法解决优化问题。因此，本书将两个问题统一起来解决，用进化算法直接搜索供应链成员企业的响应时间组合空间，从而求得最优解。

求解供应链的各个成员企业的响应时间以及整体响应时间实质上是一个二层规划问题。在这个过程中，供应链首先从整体利益最大化的角度对各节点企业的参数分配的可行区域做出决策，然后各节点企业以这一决策为参量，根据自己的利益目标在可行区域内做出自己优化决策，并将自己的决策反馈给供应链。供应链在节点企业局部优化决策的基础上，在可行区域内再做出整体的优化决策。本书采用改进的粒子群算法来解决优化问题，如图 4-16 所示的供应链。首先，供应链选择最优的成员企业的时间分配方案，使方案的关键路径最短，亦即供应链整体时间最短；其次，针对特定的供应链选择成员企业时间分配方案，找到该供应链网络结构的关键路径，这是线路的优化问题。

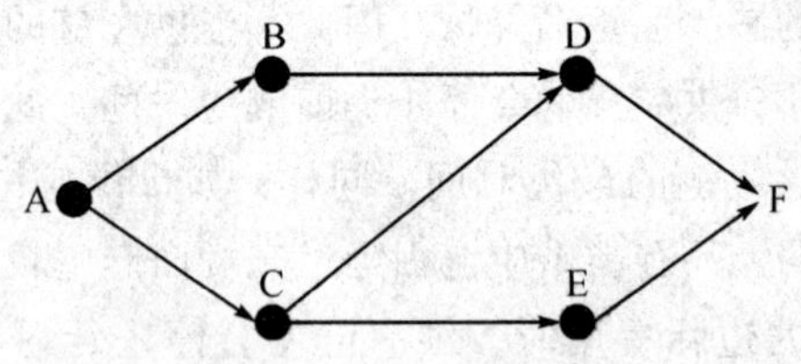

图 4-16　某供应链网络结构图

鉴于标准的粒子群算法易陷入局部极值点，搜索精度不高，进化后期收敛速度慢。本书的改进粒子群优化算法采用了惯性权重的自适应调节和粒子精英保留策略。

4.4.3.2　惯性权重的自适应调节

(1) 种群多样性指数。

影响算法搜索性能的一个重要因素是种群的多样性。在大多数情况下，待解决的优化问题都可以转化为极小值寻优，在迭代过程中，全局最优值总是所有个体中目标函数最小的。种群多样性指数 $D(k)$ 可以表示为：

$$D(k)=\frac{F(g^{(k)})}{\sum_{i=1}^{m}F(X_i^{(k)})/m}$$

式中，m 是种群规模，$X_i^{(k)}$ 是粒子 i 在当前迭代次数为 k 时的位置，$g^{(k)}$ 为到第 k 代为止种群的最优位置，$F(g^{(k)})$ 和 $F(x_i^{(k)})$ 为目标函数值。对于极小化目标问题，由于 $F(g^{(k)})$ 是所有粒子中目标函数值最小的，所以有 $0<D(k)\leqslant 1$，它反映了所有粒子当前的聚集程度，同时也反映出种群的多样性。$D(k)$ 值越小，种群聚集程度也越小，种群多样性越好。

(2) 惯性权重的自适应调节。

相关研究表明，惯性权重 w 对算法的优化性能有很大的影响。较大的 w 值对提高算法的收敛速度有利，而 w 较小时则有利于提高算法的收敛精度。在寻优的初期，为了增加算法的全局搜索能力，w 应该随种群多样性的增加而增大。

传统的对惯性权重改进方式大都是让 w 随着迭代次数的增加进行线性或者非线性的下降。这种权值下降策略只是试探性地逐步减小 w，却没有任何的指导因子。本书采用一种按下式对 w 进行自适应调整的策略，即以种群多样性信息作为指导因子，随着种群多样性的变化非线性地调整 w 值。

$$w = 1 - \frac{1}{1 + e^{-12(D(k)-0.5)}}$$

4.4.3.3 精英保留策略

“精英保留”策略是为了防止当前群体的最优个体在下一代丢失，导致遗传算法不能收敛到全局最优解而提出来的。这里将它借用到粒子群算法中，其基本思想是令当前群体中适应度最高的粒子的飞行速度为零，即位置坐标保持不变，直接进入下一代种群中。而其他粒子都按照粒子群算法的飞行速度公式和位置公式进化。采用精英保留策略能够保障群体收敛到优化问题最优解。

精英选择的定义方法如下：设粒子群算法进化到第 k 代时，群体中 $X(g^{(k)})$ 为最优个体。设 M（k+1）为新一代群体，若 M（k+1）中不存在 $X(g^{(k)})$，则把 $X(g^{(k)})$ 加入到 M（k+1）中作为 M（k+1）的第 n+1 个个体，这里 n 为群体的大小。为了保持群体的规模不变，若精英个体被加入到新一代群体中，则可以将新一代群体中适应度最小的个体淘汰。精英个体是种群进化到当前为止粒子群算法搜索到的适应度最高的个体，它具有最好的基因结构。

4.4.3.4 算法步骤

根据改进的粒子群算法，结合所提出的优化问题，求解的步骤为：

（1）确定阈值 ε（当连续几代种群最优值的误差小于 ε 时算法迭代停止）和最大迭代次数 $N_{\max}$（达到种群的最大迭代次数 $N_{\max}$ 时算法停止）。

（2）初始化粒子的位置，每个成员企业在其响应时间范围内 $[\beta_i, N \cdot \beta_i]$ 任取一个数的向量作为初始种群的一个粒子，$x_i^{(0)} = (x_{i1}, x_{i2}, \cdots, x_{im})$，$i = 1, 2, \cdots, n$，$(x_{i1}, x_{i2}, \cdots, x_{im})$ 对应供应链上的 m 个节点企业（n 为种群规模）。同时设定每个粒子的初始速度 $v_i^{(0)} = (v_{i1}, v_{i2}, \cdots, v_{im})$。

（3）测量每个粒子的初始适应度值，适应度函数为目标函数公式（4-11）。由公式可知，目标函数包括两个部分，一部分是供应链各成员企业的成本累计，另一部分是整体供应链由于提前而得到的奖励或延迟而遭受的处罚成本。在计算成本函数时，供应链各成员企业的成本累计值根据粒子的取值可直接算得，但整体供应链由于提前而得到的奖励或延迟而遭受的处罚成本并不能直接得到，还需要及时供应链的整体响应时间。具体计算方法为：首先，根据成员企业相应成本与响应时间函数关系式和各粒子的位置取值算出每个成员企业的响应时间；然后，根据供应链网络结构和每个成员企业的响应时间计算出网络的最短路径，即供应链整体响应时间；最后，根据供应链整体响应时间，确定供应链得到的奖励或处罚。

（4）根据公式（4-11）更新种群中所有粒子的飞行速度，然后根据公式（4-12）更新所有粒子的位置，进行精英选择，并得到下一代种群（设种群代数为 k）。

$$v_{im}^{t+1} = wv_{im}^{t} + c_1 r_1 (p_{im}^{t} - x_{im}^{t}) + c_2 r_2 (p_{gm}^{t} - x_{im}^{t}) \tag{4-11}$$

$$x_{im}^{t+1} = x_{im}^{t} + v_{im}^{t+1} \tag{4-12}$$

（5）应用适应度函数，按照步骤（3）的方法重新测量新一代每个粒子的适应度值。

更新粒子的个体最优位置 $p_i^{(k)} = \min\{F_i^{(0)}, F_i^{(1)}, \cdots, F_i^{(k)}\}$，$i=1, 2, \cdots, n$。

更新粒子的群体最优位置 $p_g^{(k)} = \min\{p_{g1}^{(0)}, p_{g2}^{(1)}, \cdots, p_{gn}^{(k-1)}, F_1^{(k)}, F_2^{(k)}, \cdots, F_n^{(k)}\}$。

(6) 如果 $F^{(k-1)} - F^{(k)}/F^{(k)} > \varepsilon$ 且 $k<N_{\max}$，则重复步骤 (4) 和 (5)，直到满足条件结束循环，输出的最优粒子经归一化处理后即得到优化问题的解。

4.4.4 算例分析

设由 6 家企业组成的某网络结构供应链，节点企业的成本与响应时间的关系函数罗列如下。

企业 A：$y_A=20+250/t$，$5 \leqslant t \leqslant 3 \times 5$；约束条件 $t \geqslant 5$ 表示企业 A 在挖掘此批订单所有潜力，如加班生产、外包部分产品、加快机器生产速度等的条件下，最快需要 4 个单位时间才能完成对订单的响应。其他企业成本函数的约束条件也具有类似的意义。由成本函数可知，生产速度越快，成本越高。生产延迟虽然可以降低成本，但最终客户的惩罚成本呈平方增长。

企业 B：$y_B=15+220/t$，$3 \leqslant t \leqslant 3 \times 3$；企业 C：$y_C=28+210/t$，$8 \leqslant t \leqslant 3 \times 8$；

企业 D：$y_D=18+200/t$，$4 \leqslant t \leqslant 3 \times 4$；企业 E：$y_C=24+240/t$，$6 \leqslant t \leqslant 3 \times 6$；

企业 F：$y_D=12+250/t$，$4 \leqslant t \leqslant 3 \times 4$。

最终客户要求供应链在 35 个时间单位内完成订单的生产，对应提前交货，最终客户的奖励函数为 $\pi=5 \times (30-t)$；对于延迟交货，最终客户的惩罚函数为：$\pi=8 \times (t-30)^2$。

为了计算算例中供应链的最短路径（即供应链整体响应时间，依此确定整体供应链由于提前而得到的奖励或延迟而遭受的处罚成本），将图 4-16 所示供应链结构转换成等同的网络计划图，如图 4-17 所示：

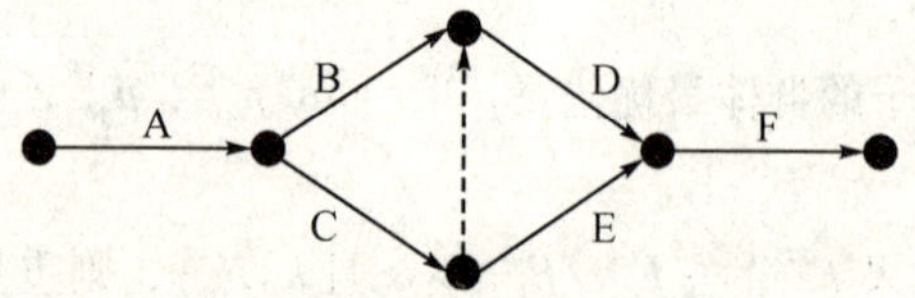

图 4-17　与图 4-16 供应链对应的网络计划图

为解决优化问题，采用基于 MATLAB 程序的改进粒子群优化算法。粒子的编码由六维向量构成，如图 4-18 所示。

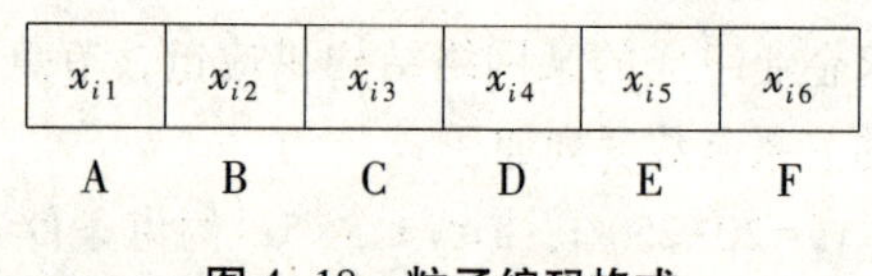

图 4-18　粒子编码格式

算例的运算参数设置如下：

初始种群的群体规模取为 30。令加速因子 $c_1 = 2.0$，$c_2 = 1.8$。取 $\varepsilon = 0.02$，最大进化次数 $N_{max} = 500$，初始惯性权因子 $\omega = 0.8$。利用程序连续进行 5 次运算，各次运算结果见表 4-7。

表 4-7　程序运算结果

运算次第	1	2	3	4	5
最优适值	295.168 3	295.168 3	295.168 3	298.834 9	295.168 3
最优值收敛代数	109	23	85	56	43
运行时间（s）	2.652 3	2.592 7	2.617 2	2.609 8	2.622 2

第一次运算的跟踪情形如图 4-19 所示，由图 4-19 可以看出，随着进化代数的增加，种群的最优适值在逐渐减少（当进化到第 109 代时适值收敛）。5 次运行中，有 4 次运行结果的最

优适值都为 295. 168 3，只有 1 次运行的最优值为 298. 834 9。由于满意解 298. 834 9 劣于 295. 168 3，并且运算中多次出现满意解 295. 168 3，故应取 295. 168 3 作为优化问题的解，即供应链网络的最大供应能力为 295. 168 3。最优粒子为：

（6. 606 5　8. 776 7　8. 000 0　8. 367 9　9. 144 6　6. 607 0）

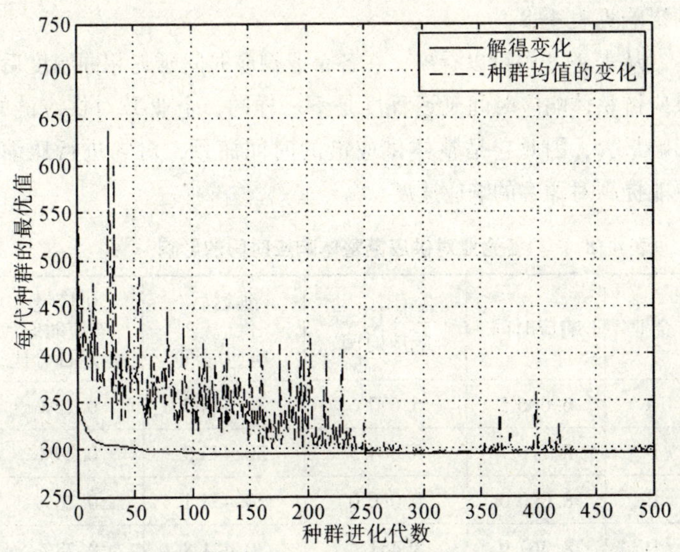

图 4-19　运行结果跟踪

此即供应链各成员企业的响应时间最优分配方案。

4. 4. 5　供应链时间瓶颈识别

根据优化结果，为了实现供应链总体响应时间的最低成本，对供应链上各企业的时间分配是：企业 A 为 6. 606 5 个时间单位，企业 B 为 8. 776 7 个时间单位，企业 C 为 8. 000 0 个时间单位，企业 D 为 8. 367 9 个时间单位，企业 E 为 9. 144 6 个时间单位，企业 F 为 6. 607 0 个时间单位。供应链共有两条关键路径，关键路径 1 为：A→C→E→F，关键路径 2 为：A→B→D→F，关键路径的时间皆为 30.358 1，亦即供应链的整体响应时间为 30.358 1。结合前面供应链时间瓶颈的定义 $TB=\max(RB_i/ST)$，$i=1, 2, \cdots, n$，可知此供应链的响应时间瓶颈为企业 C。当各企业每延迟 1%的响应时间时，供应链整体响应时间受到各企业的影响见表 4-8。

从表 4-8 中可以看出，在各企业响应时间延迟相同幅度后，供应链整体响应时间延迟程度是不一样的，企业 E 对供应链的影响最大，因此它是整体供应链的时间瓶颈，对它进行压缩，更能提高对顾客的响应速度。

表 4-8　　各企业对供应链整体响应时间的影响

企业	响应时间	延迟 1%后响应时间	延迟后供应链响应时间	供应链响应时间延迟百分比
A	6.606 5	6.672 6	30.424 2	0.22%
B	8.776 7	8.864 5	30.445 9	0.29%
C	8.000 0	8.080 0	30.438 1	0.26%
D	8.367 9	8.451 6	30.441 8	0.28%
E	9.144 6	9.236 0	30.449 5	0.30%
F	6.607 0	6.673 1	30.424 2	0.22%

4.5 本章小结

本章从响应时间的角度对供应链瓶颈进行了研究，响应时间反映了供应链对市场的敏捷性，是供应链竞争能力的重要指标。首先，对供应能力瓶颈进行定义，基于响应时间的供应链结构可以看作是一个网络计划图，整个供应链的响应时间就等于网络计划图中的关键路径的工作总持续时间，关键路径是整个网络的响应时间的关键环节，关键路径的任何迟延都将推迟整个供应链的完成时间。因此关键路径上对供应链影响最大的环节则成为供应链响应时间瓶颈。

在供应链中，某个成员企业为后续企业服务时，由于资源的有限性，无法同时满足后续企业的需求，这时就涉及资源配置的问题，不同的资源配置方案，供应链的整体响应时间是不同的。本章分析了在这种资源最优配置情况下供应链响应时间瓶颈的识别问题。基于响应时间的供应链节点资源配置方案问题实际上构成了一个双重优化问题。首先，选择最优的资源配置方案，使方案的关键路径最短，这是资源配置的优化选择问题；其次，针对特定的资源配置方案，找到该网络计划的关键路径（即最短的响应时间），这是线路的优化问题。本章提出了一种嵌套的混合遗传算法，用于解决整个问题的优化，并进而根据供应链响应时间瓶颈的定义进行了瓶颈识别。

在直线式供应链结构中，各成员企业对订单响应时间的长短往往与费用成一定的比例关系，一般来说，时间越短，费用越高。现在需要知道供应链响应时间在一定时间范围内实现供应链整体费用最小时的供应链的瓶颈环节。这实际上是一个随着客户需求的变化，供应链整体如何合理地分配和调整成员企业响应时间的决策问题。本章采用改进的粒子群算法来解决优化问题，并根据供应链响应时间瓶颈的定义对具有时间窗口的供应链进行了瓶颈识别。

在网络结构的供应链中，供应链最终客户要求的响应时间是一个时间范围。由于信息不对称，最终客户无法知道供应链的真实响应时间，因此最终客户以契约的形式设置了激励机制，以达到对响应时间的适度控制。同时，供应链也存在响应时间的成本函数问题。于是，供应链的费用和响应时间的选择是供应链与它的客户双方利益博弈的结果。本章分析了这种情况下供应链的时间分配和瓶颈识别问题。这实质是一个二次规划问题，首先要确定出供应链成员企业的时间分配，然后根据供应链网络确定关键路径及整体响应时间。本章采用惯性权重的自适应调节和粒子精英保留策略的改进粒子群优化算法来解决优化问题，并根据供应链响应时间瓶颈的定义进行了瓶颈识别。

5 供应链综合绩效瓶颈识别

前面的第3章、第4章分别从供应能力和响应时间两个方面进行了供应链瓶颈识别分析，这两个指标都属于单指标，分别从不同的侧面反映了供应链的运行情况。同样，对供应链瓶颈的识别还可用从其他方面进行分析，如脆弱性、质量、成本等。但是，对同一供应链，用不同的指标识别出的瓶颈环节可能是不同的，甚至可能发生冲突，那么在这种情况下如何识别供应链的瓶颈？我们采用综合评价指标——基于综合绩效——来解决这个问题。

5.1 供应链综合绩效瓶颈的含义

供应链综合绩效是指围绕供应链战略目标的不同成员之间，对供应链整体、各环节运营状况以及各环节之间的营运关系，通过建立供应链的绩效指标体系，运用数量统计和运筹学方法，通过定量和定性的分析，对供应链在一定时期的绩效做出客观、公正和准确的综合评判。

供应链绩效存在于供应链从建立到消亡的整个过程中，在供应链中占有重要的地位，是供应链管理的关键组成部分。它对供应链运行状态进行持续的监视和跟踪，在为供应链决策者优化和调整供应链运行参数，优化和调整供应链业务流程，发挥着关键的作用。

设供应链成员企业绩效为：

$$Y_j = \sum_{i=1}^{k} \omega_i x_i \qquad (j = 1,\ 2,\ \cdots,\ n)$$

其中，Y_j为供应链成员企业j的绩效，x_i表示成员企业j在评价指标i上的取值，ω_i表示相应指标权重。

供应链综合绩效为：

$$S = \sum \omega_i X_i \qquad (i = 1,\ 2,\ \cdots,\ k)$$

其中，X_i表示供应链整体在评价指标i上的取值；ω_i表示响应指标权重，它和供应链企业绩效评价权重相等。

则定义供应链综合绩效瓶颈（Performance Bottleneck，PB）为：

$$\begin{aligned} PB &= \min(Y_j/S) \\ &= \min\left(\sum_{i=1}^{k} \omega_i x_{ij} / \sum_{i=1}^{k} \omega_i X_i\right) \qquad (j = 1,\ 2,\ \cdots,\ n) \end{aligned}$$

也就意味着在供应链的所有成员企业中，对供应链整体绩效贡献最小的企业就是供应链综合绩效瓶颈环节。

5.2 供应链综合绩效模型

国内对供应链及成员企业的绩效评价指标体系的研究成果不少，由于对供应链及成员企业的绩效评价研究的侧重点不同，在建立绩效评价指标时，所确定的绩效评价指标选取基本原则各不相同，大部分研究是以运作效率和服务方面作为考核指标。但在市场经济中，企业运作的根本目的是要取得竞争优势，从而获得持久的利润来源，因而，从竞争的角度来考虑供应链及成员企业的运作的绩效更加符合企业存在的目的和意义。纵观相关文献，虽然对企业绩效及供应链绩效的研究很多，但都没有抓住竞争这个根本点，本章将从供应链竞争的角度对供应链及成员企业的绩效评价指标体系进行研究。

供应链管理的发展已逐渐改变了现代企业的竞争方式：市场竞争不再是单个企业与单个企业之间的竞争，而是供应链与供应链之间的竞争。因此，供应链即成员企业的绩效的评价也应该服务于这个根本目的，从对提升供应链的竞争的贡献方面来评价供应链的综合绩效以及成员企业的绩效。

5.2.1 研究方法

评价指标体系的选取必须建立在相应的理论基础上。因此，本章首先根据相关的理论，选择响应时间、质量、价格和柔性作为供应链绩效评价模型的 4 个测度，但这 4 个测度无法直接测量，属于潜在变量，因此还必须进一步选择可观测变量，通过它们来反映潜在变量，在学者们以前研究的基础上，对 4 个测度分别选取观测变量，建立起供应链绩效评价模型。

对于每一个测度而言，它包含多个观测变量，组成一个复杂的系统，诸多观测变量之间关系复杂，因此需要筛选主要要素，保留要素之间的关系，简化体系结构分析的过程。为了解决这个问题，我们使用 DEMATEL 方法，对指标体系进行了优化和降维，达到以最少的指标，反映出供应链绩效评价指标体系最本质的特征。

经过上面的研究工作，初步建立起供应链绩效评价指标体系。但在整个指标体系中，各评价指标在总评价中的重要程度是不一样的，这就涉及权重。传统的权重确定方法假设各个测度之间的指标是独立的，而实际情况并非如此，为了与实际相吻合，ANP 方法确定指标权重，从而得到完善的供应链绩效评价指标体系。研究方法的逻辑框图如图 5-1 所示。

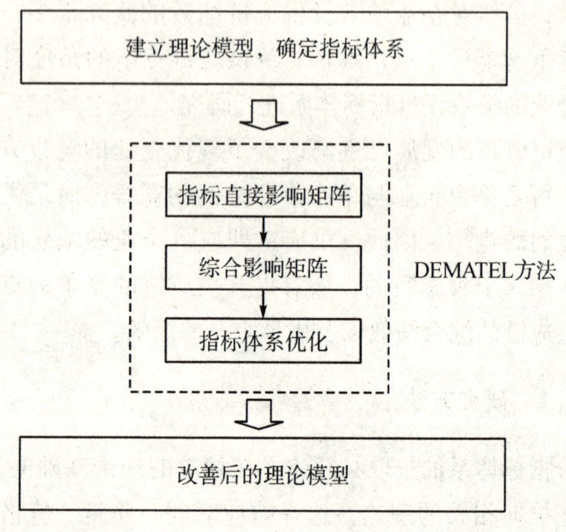

图 5-1 研究方法逻辑图

5.2.2 理论模型界定

Porter（1985）认为："竞争优势是竞争性市场中企业绩效的核心。然而经过几十年蓬勃的扩张与繁荣，很多企业在追求疯狂的增长和多角化经营的过程中，将竞争优势抛于脑后。今天，竞争优势的重要性前所未有。全世界的企业都面临增长的趋缓和来自国内和全球的竞争，而竞争者们已不能在似乎不断增大的馅饼足够分享的前提下经营了。"因此，从竞争的角度来考察供应链运作的绩效，应该说是更符合企业运行的本质。

5.2.2.1 竞争与绩效的关系

关于竞争与绩效的关系，国内外学者已经做了很多的研究。Stephen J. Nickell 在《竞争与企业绩效》一文中提到，竞争不仅带来了有效率的资源配置，而且还向企业施加了减少成本的压力，为有效率的生产组织提供激励，甚至推动创新。Vickers 概括了几种普遍的观点，其中关于竞争对企业内部效率激励的观点是：竞争压力通过强化激励避免懒惰和贪污使机构内部更有效率。这种普遍的观点具体可以分为两大方面。首先产品市场竞争为行业内的企业提供了一个进行业绩比较的机会，这种比较有助于揭示企业内部生产经营方面的信息，从而有助于企业所有者确定经理人的薪酬体系，也有助于经理人市场对于特定经理人的将来进行价值评估。2000 年，爱尔兰管理学院进行了关于管理竞争、组织特征、人力资源熟练程度与绩效之间关系的研究，研究表明：采用竞争力价的组织是绩效较好的经营者。此外，根据周小亮提出关于企业绩效决定性因素问题的理论总结，企业绩效决定性因素主要有产权论、超产权论及核心竞争力 3 种理论。来自超产权论的解说认为竞争充分是企业绩效的决定性因素，来自核心竞争力论的解说认为企业核心能力是企业绩效的决定性因素。以上及类似的研究说明，竞争与绩效之间存在着很重要的正向关系。

5.2.2.2 基于竞争力的绩效测度

在企业层次开展竞争力的研究在近年得到了国内外学者的重视，并从不同的角度开展了多方面的研究，国内有学者认为企业竞争力的研究大体可分为 3 个流派：以新古典经济学和产业组织理论为基础、以企业管理理论特别是企业战略管理理论为基础以及以演化经济学特别是制度演化理论和创新演化理论为基础。以新古典经济学和产业组织理论为基础的学派，在企业同质的假设前提下研究企业竞争力，强调在比较优势的基础上企业对产业竞争结构的适应，认为企业竞争力研究的重点在于产业竞争结构的分析，企业的竞争力体现在价格、成本及生产率等方面的竞争。以企业管理理论特别是企业战略管理理论为基础的学派从企业战略理论出发，把企业竞争力定义为企业的资源或能力，建立了以企业资源、能力为基础的分析框架。国内外许多学者就是根据企业资源、能力理论来研究企业竞争力的，如 Charles Corbett 等从企业制造战略的角度研究了企业能力与竞争力的关系。他们认为竞争力与能力是企业两个不同侧面的反映。能力强调企业内部的制造可靠性、灵活性、成本、质量和创新，并集中体现在成本、时间和质量上。Gough 和 Ken 提出了 12 项供应链绩效的评价指标，并分为供应链交付的可靠性、供应链响应、供应链的灵活性、供应链成本、供应链的资产管理效率 5 个维度。F. T. S. Chan 又根据供应链实际运行情况增加了质量、数量以及变革等指标因素。Bond 通过分析发现，目前中小企业采用的绩效评价指标主要有 6 个，即质量、交货可靠性、顾客满意度、成本、安全和士气。Medori 和 Steeple 按照竞争优势和企业成功因素对应列出了 6 项指标，它们包括质量（提供供应商质量）、成本（减少存货）、柔性（减少启动次数）、时间（减小提前期）、交货（按照时间表完成任务）和未来成长（新产品引进）。从学者们的研究看，竞争力基本上包括响应时间、服务质量、成本和柔性，故选择它们作为供应链竞争力的测度。

从响应时间、质量、成本、柔性的关系来看，随着响应时间的缩短受柔性的影响，柔性对响应时间提出了要求；增加成本、缩短响应时间以及提高柔性都会使供应链服务质量得到改善，因此供应链服务质量受到三者的影响；缩短响应时间会增加供应链成本，因此成本受响应时间的影响；而要提高供应链柔性，对响应时间、服务质量、成本都提出了要求，它同时受到三者的影响。

5.2.2.3　测度指标的选择

在选择了绩效测度之后，由于这些变量不能直接观测得到，所以还需要进一步选择可观测的指标，用它们来反映这些测度。

可观测指标的选择也是在国内外学者已有的研究基础上进行。

响应时间是指物料流在供应链中所耗费的时间，龚国华等将响应时间分为运动时间和静止时间，运动时间又分为外部途中运输时间、内部移动时间、加工时间，静止时间又分为库存时间、等待时间、交接等待时间。对供应链中企业来说，内部移动时间、加工等待时间和加工时间从广义上来看可以合在一起作为企业内的总加工时间，故对以上指标调整后选择响应时间的观测指标为交接等待时间（T_1）、运输时间（T_2）、加工时间（T_3）、库存时间（T_4）。

服务质量是指企业通过提供服务，对达到服务产品质量标准，满足用户需要的保证程度。对于供应链服务质量，国内外很多学者做了研究。根据崔建明的概括，我国关于服务质量的指标有许多种，大致为服务水平指标（Q_1）、满足程度指标（Q_2）、交货水平指标（Q_3）、交货期质量指标（Q_4）、商品完好率指标（Q_5），这些指标都是以百分比的形式来定义的。这些指标基本上概括了企业服务质量的内容，因此本书选择这些指标作为服务质量的量度。

成本是指生产、流通、消费全过程的物品实体与价值因变化而发生的全部费用。按照 Aptel 等人的研究，供应链的成本包括三个部分。①供应链运营成本指标：可反映供应链运营的效率。供应链总运营成本由以下部分组成：供应链制造产品而产生的材料成本、直接人工成本、管理成本以及各成员企业间的交易费用，供应链信息开发和维护费用，等等。②供应链库存成本包括各成员企业在制品库存和成品库存费用以及在途产品的各项库存费用。③供应链各成员企业内运输费用。各节点企业外部运输总费用等于供应链所有节点企业之间运输费用总和。供应链运营成本越低，反映在供应链产品中的成本也就越低，那么供应链产品的利润率就高，说明供应链的运营越有效率，从而在供应链之间的竞争中越具有竞争力。同样，供应链成员企业的成本也采用类似结构：运营成本（C_1）、运输成本（C_2）和库存成本（C_3）。

对于供应链柔性的测量，采用 Bramon 研究所指出的指标，包括数量柔性（F_1）、投送柔性（F_2）、混合柔性（F_3）及新产品柔性（F_4）。数量柔性是指改变生产产品的产出水平的能力，投送柔性是指改变计划好的投送日程的能力，混合柔性是指改变生产产品种类的能力，新产品柔性是指引进及生产新产品的能力。

5.2.2.4　供应链及成员企业绩效的评价模型

按照前面的理论综述和假设，我们得出图 5-2 的绩效评价结构模型。

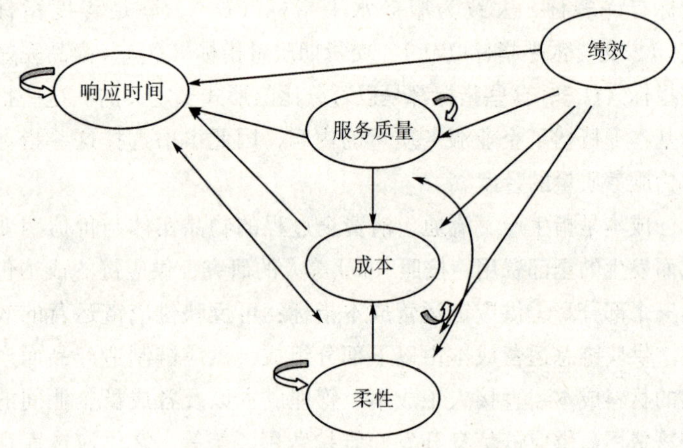

图 5-2　供应链绩效的评价模型

综合评价数学模型：$\varphi = \prod_{j=1}^{n} F_j^{\omega_j}$

其中，ω_j 为权重系数，F_j 为第 j 项指标的得分。

对供应链及成员企业绩效进行评价时涉及权重的处理，鉴于其基于竞争的属性，只有各项指标尽可能取得较好的水平，才能使得总的评价值较高；如果一个供应链在一项因素上超群，即使其他指标都稍低，仍然能够在市场上占有较高的市场地位，因此其竞争绩效就很高，这与竞争力的评价具有类似特点。因此对权数的处理应当采用乘法规则。纵观众多涉及竞争的评价方法，都采用了加法规则进行评价，明显与现实不符。

5.2.3 指标优化

利用 DEMATEL 方法优化指标体系，目的是先删除具有较小关联度的指标，因为具有较小关联度的指标在整个供应链绩效评价中作用也较小，对于计算权重时的影响不大。另外，若不删除它们，将会造成权重调查问卷过多的问题，使问卷结果的准确性受到影响。

DEMATEL 方法，全称为“决策试验与评价实验室法”，是 1971 年美国 Bottelle 研究所为了解决现实世界中复杂、困难的问题而提出的方法论，该方法是一种运用图论与矩阵工具进行系统因素分析的方法。通过系统中各因素之间的逻辑关系与直接影响矩阵，可以计算出每个因素对其他因素的影响程度以及被影响度，从而计算出每个因素的中心度与原因度。作为构造模型，DEMATEL 调查通过行列式演算，可以直观地将复杂的问题简单化，提示问题间的逻辑关系。

使用 DEMATEL 方法时，首先根据专家判断的调查统计得到直接影响矩阵，矩阵中的数字代表指标 Z_{ij} 代表指标 i 影响指标 j 的程度，并且将其对角元素设为 0，得到的直接影响矩阵如下：

$$
\begin{array}{c} \\ T_1 \\ T_2 \\ T_3 \\ T_4 \end{array}\begin{bmatrix} T_1 & T_2 & T_3 & T_4 \\ 0 & 0 & 1 & 0 \\ 0 & 0 & 1 & 0 \\ 1 & 3 & 0 & 2 \\ 0 & 0 & 0 & 0 \end{bmatrix}
\begin{array}{c} \\ Q_1 \\ Q_2 \\ Q_3 \\ Q_4 \\ Q_5 \end{array}\begin{bmatrix} Q_1 & Q_2 & Q_3 & Q_4 & Q_5 \\ 0 & 0 & 0 & 1 & 0 \\ 2 & 0 & 0 & 0 & 0 \\ 3 & 3 & 0 & 1 & 1 \\ 1 & 3 & 1 & 0 & 3 \\ 3 & 2 & 1 & 3 & 0 \end{bmatrix}
\begin{array}{c} \\ C_1 \\ C_2 \\ C_3 \end{array}\begin{bmatrix} C_1 & C_2 & C_3 \\ 0 & 0 & 1 \\ 2 & 0 & 2 \\ 2 & 3 & 0 \end{bmatrix}
\begin{array}{c} \\ F_1 \\ F_2 \\ F_3 \\ F_4 \end{array}\begin{bmatrix} F_1 & F_2 & F_3 & F_4 \\ 0 & 0 & 3 & 0 \\ 0 & 0 & 1 & 0 \\ 3 & 1 & 0 & 2 \\ 0 & 0 & 1 & 0 \end{bmatrix}
$$

之后正规化直接影响矩阵。令 $\lambda = 1/\max\limits_{1 \leqslant i \leqslant n}(\sum\limits_{j=1}^{n} Z_{ij})$ ，再将整个矩阵的元素乘以 λ ，即 $X = \lambda \cdot Z$ ，即可得到正规化直接影响矩阵。在此基础上进一步计算综合影响矩阵，因为 $\lim\limits_{k \to \infty} X^k = O$ ，因此综合影响矩阵可从以下公式得到：

$$T = \lim_{k \to \infty}(X + X^2 + \cdots + X^k) = X\,(I - X)^{-1}$$

其中 O 为零矩阵，I 为单位矩阵。经过计算，得到各指标之间的综合影响关系以及各指标的中心度和原因度，如表5-1、表5-2、表5-3、表5-4 所示。

表 5-1　　响应时间各指标之间的综合影响矩阵及其原因度与中心度

指标	T_1	T_2	T_3	T_4	行和	原因度	中心度
T_1	0.031 25	0.093 75	0.187 5	0.062 5	0.375	0.125	0.625
T_2	0.031 25	0.093 75	0.187 5	0.062 5	0.375	−0.375	1.125
T_3	0.187 5	0.562 5	0.125	1.944 4	2.819 4	2.319 4	3.319 4
T_4	0	0	0	0.375	0.375	−2.069 4	2.819 4
列和	0.25	0.75	0.5	2.444 4			

表 5-2　服务质量各指标之间的综合影响矩阵及其原因度与中心度

指标	Q_1	Q_2	Q_3	Q_4	Q_5	行和	原因度	中心度
Q_1	0.077 0	0.087 6	0.028 3	0.162 3	0.064 4	0.419 6	-0.367 5	1.206 8
Q_2	0.269 2	0.021 9	0.007 1	0.040 6	0.016 1	0.354 9	-0.268 9	0.978 7
Q_3	0.680 2	0.581 6	0.070 5	0.313 0	0.251 2	1.896 6	1.665 4	2.127 9
Q_4	0.684 9	0.700 8	0.226 7	0.298 6	0.515 3	2.426 3	1.829 2	3.023 4
Q_5	0.787 1	0.623 8	0.231 2	0.597 1	0.252 8	2.492 1	1.080 5	3.903 7
列和	2.498 5	2.015 8	0.563 9	1.411 6	1.099 8			

表 5-3　成本各指标之间的综合影响矩阵及其原因度与中心度

指标	C_1	C_2	C_3	行和	原因度	中心度
C_1	0.202 5	0.189 9	0.316 5	0.708 9	-1.392 4	2.810 1
C_2	0.886 1	0.455 7	0.759 5	2.101 3	0.506 3	2.101 3
C_3	1.012 7	0.949 4	0.582 3	2.544 3	0.886 1	4.202 5
列和	2.101 3	1.594 9	1.658 2			

表 5-4　柔性各指标之间的综合影响矩阵及其原因度与中心度

指标	F_1	F_2	F_3	F_4	行和	原因度	中心度
F_1	0.375 0	0.120 0	0.750 0	0.250 0	1.494 9	1.369 9	1.619 9
F_2	0.125 0	0.040 0	0.250 0	0.083 3	0.498 3	0.048 3	0.948 3
F_3	0.750 0	0.250 0	0.500 0	0.500 0	2.000 0	0.250 1	3.749 9
F_4	0.155 8	0.040 0	0.250 0	0.083 3	0.529 2	-0.387 5	1.445 8
列和	0.125 0	0.450 0	1.749 9	0.916 7			

根据这些表格，我们可以看出，在响应时间指标体系中，各指标的重要程度依次是加工时间、库存时间、运输时间、交接等待时间，由于交接等待时间指标（T_1）的中心度远小于其他指标，原因度也最小，故其对响应时间指标体系影响很小，删除该指标。同理，服务指标体系中删除满足程度指标（Q_2），柔性指标体系中删除投送柔性指标（F_2），以在不影响评价结果的情况下达到指标体系的优化。

5.3 基于 ANP 方法的供应链综合绩效瓶颈识别

5.3.1 指标权重的决定

网络层次分析法（ANP）是 Saaty 于 1996 年将层次分析法延伸而发展出的一种决策方法，其和 AHP 最大的不同是 AHP 视各准则是相互独立的，而 ANP 则考虑到准则间存在着相互关联的关系。而实际上我们在进行各种决策问题时，不仅同一层次的各准则之间相互有影响，而且不同层次之间的准则也会相互影响，ANP 正是针对这种网络层次结构而提出来的。

ANP 的计算程序是如下。

首先，构建超矩阵并进行归一化处理。假设 ANP 中控制层的元素为 $p_1, p_2, \cdots, p_m$，网络层有元素 $C_1, C_2, \cdots, C_N$。其中 C_i 有元素 $e_{i1}, e_{i2}, \cdots, e_{ik}$，以控制层元素为准则，以 C_j 中元素 e_{jl} 为次准则，与元素组 C_i 中的其他元素 e_{ik} 相对于 e_{jl} 的重要程度进行比较，构造的判断矩阵如表 5-5 所示。

表 5-5　　　　　　　　判断矩阵

e_{jl}	e_{i1}，e_{i2}，…，e_{ik}	归一化特征向量	一致性检验
e_{i1} e_{i2} … e_{ik}		$w_{i1}^{(jl)}$ $w_{i2}^{(jl)}$ … $w_{ik}^{(jl)}$	$C.R. < 0.1$

根据一致性检验，如果上述特征向量满足相容性挑选，则为网络元素的权重。同理，可以得到相对于其他元素的特征向量，得到一个矩阵 W_{ij}，矩阵的列向量代表的是元素 e_{i1}，e_{i2}，…，e_{ik} 对 C_j 中元素 e_{i1}，e_{i2}，…，e_{ik} 重要度特征向量。如果 C_j 中元素不受 C_i 中元素的影响，则 $w_{ij} = 0$。把所有的网络层元素相互影响的特征向量组合起来就得到一个在控制元素 p_s 下的超矩阵：

$$W = \begin{array}{cc} & \\ C_1 & \begin{array}{c} e_{11} \\ \vdots \\ e_{1k} \end{array} \\ C_2 & \begin{array}{c} e_{21} \\ \vdots \\ e_{2f} \end{array} \\ C_N & \begin{array}{c} e_{n1} \\ \vdots \\ e_{nx} \end{array} \end{array} \begin{bmatrix} W_{11} & W_{12} & \cdots & W_{1n} \\ W_{21} & W_{22} & \cdots & W_{2n} \\ \vdots & \vdots & \vdots & \vdots \\ W_{n1} & W_{n2} & \cdots & W_{nn} \end{bmatrix}$$

然后，计算加权超矩阵。超矩阵中每一子块 W_{ij} 都是归一化的，但是该矩阵并不是归一化的。因此，以 p_s 为准则，对各组元素对准则 C_j（$j=1$，…，N）的重要性进行比较，得到一个归一化的排序向量：$A_j = [a_{1j}, \cdots a_{Nj}]^{\mathrm{T}}$。由此得矩阵 $A = \begin{bmatrix} a_{11} & \cdots & a_{1N} \\ \vdots & \vdots & \vdots \\ a_{N1} & \cdots & a_{NN} \end{bmatrix}$，把矩阵 A 与 W 相乘得加权超矩阵 $\bar{W} = (\bar{W}_{ij})$，

其中 $\bar{W}_{ij}=a_{ij}W_{ij}(i=1, \cdots, N; j=i=1, \cdots, N)$。

最后，计算极限相对排序向量。对加权超矩阵进行 $2k+1$ 次演化，即计算极限相对排序向量 $\lim\limits_{k\to\infty}(1/N)\sum\limits_{k=1}^{N}\bar{W}^{k}$，当 $k\to\infty$ 时，计算结果达到一致，形成一个长期稳定的矩阵。这时得到的超级矩阵各行的非零值均相同。原矩阵对应行的值为各评价指标相对于目标的稳定权重。

ANP 计算量非常庞大，手工计算基本不可能，因此，如不借助于计算机软件，很难将 ANP 用于解决实际问题。Rozann W. Satty 和 William J. Adams 在 2003 年推出了超级决策软件 Super Decision，从而成功地解决了 ANP 的计算问题，为 ANP 的应用推广奠定了坚实的基础。本书采用 Super Decision 完成计算过程。

首先分析各指标间的影响关系，见表 5-6。

表 5-6　　　　　　　　指标影响关系表

		响应时间			服务质量				成本			柔性		
		T_2	T_3	T_4	Q_1	Q_3	Q_4	Q_5	C_1	C_2	C_3	F_1	F_3	F_4
响应时间	T_2	0	1	1	1	1	1	1	0	1	0	1	1	0
	T_3	1	0	1	1	1	1	1	1	1	0	1	1	0
	T_4	1	1	0	1	1	1	1	0	1	0	0	0	0
服务质量	Q_1	0	0	0	0	1	1	1	0	0	0	1	1	1
	Q_3	0	0	0	1	0	0	0	0	0	0	0	0	0
	Q_4	0	0	0	1	0	0	0	0	0	0	0	0	0
	Q_5	0	0	0	1	0	1	0	0	0	0	0	0	0
成本	C_1	0	0	0	0	0	0	0	0	1	1	1	1	0
	C_2	0	0	0	1	0	0	0	1	0	0	1	1	0
	C_3	0	0	0	1	0	0	1	1	1	0	1	1	0

表5-6(续)

		响应时间			服务质量				成本			柔性		
		T_2	T_3	T_4	Q_1	Q_3	Q_4	Q_5	C_1	C_2	C_3	F_1	F_3	F_4
柔性	F_1	1	1	0	1	0	0	0	0	0	0	0	1	0
	F_3	1	1	0	1	0	0	0	0	0	0	1	0	0
	F_4	0	0	0	1	0	0	0	0	0	0	0	0	0

注：1 表示左边元素对上边元素有影响，0 表示无影响。

影响供应链绩效各指标的重要性各不相同，采用 1～9 标度，确定其权重值。先通过两两比较，构造正互反矩阵，确定各准则下的权重。

确定 ANP 结构的未加权超矩阵 W，见表 5-7。超矩阵 W 是通过元素两两比较而导出，矩阵中的每一列都是以某个元素为准则的排序权重。

表 5-7　　　　　　　　未加权超矩阵

	T_2	T_3	T_4	Q_1	Q_3	Q_4	Q_5	C_1	C_2	C_3	F_1	F_3	F_4
T_2	0. 000	0. 875	0. 750	0. 648	0. 667	0. 724	0. 685	0. 000	0. 123	0. 000	0. 167	0. 167	0. 000
T_3	0. 833	0. 000	0. 250	0. 122	0. 111	0. 083	0. 093	1. 000	0. 557	0. 000	0. 833	0. 833	0. 000
T_4	0. 167	0. 125	0. 000	0. 230	0. 222	0. 193	0. 221	0. 000	0. 320	0. 000	0. 000	0. 000	0. 000
Q_1	0. 000	0. 000	0. 000	0. 000	1. 000	0. 833	1. 000	0. 000	0. 000	0. 000	1. 000	1. 000	1. 000
Q_3	0. 000	0. 000	0. 000	0. 714	0. 000	0. 000	0. 000	0. 000	0. 000	0. 000	0. 000	0. 000	0. 000
Q_4	0. 000	0. 000	0. 000	0. 143	0. 000	0. 000	0. 000	0. 000	0. 000	0. 000	0. 000	0. 000	0. 000
Q_5	0. 000	0. 000	0. 000	0. 143	0. 000	0. 167	0. 000	0. 000	0. 000	0. 000	0. 000	0. 000	0. 000
C_1	0. 000	0. 000	0. 000	0. 000	0. 000	0. 000	0. 000	0. 000	0. 250	1. 000	0. 110	0. 110	0. 000
C_2	0. 000	0. 000	0. 000	0. 500	0. 000	0. 000	0. 000	0. 167	0. 000	0. 000	0. 309	0. 581	0. 000
C_3	0. 000	0. 000	0. 000	0. 500	0. 000	0. 000	1. 000	0. 833	0. 750	0. 000	0. 581	0. 309	0. 000
F_1	0. 500	0. 500	0. 000	0. 539	0. 000	0. 000	0. 000	0. 000	0. 000	0. 000	0. 000	1. 000	0. 000
F_3	0. 500	0. 500	0. 000	0. 297	0. 000	0. 000	0. 000	0. 000	0. 000	0. 000	1. 000	0. 000	0. 000
F_4	0. 000	0. 000	0. 000	0. 164	0. 000	0. 000	0. 000	0. 000	0. 000	0. 000	0. 000	0. 000	0. 000

根据第一层指标即响应时间、服务质量、成本和柔性的比

较，确定加权矩阵：

$$A = \begin{array}{c} \\ T \\ Q \\ C \\ F \end{array} \begin{bmatrix} T & Q & C & F \\ 0.25 & 0.087 & 0.8 & 0.584 \\ 0 & 0.048 & 0 & 0.133 \\ 0 & 0.57 & 0.2 & 0.225 \\ 0.75 & 0.296 & 0 & 0.058 \end{bmatrix}$$

计算加权超矩阵 $\bar{W}$，列归一化，见表5-8。

表5-8　　加权超矩阵

	T_2	T_3	T_4	Q_1	Q_3	Q_4	Q_5	C_1	C_2	C_3	F_1	F_3	F_4
T_2	0.000	0.219	0.750	0.056	0.430	0.467	0.085	0.000	0.098	0.000	0.097	0.097	0.000
T_3	0.208	0.000	0.250	0.011	0.072	0.054	0.012	0.800	0.446	0.000	0.486	0.486	0.000
T_4	0.042	0.031	0.000	0.020	0.143	0.125	0.027	0.000	0.256	0.000	0.000	0.000	0.000
Q_1	0.000	0.000	0.000	0.000	0.355	0.296	0.068	0.000	0.000	0.000	0.133	0.133	1.000
Q_3	0.000	0.000	0.000	0.034	0.000	0.000	0.000	0.000	0.000	0.000	0.000	0.000	0.000
Q_4	0.000	0.000	0.000	0.007	0.000	0.000	0.000	0.000	0.000	0.000	0.000	0.000	0.000
Q_5	0.000	0.000	0.000	0.007	0.000	0.059	0.000	0.000	0.000	0.000	0.000	0.000	0.000
C_1	0.000	0.000	0.000	0.000	0.000	0.000	0.000	0.000	0.050	1.000	0.025	0.025	0.000
C_2	0.000	0.000	0.000	0.285	0.000	0.000	0.000	0.033	0.000	0.000	0.070	0.131	0.000
C_3	0.000	0.000	0.000	0.285	0.000	0.000	0.809	0.167	0.150	0.000	0.131	0.070	0.000
F_1	0.375	0.375	0.000	0.159	0.000	0.000	0.000	0.000	0.000	0.000	0.000	0.058	0.000
F_3	0.375	0.375	0.000	0.088	0.000	0.000	0.000	0.000	0.000	0.000	0.058	0.000	0.000
F_4	0.000	0.000	0.000	0.048	0.000	0.000	0.000	0.000	0.000	0.000	0.000	0.000	0.000

最后计算极限超矩阵 $\lim\limits_{k\to\infty}\bar{W}^k$，见表5-9。

表5-9　　极限超矩阵

	T_2	T_3	T_4	Q_1	Q_3	Q_4	Q_5	C_1	C_2	C_3	F_1	F_3	F_4
T_2	0.1215	0.1215	0.1215	0.1215	0.1215	0.1215	0.1215	0.1215	0.1215	0.1215	0.1215	0.1215	0.1215
T_3	0.2768	0.2768	0.2769	0.2769	0.2768	0.2768	0.2769	0.2769	0.2769	0.2768	0.2769	0.2769	0.2768
T_4	0.0275	0.0275	0.0274	0.0274	0.0275	0.0275	0.0274	0.0274	0.0274	0.0275	0.0274	0.0274	0.0275
Q_1	0.0469	0.0469	0.0469	0.0469	0.0469	0.0469	0.0469	0.0469	0.0469	0.0469	0.0469	0.0469	0.0469
Q_3	0.0016	0.0016	0.0016	0.0016	0.0016	0.0016	0.0016	0.0016	0.0016	0.0016	0.0016	0.0016	0.0016

表5-9(续)

	T_2	T_3	T_4	Q_1	Q_3	Q_4	Q_5	C_1	C_2	C_3	F_1	F_3	F_4
Q_4	0.000 3	0.000 3	0.000 3	0.000 3	0.000 3	0.000 3	0.000 3	0.000 3	0.000 3	0.000 3	0.000 3	0.000 3	0.000 3
Q_5	0.000 3	0.000 3	0.000 3	0.000 3	0.000 3	0.000 3	0.000 3	0.000 3	0.000 3	0.000 3	0.000 3	0.000 3	0.000 3
C_1	0.077 6	0.077 6	0.077 6	0.077 6	0.077 6	0.077 6	0.077 6	0.077 6	0.077 6	0.077 6	0.077 6	0.077 6	0.077 6
C_2	0.048 9	0.048 9	0.048 9	0.048 9	0.048 9	0.048 9	0.048 9	0.048 9	0.048 9	0.048 9	0.048 9	0.048 9	0.048 9
C_3	0.067	0.067	0.067	0.067	0.067	0.067	0.067	0.067	0.067	0.067	0.067	0.067	0.067
F_1	0.166 2	0.166 2	0.166 2	0.166 2	0.166 2	0.166 2	0.166 2	0.166 2	0.166 2	0.166 3	0.166 2	0.166 2	0.166 3
F_3	0.163 1	0.163 1	0.163 1	0.163 1	0.163 1	0.163 1	0.163	0.163 1	0.163 1	0.163 1	0.163 1	0.163 1	0.163 1
F_4	0.002 3	0.002 3	0.002 3	0.002 3	0.002 3	0.002 3	0.002 3	0.002 3	0.002 3	0.002 3	0.002 3	0.002 3	0.002 3

基于竞争的供应链绩效评价对于供应链的运行是一项很重要的评估标准，它能衡量出供应链获得持久利润来源的能力，采用的评估模型是否科学合理会直接影响供应链反馈决策的科学性。面对复杂性评价问题，由于许多因素存在依赖性和反馈性，故采用 ANP 模型来评估供应链绩效是否合理。

5.3.2 算例分析

设某供应链由 $A_1 \sim A_{12}$ 共 12 家企业成员组成，成员企业在各个评价指标上的取值经过标准化处理后得到表 5-10 所示的结果。

表 5-10　　标准化处理后各企业评价指标值

	T_2	T_3	T_4	Q_1	Q_3	Q_4	Q_5	C_1	C_2	C_3	F_1	F_3	F_4
A_1	0.814 7	0.957 2	0.678 7	0.694 8	0.709 4	0.751 3	0.814 3	0.917 2	0.568 8	0.689 2	0.106 7	0.181 8	0.401 8
A_2	0.905 8	0.485 4	0.757 7	0.317 1	0.754 7	0.255 1	0.243 5	0.285 8	0.469 4	0.748 2	0.961 9	0.263 8	0.076 0
A_3	0.127 0	0.800 3	0.743 1	0.950 2	0.276 0	0.506 0	0.929 3	0.757 2	0.011 9	0.450 5	0.004 6	0.145 5	0.239 9
A_4	0.913 4	0.141 9	0.392 2	0.034 4	0.679 7	0.699 1	0.350 0	0.753 7	0.337 1	0.083 8	0.774 9	0.136 1	0.123 3
A_5	0.632 4	0.421 8	0.655 5	0.438 7	0.655 1	0.890 9	0.196 6	0.380 4	0.162 2	0.229 0	0.817 3	0.869 3	0.183 9
A_6	0.097 5	0.915 7	0.171 2	0.381 6	0.162 6	0.959 3	0.251 1	0.567 8	0.794 3	0.913 3	0.868 7	0.579 7	0.240 0
A_7	0.278 5	0.792 2	0.706 0	0.765 5	0.119 0	0.547 2	0.616 0	0.075 9	0.311 2	0.152 4	0.084 4	0.549 9	0.417 3
A_8	0.546 9	0.959 5	0.031 8	0.795 2	0.498 4	0.138 6	0.473 3	0.054 0	0.528 5	0.825 8	0.399 8	0.145 0	0.049 7
A_9	0.957 5	0.655 7	0.276 9	0.186 9	0.959 7	0.149 3	0.351 7	0.530 8	0.165 6	0.538 3	0.259 9	0.853 0	0.902 7
A_{10}	0.964 9	0.035 7	0.046 2	0.489 8	0.340 4	0.257 5	0.830 8	0.779 2	0.602 0	0.996 1	0.800 1	0.622 1	0.944 8
A_{11}	0.157 6	0.849 1	0.097 1	0.445 6	0.585 3	0.840 7	0.5853	0.934 0	0.263 0	0.078 2	0.431 4	0.351 0	0.490 9
A_{12}	0.970 6	0.934 0	0.823 5	0.646 3	0.223 8	0.254 3	0.549 7	0.129 9	0.654 1	0.442 7	0.910 6	0.513 2	0.489 3

由 5.3.1 节分析可知，ANP 法确定的各指标权重为：$T_2 = 0.1215$，$T_3 = 0.2768$，$T_4 = 0.0275$，$Q_1 = 0.0469$，$Q_3 = 0.0016$，$Q_4 = 0.0003$，$Q_5 = 0.0003$，$C_1 = 0.0776$，$C_2 = 0.0489$，$C_3 = 0.067$，$F_1 = 0.1662$，$F_3 = 0.1631$，$F_4 = 0.0023$。将权重向量与对应的企业评价指标值相乘，然后求和，得到各企业绩效的评价值为：$A_1 = 0.610$，$A_2 = 0.580$，$A_3 = 0.417$，$A_4 = 0.396$，$A_5 = 0.564$，$A_6 = 0.672$，$A_7 = 0.445$，$A_8 = 0.547$，$A_9 = 0.586$，$A_{10} = 0.545$，$A_{11} = 0.500$，$A_{12} = 0.738$。

供应链综合绩效瓶颈的定义为：

$$PB = \min\left(\sum_{i=1}^{k} \omega_i x_{ij} / \sum_{i=1}^{k} \omega_i X_i\right) \quad (j = 1, 2, \cdots, n)$$

在上式中，$\omega_i X_i$ 为供应链总体绩效，其对于供应链上的企业成员都是一样的，所以供应链综合绩效瓶颈 $PB = \min\{\omega_i X_{ij}\}$。从评价结果可知，在供应链的所有成员企业中，$A_4$ 企业的绩效最差，它对供应链整体绩效贡献最小，因此就 ANP 评价方法而言，A_4 是供应链综合绩效瓶颈环节。

5.4 基于组合评价法的供应链综合绩效瓶颈识别

前面评价供应链及成员企业综合绩效所使用的 ANP 方法属于主观评价法。主观权重法虽然简单可行，操作方便，但易受决策者知识、能力、经验等主观意识方面限制的影响，随意性很大，更多地体现了各决策者的个性、经验和偏好，不同的决策者得出的评价结果往往也是不一样的，直接影响决策的科学性与合理性。除了主观评价法，还有很多客观评价方法，最常用的包括标准差法、离差最大法、熵权法等，然而基于客观权重的评价方法又往往忽略了决策者的偏好差异程度和个性特征，尽管具有对已知信息的客观处理的优点，但缺乏对决策环境全面、详尽的概括。即使同属于客观评价法，但不同的方法得到的评价结果也是不一样的，如何处理这些矛盾的评价结果，以使评价结果更公正、客观，本节提出一种组合评价方法来解决这个问题。

5.4.1 组合评价法的基本思想

组合评价法是基于选举的思想，把不同的评价方法看作选举人，那么它们选择出来的对象必然是代表它们的利益的，而不是与它们背道而驰。指标离差可以满足这种要求，离差表明了该评价方法与其他评价方法之间的冲突程度。两种评价方法离差大，说明两种方法之间的冲突大；反之，离差小，说明两种评价方法比较接近。差异小的两种方法，可以说它们是志同道合的。组合评价法分别算出几种方法与其他方法的离差，其中离差最小者所得到的评价结果和其他方法的评价结果之间的差异最小，它能够被其他选举人共同接受，因此离差最小的方法作为最终的评价方法；相反，如果用其他方法作评价结果，它和其他方法之间的差异过大，会遭到其他选举人的反对。

5.4.2 组合评价法的步骤

组合评价法是选择一种离差最小的方法作为最终的评价方法，它使得这种方法的评价结果和其他方法的评价结果之间的差异最小，具体实施步骤为：

（1）按每一种方法对供应链成员企业的绩效进行评价。

（2）首先进行归一化处理，使得每一种方法评价的结果具有可比性，处理方法为：

$$E_{ij} = 100 \times e_{j\max} / e_{ij}$$

其中，$e_{j\max}$代表按第j种评价方法评价的所有企业中最大的绩效值，e_{ij}代表企业i按第j种评价方法处理前的绩效值，E_{ij}代表企业i按第j种评价方法经过处理后的绩效值。

（3）计算各种方法相对于其他方法的离差，计算公式为：

$$S_j = \sum_{i=1}^{n} \sqrt{\sum_{k=1}^{j} (E_{ij} - E_{ik})^2/(j-1)}$$

n代表共有n个企业，j代表共有j种方法。

（4）比较每种方法的总离差，选择离差最小的方法作为最后的评价结果。

评价结果$=E_{ij}\quad(j=\min S_j)$

5.4.3 组合评价法在供应链综合绩效瓶颈识别中的应用

在采用组合评价法评价供应链及成员企业综合绩效中，本节采用四种独立的评价方法，它们是标准差法、离差最大法、熵权法以及前面使用的网络层次分析法，经过比较分析，采用标准差最小的方法作为选举标准。

5.4.3.1 基于标准差法的供应链综合绩效评价

标准差是数据偏离均值程度的度量。对于指标体系的第i个指标，若不同评估对象间该指标标准差越大，表明该指标在不同评估对象之间的变异程度越大，其提供的信息量越大，在综合评估中所起的作用越大，则其权重也应越大；反之，则其权重也应越小。利用标准差计算得到的第i个指标的权重公式为：

$$w_i = S_i/\sum_{i=1}^{m} S_i$$

其中，$S_i = \sqrt{\sum_{j=1}^{n} (r_{ij} - \bar{r}_i)^2/(n-1)}$为第$i$个指标在不同评估对象中的标准差，$\bar{r}_i = \sum_{j=1}^{n} r_{ij}/n$为第$i$个指标在不同评估对象中的均值。

对于5.3.2节中的实例，使用标准差法得到的评价结果见表5-11。

表5-11　　　　　　　　标准差法评价结果

指标	T_2	T_3	T_4	Q_1	Q_3	Q_4	Q_5
权重	0.109	0.088	0.081	0.061	0.061	0.078	0.052
指标	C_1	C_2	C_3	F_1	F_3	F_4	
权重	0.089	0.046	0.090	0.109	0.061	0.074	
企业	A_1	A_2	A_3	A_4	A_5	A_6	A_7
评价值	0.637	0.542	0.443	0.453	0.524	0.544	0.395
企业	A_8	A_9	A_{10}	A_{11}	A_{12}		
评价值	0.421	0.536	0.609	0.466	0.605		

根据评价结果，得到供应链成员企业绩效从大到小的排序为：$A_1>A_{10}>A_{12}>A_6>A_2>A_9>A_5>A_{11}>A_4>A_3>A_8>A_7$。再由供应链综合绩效瓶颈的定义，仿照5.3.2的分析方法，可知：在供应链的所有成员企业中，A_7企业的绩效最差，它对供应链整体绩效贡献最小。因此就标准差评价方法而言，A_7是供应链综合绩效瓶颈环节。

5.4.3.2　基于离差最大法的供应链综合绩效评价

离差最大法的思想是如果第j个评价指标对所有评估对象均无差别，则该指标权重为0；反之，若该指标在不同评估对象中差异较大，那么该指标在综合评估中所起的作用越大，应为其赋予较大的权重。离差最大法的基本步骤如下。

设评价指标权数为：$W=(W_1, W_2, \cdots, W_m)^T$，且满足单位化约束条件：$\sum W_j^2=1$。在加权向量$W$的作用下，构造加权规范化决策矩阵：

$$D = \begin{bmatrix} W_1 Z_{1,1} & \cdots & W_m Z_{1,m} \\ \vdots & \vdots & \vdots \\ W_1 Z_{n,1} & \cdots & W_m Z_{n,m} \end{bmatrix}$$

上式中，$W_i Z_{i,j}$ 为第 i 个比较对象第 j 个指标的综合指数，再设 $V_{ij}(W)$ 表示第 j 个指标的第 i 个比较对象与其他比较对象之间的离差之和：

$$V_{ij}(W) = \sum_{k=1}^{n} |W_k V_{ij} - W_j V_{kj}|$$

$V_j(W)$ 表示第 j 个指标的第 i 个比较对象两两之间的离差之和：

$$V_j(W) = \sum_{i=1}^{n} V_{ij}(W) = \sum_{i=1}^{n} \sum_{k=1}^{n} |W_k V_{ij} - W_j V_{kj}|$$

根据离差最大化的思想，评价指标的权数应该使所有指标的各比较对象间的总离差最大，即使 $\sum V_j(W)$ 最大。

因此，可以构造如下目标规划：

$$\begin{cases} \max F(W) = \sum_{j=1}^{m} V_j(W) = \sum \sum \sum |Z_{ij} - Z_{kj}| W_j \\ \qquad s.\ t. \qquad \sum W_j^2 = 1 \end{cases}$$

解出该目标规划的最优解 W_j^*，第 j 个指标的归一化权重为：

$$W_j^* = \sum_{i=1}^{n} \sum_{k=1}^{n} |Z_{ij} - Z_{kj}| / \sum_{j=1}^{m} \sum_{i=1}^{n} \sum_{k=1}^{n} |Z_{ij} - Z_{kj}|$$

对于 5.3.2 节中的实例，使用标准差法得到的评价结果见表 5-12。

表 5-12　　　　　　　标准差法评价结果

指标	T_2	T_3	T_4	Q_1	Q_3	Q_4	Q_5
权重	0.091	0.080	0.079	0.070	0.070	0.079	0.065
指标	C_1	C_2	C_3	F_1	F_3	F_4	
权重	0.084	0.061	0.086	0.092	0.069	0.074	
企业	A_1	A_2	A_3	A_4	A_5	A_6	A_7
评价值	0.638	0.522	0.451	0.435	0.513	0.538	0.404
企业	A_8	A_9	A_{10}	A_{11}	A_{12}		
评价值	0.419	0.527	0.601	0.468	0.589		

根据评价结果，得到供应链成员企业绩效从大到小的排序为：$A_1>A_{10}>A_{12}>A_6>A_9>A_2>A_5>A_{11}>A_3>A_4>A_8>A_7$。再由供应链综合绩效瓶颈的定义，仿照 5.3.2 的分析方法，可知：在供应链的所有成员企业中，A_7 企业的绩效最差，它对供应链整体绩效贡献最小。因此就标准差评价方法而言，A_7 是供应链综合绩效瓶颈环节。

5.4.3.3　基于熵权法的供应链综合绩效评价

熵权法赋权是一种客观赋权方法。熵是热力学中的重要概念，它最先由香农引入信息论，用以表示一个信息源发出的信号状态不确定的程度。评价指标的相对重要程度用熵权表示，其基本思想基于以下事实：评价指标的差异程度越大，就越能区分出评价的对象，相应的评价指标就越重要，则权重相应也越大。在信息论中，熵是事物无序程度的度量，它还可以度量数据所提供的有效信息量，因此，可以用熵来确定权重。如果评价对象在某项指标上的值相差越大时，熵值越小，说明该指标提供的信息量越大，在综合评价中所起的作用越大，因此指标的权重也应较大；反之，若评价对象在某项指标上的值相差越小，熵值越大，说明该指标提供的信息量较小，在综合评价中所起的作用越小，该指标的权重也应较小。当各被评价对象在某项指标上的值完全一样时，熵值达到最大，这意味着该指标没有为决策提供任何有用的信息，可以考虑将该指标从评价体系中去除。熵权法基本步骤如下。

（1）对原始数据进行归一化处理。

设 m 个评价指标和 n 个评价对象得到的原始数据矩阵为：

$$X=(x_{ij})_{m\times n}=\begin{bmatrix} x_{11} & x_{12} & \cdots & x_{1n} \\ x_{21} & x_{22} & \cdots & x_{2n} \\ \vdots & \vdots & \vdots & \vdots \\ x_{m1} & x_{m2} & \cdots & x_{mn} \end{bmatrix}$$

经过归一化处理后得到标准化矩阵 R：

$$R=(r_{ij})_{m\times n}=\begin{bmatrix} r_{11} & r_{12} & \cdots & r_{1n} \\ r_{21} & r_{22} & \cdots & r_{2n} \\ \vdots & \vdots & \vdots & \vdots \\ r_{m1} & r_{m2} & \cdots & r_{mn} \end{bmatrix}$$

上式中，r_{ij}为第 j 个评价对象在第 i 个评价指标上的标准值，对收益性指标按下式进行处理：

$$r_{ij}=\frac{x_{ij}-\min x_{ij}}{\max x_{ij}-\min x_{ij}} \quad j=1,\ 2,\ \cdots,\ m$$

对成本性指标，则按下式进行处理：

$$r_{ij}=\frac{\max x_{ij}-x_{ij}}{\max x_{ij}-\min x_{ij}} \quad j=1,\ 2,\ \cdots,\ m$$

由上面两式可知：$r_{ij}\in[0,\ 1]$。

（2）定义熵。

在 m 个评价指标和 n 个评价对象的问题中，第 i 个指标的熵定义为：

$$E_i = -k\sum_{j=1}^{n} f_{ij}\ln f_{ij} \qquad i = 1,\ 2,\ \cdots,\ m$$

上式中，$f_{ij} = r_{ij}/\sum_{j=1}^{n} r_{ij}$；$k = 1/\ln n$；当 $f_{ij} = 0$ 时，令 $f_{ij}\ln f_{ij} = 0$。

(3) 定义熵权。

定义了第 i 个指标的熵之后，第 i 个指标的熵权定义为：

$$w_i = (1 - E_i)/(m - \sum_{i=1}^{m} E_i)$$

上式中，$0 \leqslant w_i \leqslant 1$，$\sum w_i = 1$。

对于 5.3.2 节中的实例，使用标准差法得到的评价结果见表 5-13。

根据评价结果，得到供应链成员企业绩效从大到小的排序为：$A_{10} > A_1 > A_{12} > A_6 > A_9 > A_2 > A_5 > A_{11} > A_4 = A_3 > A_7 > A_8$。再由供应链综合绩效瓶颈的定义，仿照 5.3.2 的分析方法，可知：在供应链的所有成员企业中，A_8 企业的绩效最差，它对供应链整体绩效贡献最小，因此就标准差评价方法而言，A_8 是供应链综合绩效瓶颈环节。

表 5-13　　标准差法评价结果

指标	T_2	T_3	T_4	Q_1	Q_3	Q_4	Q_5
权重	0.076	0.058	0.107	0.059	0.058	0.067	0.043
指标	C_1	C_2	C_3	F_1	F_3	F_4	
权重	0.087	0.073	0.085	0.105	0.073	0.109	
企业	A_1	A_2	A_3	A_4	A_5	A_6	A_7
评价值	0.606	0.519	0.425	0.425	0.508	0.531	0.395
企业	A_8	A_9	A_{10}	A_{11}	A_{12}		
评价值	0.378	0.524	0.610	0.445	0.591		

5.4.3.4 基于组合评价法的供应链综合绩效瓶颈识别

从前面的分析可知，四种评价方法得到的评价结果是不一样的，进而导致识别出的供应链瓶颈环节也不一致，按 ANP 方法识别出的供应链综合绩效瓶颈环节是 A_4，按标准差法和离差最大化法识别出的供应链综合绩效瓶颈环节是 A_7，按熵权法识别出的供应链综合绩效瓶颈环节是 A_8，如何处理这些不一致的分析结果呢？本节采用组合评价方法来解决这个问题。

为了使得每一种方法评价的结果具有可比性，首先对供应链各成员企业的绩效值按照进行标准化处理，处理结果见表5-14。

表 5-14　标准化处理后各评价方法的绩效值

	ANP 法	标准差法	离差最大化法	熵权法
企业 A_1	82.66	100.00	100.00	99.34
企业 A_2	78.59	85.09	81.82	85.08
企业 A_3	56.50	69.54	70.69	69.67
企业 A_4	53.66	71.11	68.18	69.67
企业 A_5	76.42	82.26	80.41	83.28
企业 A_6	91.06	85.40	84.33	87.05
企业 A_7	60.30	62.01	63.32	64.75
企业 A_8	74.12	66.09	65.67	61.97
企业 A_9	79.40	84.14	82.60	85.90
企业 A_{10}	73.85	95.60	94.20	100.00
企业 A_{11}	67.75	73.16	73.35	72.95
企业 A_{12}	100.00	94.98	92.32	96.89

然后，计算各种方法的离差，计算结果为：ANP 法得到的结果相对于其他方法的总离差为 115.4，标准差法得到的结果相对于其他方法的总离差为 68.783，离差最大化法得到的结果相对于其他方法的总离差为 68.454，熵权法得到的结果相对于其他方法的总离差为 75.314。

比较每种方法的总离差，可以看到，在 4 种方法中，离差最大化法得到总离差比其他几种方法都要小。按照组合评价法选举的思想，离差最大化法最能代表这 4 种方法，其在选举中胜出。因此，以离差最大化法作为供应链成员企业综合绩效评价的最终方法，按照此方法，供应链的综合绩效瓶颈环节为企业 A_7。

5.5 本章小结

本章采用综合评价指标——基于综合绩效——来识别供应链瓶颈，以解决对同一供应链用各种单指标识别出的瓶颈环节发生矛盾的问题。本章首先对供应链综合绩效瓶颈进行了定义，它是指供应链的所有成员企业中，对供应链整体绩效贡献最小的企业就是供应链综合绩效瓶颈环节。

在市场经济中，企业运作的根本目的是要取得竞争优势，从而获得持久的利润来源。因此，从竞争的角度来考虑供应链及成员企业的运作的绩效更加符合企业存在的目的和意义。本章在已经得研究和理论基础上，从竞争的角度提出了供应链及成员企业的绩效评价指标体系，包括响应时间、服务质量、成本、柔性，每个指标下又分解为若干二级指标。然后使用 ANP 方法确定了指标权重，评价了供应链成员绩效，并对综合绩效瓶颈进行了识别。

最后本章提出了组合评价法，处理不同评价方法识别出的供应链综合绩效瓶颈环节不一致的问题，以使评价结果更公正、客观。组合评价法是基于选举的思想，把不同的评价方法看作选举人，那么它们选择出来的对象必然是代表它们的利益的，而不是与它们背道而驰。本章以离差作为评价一种评价方法与其他评价方法之间的冲突程度。组合评价法把离差最小的方法作为最终的评价方法，以这种选举出的方法所识别的瓶颈作为最终的供应链综合绩效瓶颈。

6 实例——M 公司供应链瓶颈识别

前面的第 3 章、第 4 章分别从供应能力和响应时间两个方面进行了供应链瓶颈识别分析，本章将其应用于实例中，分析了 M 仪表股份有限公司摩托车仪表供应链的瓶颈识别问题，以期为企业提供实践指导意义。

6.1 M 公司基本情况

成都 M 仪表股份有限公司是规模最大的国家定点车用仪表生产基地之一，主要从事摩托车、汽车仪表、车用传感器、电动燃油泵及其他配件的开发、生产和销售。兼营非标准设备与金属切削机床附件、电工仪器仪表以及模具、工卡刃量具制造与销售，仪表、仪器新技术的开发、应用，工程塑料制品生产。M 公司 1998 年通过 ISO 9002 体系认证，2004 年通过 TS 16949 体系认证。

成都 M 仪表（集团）有限公司是国家定点的中国生产摩托车仪表、汽车仪表和车用零部件的重点企业，是由中国兵器装备集团公司等多元股东共同出资设立的有限责任公司，位于成都市东郊。公司始建于 1966 年，是响应国家“三线”建设而创立的，现有职工1 600人、资产总值5.8亿元。M公司以本企业为核心，拥有成都M仪表股份有限公司（中国上市公司）、成都三田车用部品有限公司（中日合资企业）、兴原工业有限公司等多个全资或控股子公司。

M公司的主产品是摩托车仪表、汽车仪表，具有年产110万套的综合生产能力，在全国的市场占有率持续多年保持较大份额，已累计向市场投放600个品种、1 600万套，还生产轿车油泵、汽车电子燃油泵、摩托车油量传感器、水泵、自动变速器、齿轮减速器等车用部品，与中国各名牌主机厂配套，并出口欧美、日本、东南亚等国家。公司产品主要为长安汽车公司、四川公路机械厂、西安秦川厂、王牌车辆股份公司、中国嘉陵集团、海南新大洲公司、建设集团、南京金城集团、上海新大洲公司、嘉陵本田公司、天津本田公司、建设雅马哈公司、比亚乔公司、北方易初公司、广州五羊本田公司等主机厂家配套。

M公司技术实力雄厚，已引进日本车用仪表生产线，引进德国、美国、意大利等世界一流水平的生产检测设备及技术、工模具加工设备及技术，拥有机械加工、金属压铸、高速冲压生产、表盘印制、塑料成型、自动化表面处理等能力，拥有产品试验中心、技术开发部等，这就使得产品在科研、生产和检验全过程中得到了充分的质量保证，M公司生产的TX系列电量传感器广泛用于仪表、仪器、纺织、家电、机车、印刷、通信、邮电、电力和国防军事等行业和领域。

6.2 M公司摩托车仪表供应链

在摩托车仪表中，嘉陵125（JH125）具有典型的代表型，其他类型的摩托车仪表都是在其的基础上进行变化而得到的，

JH125 仪表产量最大，每月生产平均达到了 3 万只。因此，本文选用 JH125 摩托车仪表的供应链进行实证研究。

6.2.1 JH125 仪表构成

JH125 摩托车仪表包括里程表、转速表和油量表三大主要部件，主要结构如表 6-1 所示。

表 6-1 JH125 摩托车仪表主要零部件结构

序号	代码	名称	装配关系（关系图）						数量
			①	②	③	④	⑤	⑥	
1	0029 00002 00 00	复位钮	┌						1
2	0402 00038 00 00	标签	├						1
3	0407 00005 00 A1	内罩部件	├						1
4	0416 00008 00 00	遮光件		┌					2
5	0416 00007 00 00	遮光件		├					1
6	0407 00005 00 ZZ	内罩		└					1
8	0409 00003 00 A1	上壳部件	├						1
9	0409 00003 00 ZZ	上壳		┌					1
17	0408 00001 00 01	隔板		└					1
18	0410 00003 00 A1	下壳部件	├						1
19	0410 00003 00 00	下壳		┌					1
20	0402 00002 00 00	标牌		└					1
21	0701 00003 00 A0	里程表	├						1
22	GB/T818 M2.5×5 镀锌黑钝	螺钉		┌					2
23	0811 00001 00 00	销		├					1

表6-1(续)

序号	代码	名称	装配关系（关系图）						数量
			①	②	③	④	⑤	⑥	
24	0721 00003 00 A0	里程表机芯		├					1
63	0403 00004 00 A1	指针部件		├					1
68	0401 00005 00 01	标度盘		└					1
70	0702 00002 00 A0	转速表	├						1
71	GB/T818 M2. 5×5 镀锌黑钝	螺钉		┌					2
72	0811 00001 00 00	销		├					1
73	0722 00002 00 A0	转速表机芯		├					1
101	0403 00004 00 A1	指针部件		├					1
106	0401 00006 00 01	标度盘		└					1
108	0703 00002 00 A0	油量表	├						1
109	GB/T818 M2. 5×5 镀锌黑钝	螺钉		┌					2
110	0811 00001 00 00	销		├					1
111	0723 00002 00 A0	油量表机芯		├					1
125	0403 00021 00 01	指针		├					1
127	0401 00007 00 01	标度盘		└					1
129	0741 00003 00 A0	统缆部件	├						1
160	A15BT	包装	├						0. 1
161	A2 包装带	包装带		┌					2272
162	A26-21	封口胶带		├					790
163	1103 00076 00 00	泡沫垫 A15BT		├					2

表6-1(续)

序号	代码	名称	装配关系（关系图）						数量
			①	②	③	④	⑤	⑥	
164	1103 00075 00 00	泡沫垫 A15BT		├					2
165	1103 00074 00 00	纸箱隔板 A15BT		├					2
166	1102 00012 00 00	塑料袋 A5BT		├					10
167	1101 00058 00 00	纸箱 A15BT		└					1

6.2.2 JH125 仪表供应链构成

JH125 摩托车仪表的供应链的构成情况主要从两个方面进行分析：一是供应链上仪表的零部件构成情况，二是供应链上各零部件相应的配套厂商及它们之间的关系。

6.2.2.1 JH125 摩托车仪表供应链零部件构成

JH125 摩托车仪表供应链上的零部件构成情况如图 6-1 所示。

对于可以从市场上直接购买的产品，如螺丝、螺母等标准件，电阻等电器元件，钢材、塑料母粒等原材料，一般情况下其供应是充足的，对供应链的供应能力、响应时间没有影响，不会构成供应链的瓶颈。而且这类物品可以随时在市场上购买，其品质、特性是标准化的，公司在这些物品上不会形成固定的供应商。基于此，本章在研究 M 公司 JH125 摩托车仪表供应链的瓶颈时，将这些可直接购买的原材料和零件的供应情况从供应链中忽略。

从上述供应链构成图可以看出，M 公司 JH125 摩托车仪表供应链较为复杂，中间方框部分的零件为直接的终端供应商，

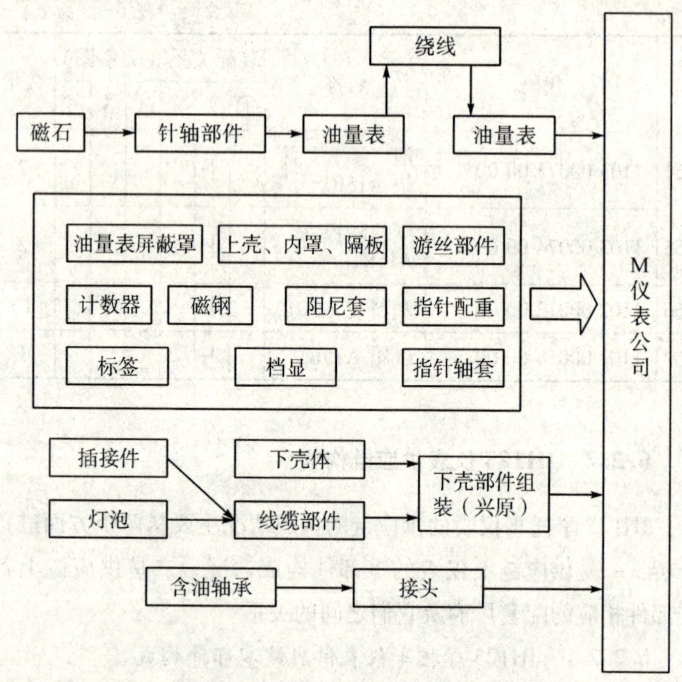

图 6-1　JH125 摩托车仪表的供应链构成图

其上游皆为可直接购买的原材料供应者（如上面所阐述的原因，上游供应者不纳入 M 公司供应链）。零件种类较多，包含油量表屏蔽罩、上壳、内罩、隔板、游丝部件、计数器、磁钢、阻尼套、指针配重、标签、档显、指针配套共计 12 种零部件。供应链结构较长的包括 3 种：一是油量表部件，除去原材料供应商不考虑外，最上游的供应商为磁石生产厂家，其将磁石供应给针轴生产厂家，组装为针轴部件，然后针轴部件供应给油量表生产厂家装配上下骨架成为油量表机芯，油量表机芯在提供给绕线加工商进行绕线，最后回到油量表生产厂家组装成油量表部件提供给 M 公司。这里的油量表机芯和油量表组装都是在同一供应商内进行的，所以图上没有做区分，都写为“油量表”；二是下壳部件，组件供应商从灯泡、插接件生产厂家处采购相应零件后，组装成线缆部件（线缆属于直接购买的原材料，不考虑进供应链），然后提供给下壳部件组装厂家，下壳部件组装厂家将其与壳体厂家提供的仪表下壳进行组装，最后提供给 M 仪表公司；三是接头，此供应链关系比较简单，接头生产厂家从其供应商处采购含油轴承，经过铸造、加工，生产出接头，然后提供给 M 仪表公司。

6.2.2.2 JH125 摩托车仪表供应链的配套厂商构成

在整个 JH125 摩托车仪表供应链结构体系中，有 3 条独立的零部件供应链体系，即油量表供应链体系、下壳部件供应链体系和接头供应链体系。由于提供的产品不同，这 3 条独立的零部件供应链体系相互之间的供应商没有交叉关系，它们之间是相互独立的。因此，JH125 摩托车仪表供应链的配套厂商构成要分别考察 3 条独立的零部件供应链体系以及直接供应商这 4 个部分。

（1）油量表供应链体系。

油量表供应链体系的配套厂商构成及相互关系见图 6-2。最终端的供应商为磁石生产厂家，分别是广东顺德华星新材料厂、江苏省江阴市肴岐五金塑料制品厂、四川仪表十九厂、川江仪器厂磁材分厂和重庆南岸新明塑料厂。它们分别为针轴部件生产厂家配套，针轴部件共有 4 家，即成都龙泉科大电器元件厂、重庆璧山川江金属配件厂、浙江奉化市东欣仪表有限公司和浙江省玉环县航大仪器机械制造公司兴发机械厂。由于地域远近会产生运输成本和响应时间问题，川渝地区的 3 家磁石生产商为成都龙泉科大电器元件厂、重庆璧山川江金属配件厂提供配套服务，而江苏、广东的两家磁石生产商都为浙江奉化东欣仪表公司和浙江兴发机械厂提供配套服务。油量表机芯和油量表生产商都为同一厂商，由于油量表绕线属于全自动化生产，设备较为昂贵，所以需要到较大的仪表公司代为加工，然后返回到油量表厂家进行电阻焊接、刻度盘安装、检验等工作，最终加工成油量表提供给 M 公司。油量表机芯的生产商有 4 家，它们是浙江省慈溪政通电子表公司、成都杰兴电子电器厂、江苏省高邮市三菱塑料电器厂和重庆庆城电子制品厂，由于针轴部件的精度对油量表起到关键的作用，而其本身属于体积小、价值高的零件，运输采用航空运输，运输成本占总成本很小的一部分，响应时间和地域的关系不大，所以 4 家针轴部件生产厂家根据各自的合作渊源、关系为相应的油量表生产商提供配套服务。在绕线方面，成都杰兴电子电器厂、重庆庆城电子制品厂将油量表机芯提供给重庆南坪自动化仪表厂进行绕线，工作完成后返回到各自的厂家，为浙江省慈溪政通电子表公司、江苏省高邮市三菱塑料电器厂提供绕线配套的是浙江汽车仪表有限公司和苏州天目汽车仪表有限公司，绕完线后也是返回到各自的厂家。

（2）下壳部件供应链体系。

下壳部件供应链体系的配套厂商构成及相互关系见图 6-3。插接件生产厂家共 3 家：浙江省乐清市力达汽车电器有限公司、河南鹤壁市汽车电器厂和河南鹤壁市山城区海纳电器有限公司。灯泡的配套厂家也是 3 家：江苏省江阴市光电仪器有限公司、河南省三门峡威巨电子有限公司、浙江省海宁市袁花新光灯泡厂。其中插接件以浙江省乐清市力达汽车电器有限公司的质量最好，灯泡以河南省三门峡威巨电子有限公司的质量最好，因此这两家都为线缆组件生产商配套。线缆组件生产商包括重庆林佳实业有限公司、成都龙泉成达电器厂和成都泰科电子有限公司，它们生产的线缆组件直接提供给下壳部件组装公司；下壳体厂商包括浙江省慈溪市龙南电子塑料厂、浙江省慈溪市通

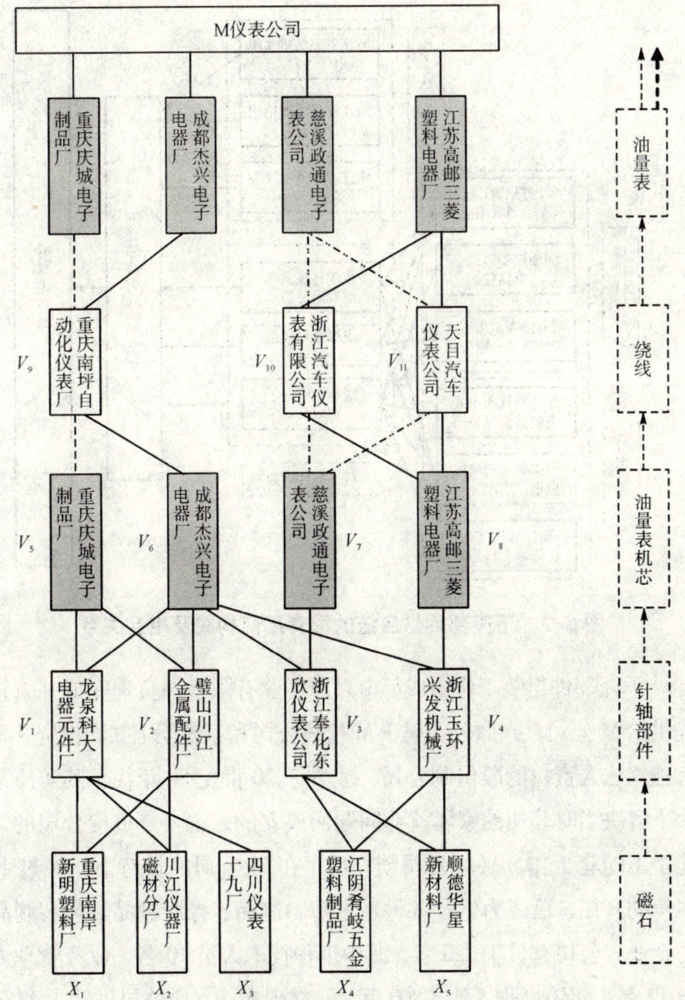

图 6-2 油量表供应链的配套厂商构成及相互关系

用汽车附件厂和浙江省慈溪市仪表实业总公司，它们负责提供仪表的下壳体。

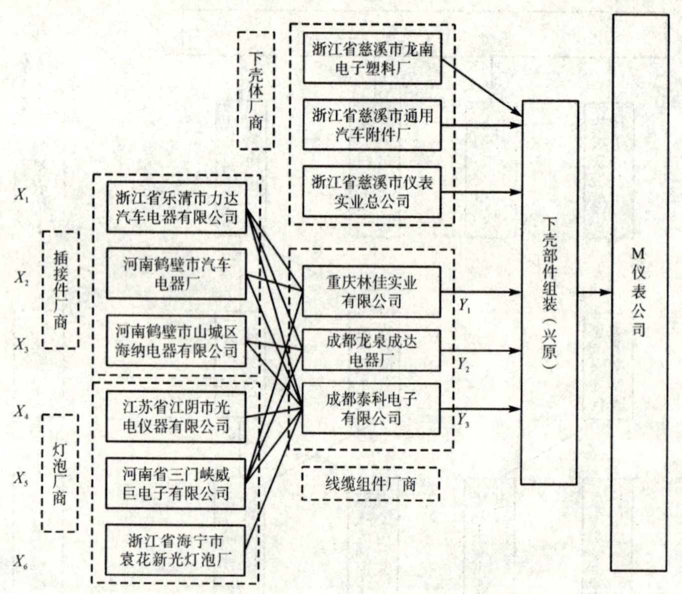

图 6-3　下壳部件供应链的配套厂商构成及相互关系

下壳部件组装工作由成都市兴原工业有限公司负责完成并直接提供给 M 公司。兴原公司属于 M 仪表公司和家属职工共同投资并享有独立法人责权的股份制公司，成立于 20 世纪 80 年代，其实质是为了解决当时公司的家属就业问题而成立的，主要是负责公司的一些手工配套工作。兴原公司创立后，在 M 公司的扶持下，经过 10 多年的开拓，已成为生产各种精密塑料制品、橡胶制品、包装制品的企业。公司有员工 220 名，其中工程技术人员 10 名、业务管理人员 12 名，年销售收入达 3 800 万元。在现在，兴原公司仍然为 M 公司提供配套服务，同时也为其他企业提供产品。

（3）接头供应链体系。

接头供应链体系的配套厂商构成及相互关系如图 6-4 所示，其关系相对简单。含油轴承因为要承受针轴的转动，为了防止摩擦过快而磨损，含油量需要达到一定标准，因此采用粉末冶金的方法制造，共有三家配套生产厂家：河北省衡水粉末冶金厂、浙江玉环华联粉末冶金制品有限公司和杭州江南粉末冶金厂。而接头则是将含油轴承作为铸造插件，用铝合金浇注，然后进行机械加工制造而成，有三家企业为M公司配套：上海崇明民本中学校办厂、浙江省诸暨机械加工厂和浙江台州顺易机械厂。

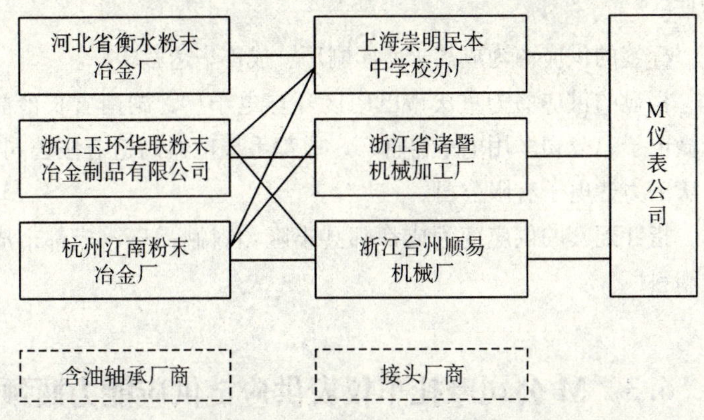

图 6-4　接头供应链的配套厂商构成及相互关系

（4）直接供应商部分。

该部分供应商直接向M公司提供零部件，种类较多，按零部件分类的供应商情况分别如下：

油量表屏蔽罩的供应商为重庆高科灯具设备厂、成都大晨金属制品厂。

上壳、内罩、隔板的供应商为浙江省慈溪市龙南电子塑料厂、浙江省慈溪市通用汽车附件厂和浙江省慈溪市仪表实业总公司，和下壳部件配套厂家相同。

游丝部件的供应商为重庆川仪股份有限公司（川仪二十一厂）、湖州卫权仪表游丝厂、上海金晶仪表游丝厂。

计数器的供应商为浙江省慈溪市昊山计数器厂、浙江省慈溪市周巷镇中心校塑料五金厂、普力生（厦门）机电公司。

磁钢的供应商为江苏江阴市云亭永磁元件厂、浙江东阳豪杰磁钢厂、无锡王珏磁钢厂。

阻尼套的供应商为重庆正泰特种塑胶有限公司、重庆市长风合成材料技术开发公司。

指针配重的供应商为成都正兴机械加工厂、成都新发机械厂。

标签的供应商为成都永盛印刷厂、成都华达彩印厂。

档显的供应商为重庆市巴南区环球电子厂、湖南省长沙韶光微电子总公司车用电子器材厂、成都毛氏电器制造有限公司、重庆三力达电子有限公司。

指针配套的供应商为成都郫县丰隆塑料制品厂、成都市成龙塑料厂。

6.3 M公司摩托车仪表供应链供应能力瓶颈识别

M公司JH125摩托车仪表供应链各配套厂家的供应能力数据由M公司供应处（专门负责原材料采购和外协零部件管理）提供，主要根据供应商的机器设备台数/人员、设备/人员的生产能力计算而得。例如，浙江省慈溪政通电子表公司创建于1995年，公司位于浙江省慈溪市，地处杭州与宁波之间，原为摩托车仪表部件的生产厂商，后改制为民营企业，专注于摩托车电子转速表和油量表生产。公司注册资金为1 000万元，现有固定资产500多万元，厂房1 700平方米，公司员工60余名，油量表骨架注塑机2台，每台注塑机每天正常工作时间可生产300套，则每月理论上可生产油量表骨架1.32万套（300套/台

×2 台×22 天)，按每天可加班 2 小时、每星期可加班 1 天计算，则每月的最大产量为 1.95 万套厂（1.32 万+300 套/台×2 台×4 天）×（1+2÷8）= 1.95 万了。由于油量表的产量主要取决于骨架的生产，其余工作如电器元件的焊接、刻度盘的印刷由人工完成，故油量表的最大供应能力为 1.95 万只/月。其他零部件供应商的最大供应能力也按此方法进行计算，得到相应的数据。

6.3.1 油量表供应链体系

油量表：成都杰兴电子电器厂为 1.3 万只/月，江苏省高邮市三菱塑料电器厂为 1.625 万只/月，重庆庆城电子制品厂为 2.275 万只/月。

绕线：重庆南坪自动化仪表厂为 3.25 万只/月，浙江汽车仪表有限公司为 3.9 万只/月，苏州天目汽车仪表有限公司为 2.925 万只/月。

针轴部件：成都龙泉科大电器元件厂为 3.9 万只/月，重庆璧山川江金属配件厂为 2.73 万只/月，浙江奉化市东欣仪表有限公司为 5.2 万只/月，浙江省玉环县航大仪器机械制造公司兴发机械厂为 7.02 万只/月。

磁石：广东顺德华星新材料厂为 3.25 万只/月，江苏省江阴市肴岐五金塑料制品厂为 3.12 万只/月，四川仪表十九厂为 2.34 万只/月，川江仪器厂磁材分厂为 2.925 万只/月，重庆南岸新明塑料厂为 1.69 万只/月。

在日常生产中，企业在向供应商下达订单时通常是按供应商的级别分配订货数量。例如，A 级供应商得到 70%的订货数量，B 级供应商得到 30%的订货数量。因此，前后企业间提供的配套数量是确定的。然而，在考虑供应链的最大供应能力时，当前向节点企业在需要增加产品的生产数量，而某个后续配套服务的供应商提供的零部件不能满足需要时，其仍然可以向后续具有配套关系的其他具有多余生产能力的供应商调配。此时，前后企业间提供的配套数量变为不确定的关系。因此，供应链的最大供应能力变成了一个二层规划问题，首先是供应链前后节点在最大生产能力条件下的数量分配优化问题，以使供应链的供应能力最大；其次是针对某一个具体的数量分配方案，该供应链的最大供应能力是多大，即最大流问题。油量表供应链体系的最大供应能力问题就是这样的一个二层规划问题。仿照3.4节基于供应商选择的大规模供应链网络瓶颈识别的方法，此处采用混合智能算法来解决此问题，对于数量分配优化问题，采用实数遗传算法；对于具体数量分配方案下的最大流问题，采用二进制遗传算法。

将图6-2的油量表供应链的配套厂商构成及相互关系图变为相应的网络图，如图6-5所示。

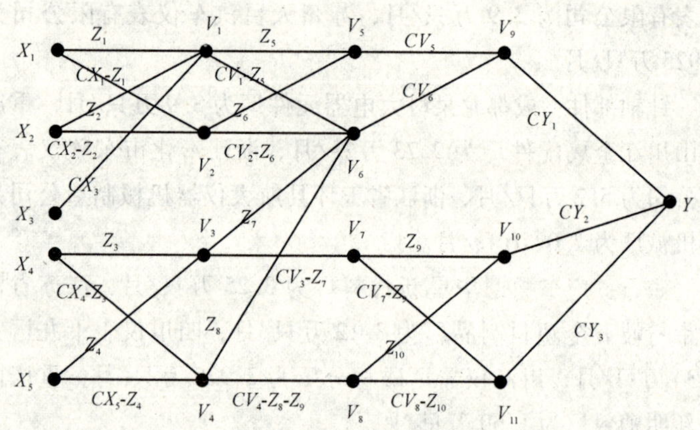

图6-5　油量表供应链网络图

图6-5中，$X_1 \sim X_5$ 为磁石供应商，$V_1 \sim V_4$ 为针轴供应商，$V_5 \sim V_8$ 为油量表供应商，$V_9 \sim V_{11}$ 为绕线加工厂家，Y 为虚拟终点。图中的绕线加工厂家后面本应该还有一层网络，即油量表供应商，但由于 $V_5 \sim V_8$ 的油量表供应商只是提供零件给绕线厂家加工，加工完成后，仍然回到原来的油量表供应商，后面的

油量表供应商的弧线上的数量就等于油量表前面工序的数量，因此可以从图中去掉从而进行简化，对结果不会产生影响。$Z_1 \sim Z_{10}$为相应弧段的分配数量，也是粒子群算法中的编码向量，譬如 Z_1 代表磁石供应商 X_1 向针轴供应商 V_1 提供的磁石零件数量。CX_1 为 X_1 供应商的最大供应能力，其余类推。

采用混合智能算法求解油量表供应链体系的最大供应能力的步骤如下：

（1）生产初始种群。由于决策变量是连续的，所以采用浮点型染色体。令每一条染色体对应生产能力数量分配优化问题的决策变量集。染色体的表达式为：$[z_1, z_2, \cdots, z_{10}]$，然后随机产生一定数量的染色体作为遗传进化算法的初始种群。

（2）计算适应度函数。因为每条染色体对应一种固定的供应链网络，所以其目标函数即为相应网络的最大供应能力。鉴于所研究的网络是大规模网络，用常规的最大流算法计算繁杂、效率低，因此采用 3.2 节基于遗传算法的最大流最小截集的计算方法来求解网络的最大供应能力。

其中，染色体采用二进制编码方式，可表示为图 6-6 所示的代码串，表示中间点的选择方案，染色体中的基因为 v_1、v_2、v_i和 v_m表示该备选顶点的状态，1 表示被选中，与网络的发点集一起成为截集起点集中的顶点，0 表示未被选中，而与网络的收点集一起成为截集终点集中的顶点。

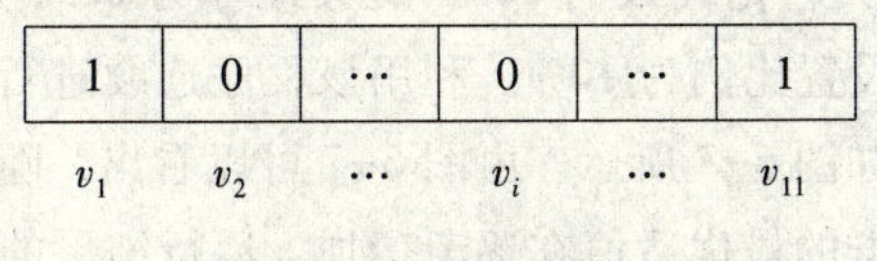

图 6-6 编码方式

（3）选择。采用轮盘赌选择法，即第 i 个染色体的选择概率为 $p_{is} = F_i / \sum_{i=1}^{m} F_i$，为了保证进化过程中当前群体中适应度最好的个体能够尽可能地保留到下一代群体中，同时采用最佳保留策略。

（4）交叉。采用 Michalewicz 提出的算术交叉操作，即在种群中以相同的概率 P_c 独立地选择两个染色体，实施算术交叉，形成两个新的子代个体。用公式表示为：

$$\begin{cases} Y_1 = \alpha Z_1 + (1-\alpha) Z_2 \\ Y_1 = \alpha Z_2 + (1-\alpha) Z_1 \end{cases} \quad 0 \leqslant \alpha \leqslant 1$$

算术交叉操作与染色体的基因重组在形式上不同，但体现了父代之间信息交换的特性。

（5）变异。以概率 P_m 对交叉后的 N 个子代个体进行变异。

$$Y_k = Z_k + \Delta_k \quad k = 1,\ 2,\ \cdots,\ N$$

其中 Δ_k 是区间 $[Z^L - Z_K,\ Z^U - Z_K]$ 上均匀分布的随机数，Z^L 和 Z^U 是搜索区间的上限和下限，这样可保证变异后的个体仍处在搜索区间内。

（6）循环或终止遗传操作。循环迭代步骤（2）~（5）以便寻求相对于整个系统的最优决策。如果种群中的最优适值在规定的代数内没有变动或迭代到了最大允许进化代数，则停止迭代，此时种群中的最优适值就是油量表供应链体系最大供应能力的数量分配。

根据所给数据，采用英国 Sheffield 大学推出的遗传算法工具箱编写基于 MATLB 程序，经调试，设置计算参数：种群染色体为 20，最大进化代数为 200，交叉概率为 0.9，变异概率为 0.05，代沟设置比例为 10%。利用该程序连续进行运算，得到的跟踪情形如图 6-7 所示。由图 6-7 可以看出，随着进化代数的增加，种群的最优适值在逐渐增加。运行结果的最优适值都为 6.825 0，即油量表供应链体系最大供应能力为 6.825 0 万只/月。最优染色体为：［1.161 5，2.687 2，2.371 6，1.251 2，2.987 7，0.975 4，2.769 3，4.887 1，0.559 2，0.346 5］

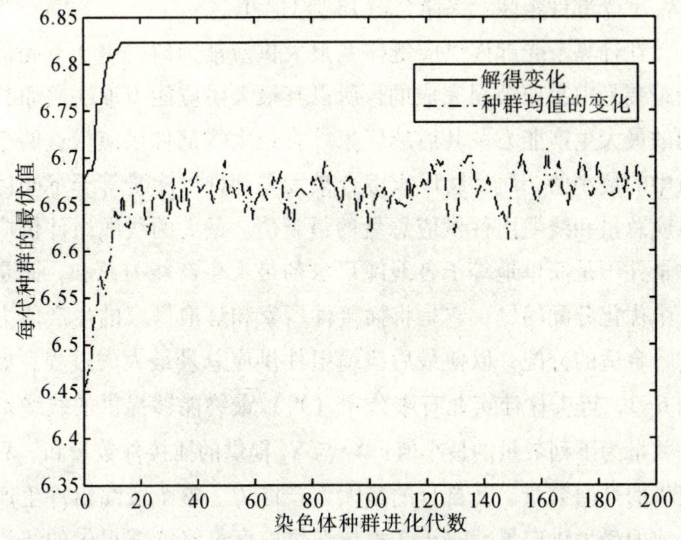

图 6-7 运行结果跟踪

6.3.2 下壳部件供应链体系

插接件：浙江省乐清市力达汽车电器有限公司 3.9 万套/月，河南鹤壁市汽车电器厂 8.45 万套/月，河南鹤壁市山城区海纳电器有限公司 8.125 万套/月。

灯泡：江苏省江阴市光电仪器有限公司 13 万只/月，河南省三门峡威巨电子有限公司 52 万只/月，浙江省海宁市袁花新光灯泡厂 11.7 万只/月。

线缆组件：重庆林佳实业有限公司万 9.75 套/月，成都龙泉成达电器厂 5.85 万套/月，成都泰科电子有限公司 6.24 万套/月。

下壳体：浙江省慈溪市龙南电子塑料厂 3.9 万只/月，浙江省慈溪市通用汽车附件厂 2.34 万只/月，浙江省慈溪市仪表实业总公司 2.08 万只/月。

下壳部件组装：兴原公司 13 万只/月。

在计算下壳部件供应链体系最大供应能力时，由于下壳部件组装是由兴原公司完成的，所以其最大供应能力取决兴原公司的最大生产能力及其后续厂家综合最大零部件供应量这两个量中的最小值，而后续厂家综合最大零部件供应量等于下壳体供应总量和线缆组件供应总量的最新值。最大的线缆组件供应总量并不是简单地等于各线缆厂家的最大生产能力总和，而是一个优化分配问题，它是将插接件厂家和灯泡厂家的生产能力进行合适的分配，以使最后线缆组件供应总量最大的过程。如图 6-3，重庆林佳实业有限公司（Y_1）最终能够提供的线缆组件数量为下列数量的最小值：X_1 与 X_2 提供的插接件数量和、X_5 提供的灯泡数量、其自身的最大生产能力。整个线缆组件生产系统的最大供应量就等于 3 家线缆供应商最终能够提供的线缆组件数量的总和。该优化分配问题如图 6-8 所示，使用实数编码遗传算法求解，得到最优分配数量为：

0. 559 2　1. 673 5　7. 548 9　4. 859 0　21. 736 7　28. 881 5　1. 381 8

整个线缆组件生产系统的最大供应量为 20. 475 万套/月。

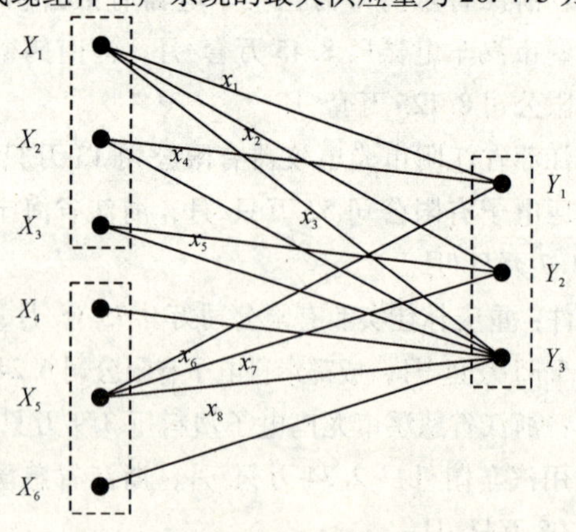

图 6-8　线缆组件系统配套数量分配图

又下壳体系统为 3.9 万+2.34 万+2.08=8.32 万套/月，故整体下壳部件供应链体系最大供应能力为 min（20.475 万，8.32 万，13 万）=8.32 万只/月。

6.3.3 接头供应链体系

含油轴承：河北省衡水粉末冶金厂 4.875 万只/月，浙江玉环华联粉末冶金制品有限公司 5.85 万只/月，杭州江南粉末冶金厂 7.15 万只/月。

接头：上海崇明民本中学校办厂 6.5 万只/月，浙江省诸暨机械加工厂 3.9 万只/月，浙江台州顺易机械厂 5.655 万只/月，如图 6-9 所示。

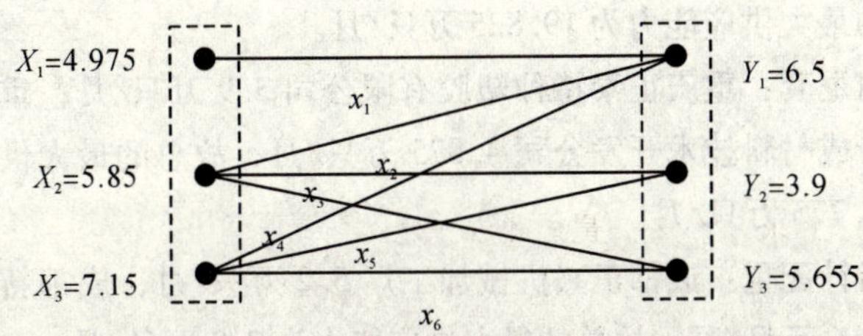

图 6-9　接头系统配套数量分配图

同样按照线缆组件系统的数量分配方法，求得最优分配数量为：

0.965 2　2.337 5　2.547 3　1.886 6　1.763 6　3.499 8

整个线缆组件生产系统的最大供应量为 16.055 万套/月。

6.3.4 直接供应商部分

油量表屏蔽罩：重庆高科灯具设备厂 5.2 万只/月，成都大晨金属制品厂 5.85 万只/月，故总的最大供应能力为 11.05 万只/月。

上壳、内罩、隔板：浙江省慈溪市龙南电子塑料厂 3.9 万只/月，浙江省慈溪市通用汽车附件厂 2.34 万只/月，浙江省慈溪市仪表实业总公司 2.08 万只/月，和下壳体配套厂家相同，故总的最大供应能力为 8.332 万只/月。

游丝部件：重庆川仪股份有限公司（川仪二十一厂）5.85 万只/月，湖州卫权仪表游丝厂 4.225 万只/月，上海金晶仪表游丝厂 5.655 万只/月，故总的最大供应能力为 15.73 万只/月。

计数器：浙江省慈溪市昊山计数器厂 10.4 万只/月，浙江省慈溪市周巷镇中心校塑料五金厂 14.82 万只/月，普力生（厦门）机电公司 6.825 万只/月，故总的最大供应能力为 32.045 万只/月。

磁钢：江苏江阴市云亭永磁元件厂 9.75 万只/月，浙江东阳豪杰磁钢厂 5.85 万只/月，无锡王珏磁钢厂 4.225 万只/月，故总的最大供应能力为 19.825 万只/月。

阻尼套：重庆正泰特种塑胶有限公司 3.9 万只/月，重庆市长风合成材料技术开发公司 4.875 万只/月，故总的最大供应能力为 8.775 万只/月。

指针配重：成都正兴机械加工厂 5.2 万只/月，成都新发机械厂 2.6 万只/月，故总的最大供应能力为 7.8 万只/月。

标签：成都永盛印刷厂 5.525 万只/月，成都华达彩印厂 4.225 万只/月，故总的最大供应能力为 9.75 万只/月。

档显：重庆市巴南区环球电子厂 3.9 万只/月，湖南省长沙韶光微电子总公司车用电子器材厂 4.55 万只/月，成都毛氏电器制造有限公司 1.95 万只/月，重庆三力达电子有限公司 4.68 万只/月，故总的最大供应能力为 15.08 万只/月。

指针配套：成都郫县丰隆塑料制品厂 5.2 万只/月，成都市成龙塑料厂 6.5 万只/月，故总的最大供应能力为 11.7 万只/月。

由图 6-1 的 JH125 摩托车仪表供应链系统可知，当一个部件需要几种零件装配时，其产量并不取决于最大零件的数量，而是取决于最少零件的数量。因此，整个供应链的最大供应能力取决于以下几部分的最小值：油量表供应链体系的最大供应能力、下壳部件供应链体系的最大供应能力、接头供应链体系的最大供应能力、直接供应商部分的最大供应能力。而直接供应商部分的最大供应能力为 min（11.05 万，8.332 万，15.73 万，32.045 万，19.825 万，8.775 万，7.8 万，9.75 万，15.08 万，11.7 万）= 7.8 万只/月。整个供应链的最大供应能力为 min（6.825 万，16.055 万，8.32 万，7.8 万）= 6.825 万只/月。故供应链供应能力的瓶颈部分在于油量表供应链体系，将前面油量表供应链体系最大供应能力优化问题所得到的最优分配数量使用 3.2 节中求最大流算法进行运算，跟踪结果如图 6-10 所示，并求得最大流的最优染色体为：

1 1 1 1 1 1 1 1 1 0 0

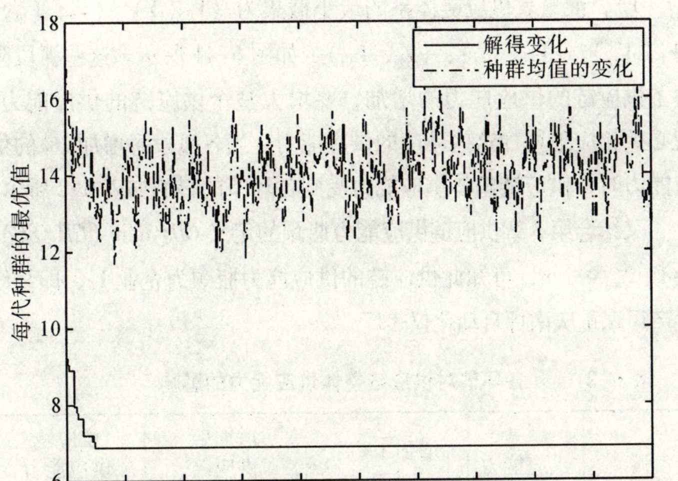

图 6-10　最优分配数量的最大流跟踪结果

故截集起点集为（$X_1 \sim X_5$，$V_1 \sim V_9$），截集终点集为（V_{10}，

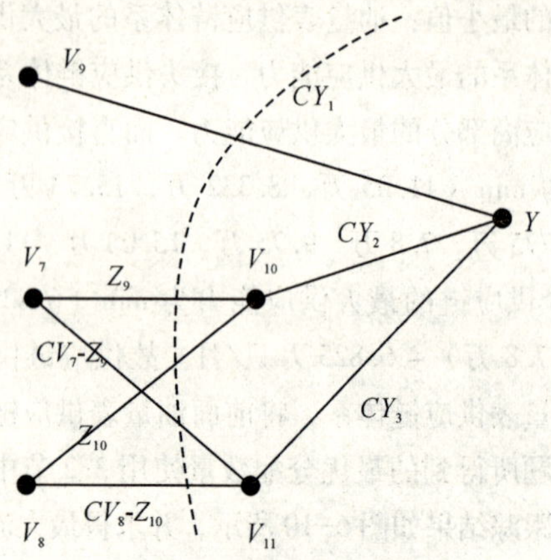

图 6-11　油量表供应链体系最大流的最小截集

V_{11}，Y)，油量表供应链体系的最小截集为（V_9，Y)、(V_7，V_{10})、(V_7，V_{11})、(V_8，V_{10})、(V_8，V_{10})，如图 6-11 所示。这些弧段阻碍了供应链的供应能力的增加，要增大整个供应链的供应能力，就必须相应地增加这些环节的供应能力。当各弧段每增加 1%的供应能力时，供应链整体供应能力受到各环节的影响如表 6-2 所示。

又结合第 3 章供应链供应能力瓶颈的定义 $CB=\min\ (CP_i/SC)$，$i=1, 2, \cdots, n$，可知此供应链的供应能力瓶颈为企业 Y_9，即绕线生产厂家重庆南坪自动化仪表厂。

表 6-2　　各环节对供应链整体供应能力的影响

弧	供应能力	增加 1%后供应能力	增加后供应链供应能力	供应链供应能力增加百分比
V_9，Y	3.25	3.282 5	6.857 5	0.48%
V_7，V_{10}	0.559 2	0.564 8	6.830 6	0.08%
V_7，V_{11}	1.390 8	1.404 7	6.838 9	0.20%

表6-2(续)

弧	供应能力	增加 1%后供应能力	增加后供应链供应能力	供应链供应能力增加百分比
V_8，V_{10}	0.346 5	0.350 0	6.828 5	0.05%
V_8，V_{11}	1.278 5	1.291 3	6.837 8	0.19%

6.4 M 公司摩托车仪表供应链响应时间瓶颈识别

响应时间以一批次共 10 000 套 JH125 仪表为标准计算，供应商的响应时间为生产时间加运输时间，运输时间以公路运输平均速度 50 千米/小时、8 小时/天计算。响应时间在计算时按正常的生产速度生产，不计入加班生产的数据。根据 5.3 节中的生产能力数据以及供应商与客户之间的运输时间，得到供应链上各企业的响应时间。

6.4.1 油量表供应链体系

在考虑油量表供应链的最短响应时间时，前向节点企业将配套的零部件数量分配给后续的供应商，而各个后续的供应商继续向后分配，目的是要实现整个供应链的响应时间最短。此时，前后企业间提供的配套数量变为不确定的关系。因此，供应链的响应时间变成了一个二层规划问题，首先是供应链前后节点在配套数量分配优化问题，以使供应链的整体响应时间最短；其次是针对某一个具体的数量分配方案，该供应链的整体响应时间是多大，即项目网络计划的关键路径问题。油量表供应链体系的整体响应时间优化问题就是这样的一个二层规划问题，此处采用混合智能算法来解决此问题，对于数量分配优化问题，采用实数遗传算法；对于具体数量分配方案下的最大流问题，采用二进制遗传算法。

根据M公司供应处提供的供应商的机器设备台数/人员、设备/人员的生产能力得到供应商的日常生产能力数据以及根据供应商直接的距离得到它们之间的运输时间。生产能力（只/天）数据如下：

油量表：浙江省慈溪政通电子表公司600，成都杰兴电子电器厂400，江苏省高邮市三菱塑料电器厂500，重庆庆城电子制品厂700。

绕线：重庆南坪自动化仪表厂1 000，浙江汽车仪表有限公司1 200，苏州天目汽车仪表有限公司900。

针轴部件：成都龙泉科大电器元件厂1 200，重庆璧山川江金属配件厂8 400，浙江奉化市东欣仪表有限公司1 600，浙江省玉环县航大仪器机械制造公司兴发机械厂2 160。

磁石：广东顺德市华星新材料厂1 000，江苏省江阴市肴岐五金塑料制品厂960，四川仪表十九厂720，川江仪器厂磁材分厂900，重庆南岸新明塑料厂520。

图6-12上弧线的数字为供应商之间的运输时间（天）。

（1）生产初始种群。记某节点企业提供给前向服务企业的产品数量为Q$itoj$，其中i和j代表企业，如QX_1toV_1表示X_1到V_1的数量。染色体的表达式为［z_1，z_2，…，z_{15}］，每个基因分别代表下列数量的分配比例：

$QX_1toV_1 \to z_1$；$QX_1toV_2 \to z_2$；$QX_2toV_1 \to z_3$；$QX_2toV_2 \to z_4$；

$QX_3toV_5 \to z_5$；$QX_4toV_3 \to z_6$；$QX_4toV_4 \to z_7$；$QX_5toV_3 \to z_8$；

$QX_5toV_4 \to z_9$；$QV_1toV_5 \to z_{10}$；$QV_2toV_6 \to z_{11}$；$QV_3toV_6 \to z_{12}$；

$QV_4toV_6 \to z_{13}$；$QV_7toV_{10} \to z_{14}$；$QV_8toV_{10} \to z_{15}$

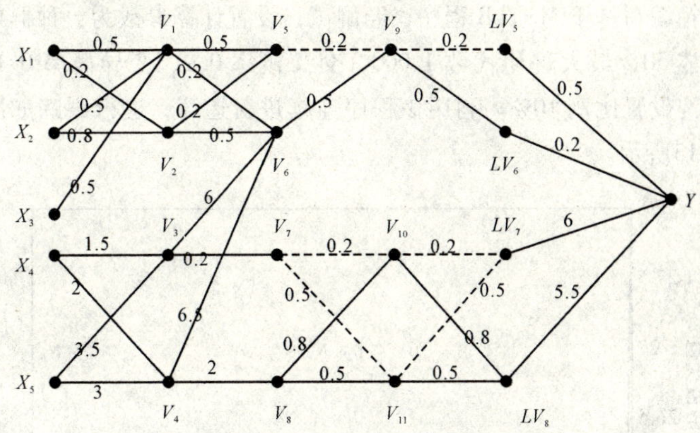

图 6-12　供应商之间的运输时间

然后随机产生一定数量的染色体作为遗传进化算法的初始种群。

（2）计算适应度函数。因为每条染色体对应一种固定的供应链网络，所以其目标函数即为相应网络的关键路径的响应时间之和。

（3）选择。采用轮盘赌选择法，即第 i 个染色体的选择概率为 $p_{is} = F_i / \sum_{i=1}^{m} F_i$，为了保证进化过程中当前群体中适应度最好的个体能够尽可能地保留到下一代群体中，同时采用最佳保留策略。

（4）交叉。采用算术交叉操作，即在种群中以相同的概率 P_c 独立地选择两个染色体，实施算术交叉，形成两个新的子代个体。

（5）变异。以概率 P_m 对交叉后的 N 个子代个体进行变异。

（6）循环或终止遗传操作。循环迭代步骤（2）～（5）以便寻求相对于整个系统的最优决策。

根据所给数据，采用英国 Sheffield 大学推出的遗传算法工具箱编写基于 MATLB 程序，经调试，设置计算参数为：种群染色体 50，最大进化代数 1 000，交叉概率 0.9，变异概率 0.1，代沟设置比例 10%。利用该程序连续进行运算，运行跟踪如图 6-13所示。

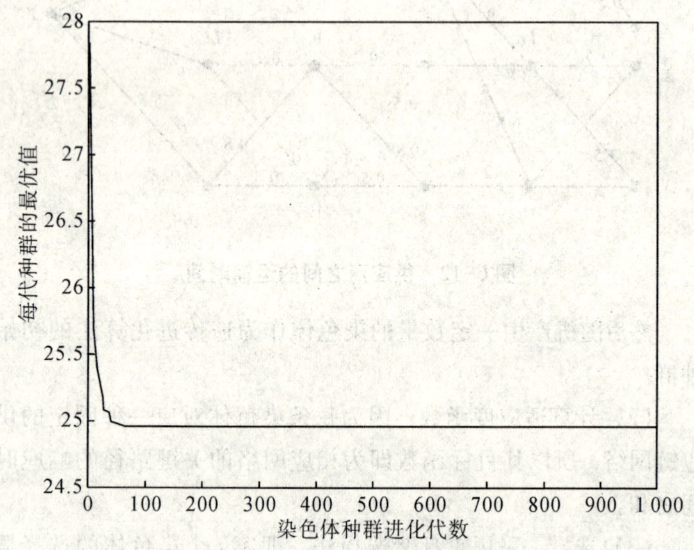

图 6-13　程序运行结果跟踪

运行结果的最优适值为 24. 919 5，即油量表供应链体系最优分配数量的响应时间为 24. 919 5 天。最优染色体为：

0. 418 1　0. 418 4　0. 560 3　0. 894 0　0. 927 1　0. 877 9　1. 000 0　0. 999 9　0. 181 8　0. 758 9　0. 994 1　0. 089 7　0. 000 9　0. 849 2　0. 242 9

其关键路径为 $X_2 \to V_1 \to V_5 \to V_9 \to LV_5 \to Y$，企业响应时间为：

X_2：$TX_2 = 2.5741$，$TX_2 to V_1 = 0.5$；

V_1：$TV_1 = 2.5295$，$TV_1 to V_5 = 0.5$；

V_5：$TV_5 = 6.2599$，$TV_5 to V_9 = 0.2$；

V_9：$TV_9=5.3961$，$TV_9toLV_5=0.2$；

LV_5：$TLV_5=6.2599$，$TLV_5toY=0.5$。

6.4.2 下壳部件供应链体系

生产能力（只/天）数据如下。

插接件：浙江省乐清市力达汽车电器有限公司 1 200，河南鹤壁市汽车电器厂 2 600，河南鹤壁市山城区海纳电器有限公司 2 500。

灯泡：江苏省江阴市光电仪器有限公司 4 000，河南省三门峡威巨电子有限公司 16 000，浙江省海宁市袁花新光灯泡厂 3 600。

线缆组件：重庆林佳实业有限公司 3 000，成都龙泉成达电器厂 1 800，成都泰科电子有限公司 1 920。

下壳体：浙江省慈溪市龙南电子塑料厂 1 200，浙江省慈溪市通用汽车附件厂 720，浙江省慈溪市仪表实业总公司 640。

下壳部件组装：兴原公司 4 000。

运输时间数据如下：

插接件厂商：浙江乐清市力达至重庆林佳需 5.5 天，浙江乐清市力达至成都龙泉成达需 6 天，浙江乐清市力达至成都泰科需 6 天，河南鹤壁市汽车电器厂至重庆林佳需 3.5 天，河南鹤壁市汽车电器厂至成都泰科需 4 天，河南鹤壁海纳电器至成都龙泉成达需 4 天，河南鹤壁海纳电器至成都泰科需 4 天。

灯泡厂商：江苏江阴光电公司至成都泰科需 5.5 天，河南三门峡威巨公司至重庆林佳需 3 天，河南三门峡威巨公司至成都龙泉成达需 3.5 天，河南三门峡威巨公司至成都泰科需 3.5 天，浙江海宁袁花新光灯泡厂至成都泰科需 5.5 天。

下壳体厂商：慈溪至成都兴原需 6 天。

线缆组件厂商：重庆林佳至成都兴原需 0.5 天。成都龙泉成达至成都兴原需 0.2 天，成都泰科至成都兴原需 0.2 天。

下壳部件组装：成都兴原至成都天兴需 0 天。

和前面计算最大供应能力一样，响应时间的计算也分两个部分进行，一是线缆组件系统，一是下壳体系统。采用油量表响应时间的计算方法，得到线缆组件系统的响应时间为10.098 8 天，下壳体系统的响应时间为 12.406 3 天。因此，整个下壳部件供应链体系的响应时间的最大值为 12.406 3 天。

6.4.3 接头供应链体系

生产能力（只/天）数据如下。

含油轴承：河北省衡水粉末冶金厂 1 500，浙江玉环华联粉末冶金制品有限公司 1 800，杭州江南粉末冶金厂 2 200。

接头：上海崇明民本中学校办厂 2 000，浙江省诸暨机械加工厂 1 200，浙江台州顺易机械厂 1 740。

运输时间数据如下：

含油轴承：河北省衡水粉末冶金厂至上海崇明民本厂需 6 天，浙江玉环华联公司至上海崇明民本厂需 1 天，浙江玉环华联公司至浙江省诸暨机械厂需 1 天，浙江玉环华联公司至浙江台州顺易机械厂需 0.2 天，杭州江南粉末冶金厂至上海崇明民本厂需 0.5 天，杭州江南粉末冶金厂至浙江省诸暨机械厂需 0.5 天，杭州江南粉末冶金厂至浙江台州顺易机械厂需 0.8 天。

接头：上海崇明民本厂至成都天兴需 5.5 天，浙江省诸暨机械厂至成都天兴需 6 天，浙江台州顺易机械厂至成都天兴需 6 天。

按照油量表响应时间的计算方法，得到接头供应链体系的响应时间为 10.098 8 天。

6.4.4 直接供应商部分

生产能力（只/天）数据如下。

油量表屏蔽罩：重庆高科灯具设备厂 1 600，成都大晨金属制品厂 1 800。

上壳、内罩、隔板：浙江省慈溪市龙南电子塑料厂 1 200，浙江省慈溪市通用汽车附件厂 720，浙江省慈溪市仪表实业总公司 640，和下壳体配套厂家相同。

游丝部件：重庆川仪股份有限公司（川仪二十一厂）1 800，湖州卫权仪表游丝厂 1 300，上海金晶仪表游丝厂 1 740。

计数器：浙江省慈溪市昊山计数器厂 3 200，浙江省慈溪市周巷镇中心校塑料五金厂 4 560，普力生（厦门）机电公司 2 100。

磁钢：江苏江阴市云亭永磁元件厂 3 000，浙江东阳豪杰磁钢厂 1 800，无锡王珏磁钢厂 1 300。

阻尼套：重庆正泰特种塑胶有限公司 1 200，重庆市长风合成材料技术开发公司 1 500。

指针配重：成都正兴机械加工厂 1 600，成都新发机械厂 800。

标签：成都永盛印刷厂 1 700，成都华达彩印厂 1 300。

档显：重庆市巴南区环球电子厂 1 200，湖南省长沙韶光微电子总公司车用电子器材厂 1 400，成都毛氏电器制造有限公司 600，重庆三力达电子有限公司 1 440。

指针配套：成都郫县丰隆塑料制品厂 1 600，成都市成龙塑料厂 2 000。

运输时间数据如下（直接运往 M 仪表公司）。

油量表屏蔽罩：重庆高科灯具设备厂 0.5 天，成都大晨金属制品厂 0.2 天。

上壳、内罩、隔板：浙江省慈溪市龙南电子塑料厂6天，浙江省慈溪市通用汽车附件厂6天，浙江省慈溪市仪表实业总公司6天，和下壳体配套厂家相同。

游丝部件：重庆川仪股份有限公司（川仪二十一厂）0.5天，湖州卫权仪表游丝厂5.5天，上海金晶仪表游丝厂5.5天。

计数器：浙江省慈溪市昊山计数器厂6天，浙江省慈溪市周巷镇中心校塑料五金厂6天，普力生（厦门）机电公司6天。

磁钢：江苏江阴市云亭永磁元件厂5.5天，浙江东阳豪杰磁钢厂6天，无锡王珏磁钢厂5.5天。

阻尼套：重庆正泰特种塑胶有限公司0.5天，重庆市长风合成材料技术开发公司0.5天。

指针配重：成都正兴机械加工厂0.2天，成都新发机械厂0.2天。

标签：成都永盛印刷厂0.2天，成都华达彩印厂0.2天。

档显：重庆市巴南区环球电子厂0.5天，湖南省长沙韶光微电子总公司车用电子器材厂3.5天，成都毛氏电器制造有限公司0.2天，重庆三力达电子有限公司0.5天。

指针配套：成都郫县丰隆塑料制品厂0.2天，成都市成龙塑料厂0.2天。

按照油量表响应时间的计算方法，得到直接供应商各部分的响应时间如下：

油量表屏蔽罩最短响应时间为3.2824天；上壳、内罩、隔板因生产能力、运输时间与下壳体系统相同，故其响应时间也相等，即12.4063天；游丝部件最短响应时间为5.7066天；计数器最短响应时间为7.0142天；磁钢最短响应时间为7.2869天；阻尼套最短响应时间为4.2037天；指针配重最短响应时间为4.3667天；标签最短响应时间为3.5333天；档显最短响应时间为3.5216天；指针配套最短响应时间为2.9778天。

故直接供应商部分响应时间 = max（3.282 4，12.406 3，5.706 6，7.014 2，7.286 9，4.203 7，4.366 7，3.533 3，3.521 6，2.977 8）= 12.406 3，即上壳、内罩、隔板系统的响应时间最长。

对于 M 仪表公司的整个供应链而言，整体响应时间为 max（24.919 5，12.406 3，10.098 8，12.406 3）= 24.919 5，即油量表供应链体系的响应时间最长，它制约着 M 公司供应链更快速地为客户提供服务。

根据前面的分析，油量表供应链体系其关键路径为 $X_2 \to V_1 \to V_5 \to V_9 \to LV_5 \to Y$，企业响应时间为自身的生产时间加上运输时间，则各企业的响应时间为：

$X_2 = TX_2 + TX_2toV_1 = 2.574\ 1 + 0.5 = 3.074\ 1$

$V_1 = TV_1 + TV_1toV_5 = 2.529\ 5 + 0.5 = 3.029\ 5$

$V_5 = TV_5 + TV_5toV_9 = 6.259\ 9 + 0.2 = 6.459\ 9$

$V_9 = TV_9 + TV_9toLV_5 = 5.396\ 1 + 0.2 = 5.596\ 1$

$LV_5 = TLV_5 + TLV_5toY = 6.259\ 9 + 0.5 = 6.759\ 9$

要缩短整个供应链的响应时间，就必须相应地增加这些环节的响应时间。当关键路径上各节点企业每延迟 1%的响应时间时，供应链整体响应时间受到各企业的影响如表 6-3 所示。

又结合第 4 章供应链响应时间瓶颈的定义 $TB = \max(RB_i / ST)$，$i = 1, 2, \cdots, n$，可知供应链的响应时间瓶颈为企业 LV_5，即组合组装阶段的油量表生产厂家——重庆庆城电子制品厂。

表 6-3　　各企业对供应链整体响应时间的影响

企业	响应时间	延迟 1%后响应时间	延迟后供应链响应时间	供应链响应时间延迟百分比
X_2	3.074 1	3.104 8	24.950 2	0.12%

表6-3(续)

企业	响应时间	延迟 1%后 响应时间	延迟后 供应链 响应时间	供应链 响应时间 延迟百分比
V_1	3.029 5	3.059 8	24.949 8	0.12%
V_5	6.459 9	6.524 5	24.984 1	0.26%
V_9	5.596 1	5.652 1	24.975 5	0.22%
LV_5	6.759 9	6.827 5	24.987 1	0.27%

6.5 本章小结

本章以 M 仪表公司的 JH125 摩托车仪表供应链为例，分析了 JH125 摩托车仪表供应链的零部件构成情况以及供应链上各零部件相应的配套厂商及它们之间的关系。在此基础上，分别从供应能力和响应时间两个方面对供应链进行了分析，然后应用相关理论对瓶颈进行了识别，为企业在实际中应用供应链瓶颈识别理论以改善供应链提供了实际指导意义。

7 总结与展望

7.1 总结

瓶颈存在于任何系统中。无论是生产制造系统、交通运输系统、供电供水系统、互联网网络系统还是供应链系统都存在瓶颈。瓶颈环节决定了整个供应链的主要性能，有效辨识和管理瓶颈可以提高供应链系统的有效产出。供应链可以看作是一个由具有内在联系的一系列流程活动组成的网络系统，其整体优化取决于少数的薄弱环节，也就是供应链上的瓶颈。优化供应链必须从最薄弱的环节入手，才能得到显著的改善。因此要提高整个供应链的绩效，增强供应链的竞争力，必须找出存在于供应链上的瓶颈，而后分析成因，评价瓶颈，消除瓶颈，形成一种不断循环的持续改进状态。

本书在现有研究基础上，针对供应链网络的特点，对供应链瓶颈的识别问题进行了研究。本书所做的主要工作包括：

(1) 在总结大量相关文献的基础上，回顾了瓶颈识别的相关研究、最大流算法及其应用研究、关键路径及应用研究以及供应链绩效的相关研究。分析了各个领域值得进一步研究的方向，给出了本书的研究框架。

（2）对供应链瓶颈产生的原因进行了分析。由于内外部环境的不确定性，供应链瓶颈是客观存在的。本书分析了供应链产生瓶颈的内生原因和外生原因；研究了内生原因中的企业利益博弈、信息的不对称、时间延迟性和成员企业运营动荡对供应链产生的影响，研究了外生原因中外界的突发事件、市场的不确定性、社会信用机制的缺失对供应链产生的影响。

同时，本书在相关理论的基础上，建立模型，分析了供应链瓶颈产生的微观机制。

首先是基于委托代理的分析。供应链的前后环节之间的关系可以看作是一种委托代理关系。本书利用委托代理原理，通过建立模型从理论上证明了供应链供需冲突产生的机理。在供应链的零售商-制造商环节，就一次具体交易而言，制造商面临未知的外界随机因素，而零售商却享有充分信息，造成产品供和需的不一致，进而产生供应链瓶颈环节。在供应链的制造商-供应商环节，当供应链存在多个供应商时，各个供应商的决策参数是不一样的，因此会造成供应链供需冲突，使产品在前后环节达不到理想的状态，从而产生供应链瓶颈。

其次是基于信用缺失的分析。本书引入卡诺顾客满意度模型，利用供应商和采购商之间的满意程度变化研究供应链冲突的演化。供应链冲突的结果必然导致链条的流通不畅，出现瓶颈，实际表现在以下三个方面：供应链冲突导致供应链网络流通不畅，供应链冲突造成供给短缺，信用缺失造成供应链交易不顺。

最后是基于目标不一致的分析。供应链中不同企业具有目标偏好的差异，通过建立多目标规划模型并得到供应链协调下的 Pareto 最优解。但企业有的时候更注重短期利益，此时企业的最优解就会与供应链整体目标发生冲突。

（3）根据网络最大流相关理论，从供应能力的角度对供应链瓶颈进行了识别。

首先，针对供应链结构变得越来越复杂并迅速向大规模甚至是超大规模网络演变的特点，本书提出了大规模供应链网络的最大供应能力问题。根据网络最大流最小截定理，结合关联矩阵和最小截集的方法通过遗传算法求解网络最大流，完全避开了网络的约束条件，解决了最大流问题中染色体失效问题。在此基础上，进行了供应链能力瓶颈的识别。

其次，针对现实供应链网络中，供应商的最大供应能力往往受到各种因素的影响，并非固定不变的常量，而是一个随机变量的情况。本书将关联矩阵和蒙特卡洛模拟方法结合起来，通过瓶颈环节累计概率的计算机自动计算，解决了随机容量供应链网络供应能力瓶颈的识别问题。

最后，针对供应链网络节点上有多家供应商可供选择的情况，本书解决了供应商选择的大规模供应链网络的瓶颈识别问题，提出了嵌套的混合遗传算法，用于解决网络的优化配置，并根据供应能力瓶颈定义，对优化后的供应链网络瓶颈进行了识别。

（4）根据网络计划图的关键路径理论，从响应时间的角度对供应链瓶颈进行了识别。

首先，由于资源的有限性，前向企业无法同时满足后续企业的需求，这时就涉及资源配置的问题。本书针对这种资源最优配置情况下供应链的响应时间瓶颈进行了识别，提出了一种嵌套的混合遗传算法，用于解决整个问题的优化，并进而根据供应链响应时间瓶颈的定义进行了瓶颈识别。

其次，针对直线式供应链结构，各成员企业对订单响应时间的长短与费用成一定的比例关系。本书研究了供应链响应时间在一定时间范围内实现供应链整体费用最小时的瓶颈环节，采用改进的粒子群算法来解决优化问题，并根据供应链响应时间瓶颈的定义对具有时间窗口的供应链进行了瓶颈识别。

最后，针对网络结构的供应链，供应链最终客户要求的响应时间是一个时间范围，同时最终客户以契约的形式设置了激励机制，以达到对响应时间的适度控制，供应链也存在响应时间的成本函数问题。本书分析了这种情况下供应链的时间分配和瓶颈识别问题，采用惯性权重自适应调节和粒子精英保留策略的改进粒子群优化算法来解决优化问题，并根据供应链响应时间瓶颈的定义进行了瓶颈识别。

(5) 从综合绩效的角度对供应链瓶颈进行了识别。

本书采用综合评价指标——基于综合绩效——来识别供应链瓶颈，以解决对同一供应链用各种单指标识别出的瓶颈环节发生矛盾的问题。本书对供应链综合绩效瓶颈进行了定义，它是指供应链的所有成员企业中，对供应链整体绩效贡献最小的企业就是供应链综合绩效瓶颈环节。

首先，本书在已有的研究和理论基础上，从竞争的角度提出了供应链及成员企业的绩效评价指标体系；其次使用 ANP 方法确定了指标权重，评价了供应链成员绩效，并对综合绩效瓶颈进行了识别；最后提出了组合评价法，处理不同评价方法识别出的供应链综合绩效瓶颈环节不一致的问题，以使评价结果更公正、客观。组合评价法是基于选举的思想，把离差最小的方法作为最终的评价方法，以这种选举出的方法所识别的瓶颈作为最终的供应链综合绩效瓶颈。

综上所述，本书研究了供应链瓶颈产生的原因，提出了多种指标的供应链瓶颈识别方法并进行了算例分析，为其他领域瓶颈识别的定量化研究提供了参考方法。

7.2 研究展望

供应链瓶颈问题是一个较新的研究领域。客户需求的快速多变和市场竞争的加剧必将要求供应链提供更快的服务和更高的内部协同运作能力，以提高供应链的总体收益及市场竞争力。因而，这一领域目前已经成为供应链管理研究的热点。

本书在网络流理论基础上，建立了供应链供应能力瓶颈识别方法；在关键路径理论基础上，建立了供应链响应时间瓶颈识别方法；在绩效评价上，建立了供应链综合绩效瓶颈识别方法。虽然本书在瓶颈识别问题的研究方面取得了一定的进展，但是，展望未来，本书认为在供应链瓶颈领域还有很多问题有待进行进一步的研究，主要包括：

（1）在供应链响应时间瓶颈识别中，本书所考虑的网络做了一个重要的假设，即后续节点企业只有在全部前向节点企业提供服务后，才能开始生产产品，为其后的企业服务，所以这是供应链网络计划图的关键路径问题。而在实际中，还存在另一种网络，只要企业的任何一个前向节点企业提供服务后，企业就可以开始生产产品，为其后的企业服务，这实质上是一个最短路问题。在这种情况下的供应链响应时间瓶颈识别和本书中所采用的方法又有所不同，这将是本书的后续研究。

（2）供应链瓶颈原因的后续研究。本书从三个方面对供应链瓶颈产生的微观原因进行了研究：基于委托代理、基于信用缺失、基于目标不一致。后续研究主要从两个方面展开：第一，成员企业利益博弈，通过建立利益博弈模型分析供应链瓶颈产生的原因；第二，前后节点成员企业信息不对称，通过信息论模型探讨供应链瓶颈产生的原因。

（3）供应链瓶颈的评价问题。瓶颈对整个供应链网络的正常运行是具有威胁性的，严重时甚至可能导致供应链的崩溃，因此评价供应链瓶颈的脆弱性就具有很重要的现实意义。后续研究包括提出进行脆弱性评价的模型，并在此基础上，按照其对供应链运行的危险程度，进行相应的评级。

（4）供应链瓶颈的迁移问题。供应链的瓶颈环节不是固定不变的。随着时间或外部条件的变化，非瓶颈环节有可能成为瓶颈环节，在制定瓶颈预防措施的时候，要首先考虑这些环节。那么，些非瓶颈环节在下一阶段最有可能成为瓶颈环节，应用什么指标来评价？这些都有待研究。

（5）基于其他指标的供应链瓶颈识别问题的研究。本书从响应时间、供应能力和综合绩效 3 个方面进行了供应链瓶颈识别分析，这些分别从不同的侧面反映了供应链的运行情况。同样，对供应链瓶颈的识别还可以从其他方面进行分析，如脆弱性、质量、成本等。那么对于其他指标又应采用什么理论作为基础，如何识别供应链的瓶颈？这些问题也需要进一步深化研究。

参考文献

[1] Gooley T B. On the front lines [J]. Logistics Management, June 1, 1997, 37 (6): 39.

[2] 柴跃廷, 刘义. 敏捷供需链管理 [M]. 北京: 清华大学出版社, 2001: 90-92.

[3] David H, Jim Marsh, Mike Hudson. Re-designing a complex, multi-customer supply chain [J]. Logistics Information Management, 1996, 9 (2): 31-35.

[4] 刘永胜. 供应链协调理论与方法 [M]. 北京: 中国物资出版社, 2006: 1-2.

[5] Goldratt E M. Theory of constraints [M]. New York: North River Press, 1990: 232-233.

[6] 方荣. 约束理论的生产物流瓶颈控制技术研究 [D]. 杭州: 浙江工业大学, 2005: 7-9.

[7] Simchi-Levi David, Kaminsky Philip, Simchi-Levi Edith. Designing and management the supply chain concepts, strategies and case studies [M]. Shanghai: Shanghai Yuandong Press, 2001.

[8] Fisher M L. What is the supply chain for your product? [J]. Harvard Business Review, 1997, 75 (2): 105-106.

[9] Stalk G. Time - the next source of competitive advantage [J]. Harvard Business Review. 1988 (7-8): 41-51.

[10] Blackburn J D. Time-based competition: white-collar activities [J]. Business Horizons, 1992 (8): 96-101.

[11] 杨阳.敏捷战略下供应链时间瓶颈的识别与消减研究[D].西安：西安理工大学，2008：1-2.

[12] 王玉荣.瓶颈管理（TOC）[M].北京：机械工业出版社，2002：126-138.

[13] Chang Qing Jiang, Singh M G, Hindi K S, et al. Optimized routing in flexible manufacturing systems with blocking [J]. IEEE Trans. on Systems, Man, and Cybernetics, 1991, 21 (3): 589-595.

[14] Lambrecht M, Segaert A. Buffer stock allocation in serial and assembly type of production lines [J]. International Journal of Operations and Production Management, 1990, 10 (2): 47-61.

[15] Fawcett S E, Pearson J N. Understanding and applying constraint management in Today's manufacturing environments [J]. Production and Inventory Management Journal, 1991, 32 (3): 46-55.

[16] Gardiner S C, Blackstone Jr, Gardiner J H, et al. The evolution of the theory of constraints [J]. Industrial Management, 1994, 36 (3): 13-16.

[17] Chakravorty S S, Atwater J B. A comparative study of line design approaches for serial production systems [J]. International Journal of Operations & Production Management, 1996, 16 (6): 91-108.

[18] Chakravorty S S, Atwater J B. How theory of constraints can be used to direct preventative maintenance [J]. Industrial Management, 1994, 36 (6): 10-13.

[19] Tanner J F, Honeycutt E D. Reengineering using the theory of constraints: A case analysis of moore business forms [J]. Indus-

trial Marketing Management, 1996, 25 (4): 311-319.

[20] Dettmer H W. Quality and the theory of constraints [J]. Quality Progress, 1995, 28 (4): 77-81.

[21] Plenert G. Optimizing theory of constraints when multiple constrained resources exist [J]. European Journal of Operational Research , 1993 (70): 126-133.

[22] Balakrishnan J. Using theory of constraints in teaching LP and vice versa: advantages and caveats [J]. Prod Inxcril Manag J, 1999 (40): 11-16.

[23] Lee T N, Plenert G. Optimizing theory of constraints when new product alternatives exist [J]. Production and Inventory Management Journal, 1993 (34): 51-57.

[24] Maday C L. Proper use of constraint management [J]. Production and Inventory Management Journal, 1994 (35): 84.

[25] Posnack A J. Theory of constraints: improper applications yield improper conclusions [J]. Production and Inventory Management Journal, 1994, 35: 85-86.

[26] Mabin V J. Toward a greater understanding of linear programming, theory of constraints, and the product mix problem [J]. Production and Inventory Management Journal, 2001 (42): 52-54.

[27] Souren R, Ahn H, Schmitz C. Optimal product mix decisions based on the theory of constraints? Exposing rarely emphasized premises of throughput accounting [J]. International Journal of Production Research, 2005, 43 (2): 361-374.

[28] Neely A D, Byrne M D. A simulation study of bottleneck scheduling [J]. International Journal of Production Economics, 1992, 26 (1-3): 187-192.

[29] Olhager J, Ostlund B. An integrated Push-Pull Manufac-

turing Strategy [J]. European Journal of Operational Research, 1990, 45 (2-3): 135-142.

[30] Reimer G. Material requirements planning and theory of constraints: can they coexist? A case study [J]. Production and Inventory Management Journal, 1991, 32 (4): 48-52.

[31] Spencer M S. Using "The Goal" in an MRP system [J]. Production and Inventory Management Journal, 1991, 32 (4): 22-28.

[32] Goldratt E M. Computerized shop floor scheduling [J]. International Journal of Production Research, 1988, 26 (3): 443-455.

[33] Gardiner S C, Blackstone J, Gardiner L R. The evolution of the theory of constraints [J]. Industrial Management, 1994, 36 (3): 6-13.

[34] Gutierrez G J, Kouvelis P. Pakinson's law and its implication for project management [J]. Management Science, 1991, 37 (8): 990-1001.

[35] Cook S C. Apply critical chain to improve the management of uncertainty in projects [D]. Boston: Massachusetts Institute of Technology, 1998: 443-445.

[36] Hoel K, Taylor S G. Quantifying buffers for project schedules [J]. Production and Inventory Management Journal, 1999, 40 (2): 43-47.

[37] Leach L P. Critical chain project management improves project performance [J]. Project Management Journal, 1999, 30 (2): 39-51.

[38] Herroelen W, Leus R. On the merits and pitfalls of critical chain scheduling [J]. Journal of Operations Management, 2001, 19: 55-577.

[39] Swierczek F W, Shrestha P K. Information technology and productivity: A comparison of Japanese and Asia-Pacific banks [J]. Journal of High Technology Management Research, 2003, 14 (2): 269-288.

[40] Jackson G C, Low J T. Constraint management: A description and assessment [J]. International Journal of Logistics Management, 1993, 4 (2): 41-48.

[41] Umble M, Umble E, Von Deylen L. Integrating enterprise resources planning and theory of constrains: A case study [J]. Production and Inventory Management Journal, 2001, 42 (2): 43-48.

[42] Gupta S. Supply chain management in complex manufacturing [J]. IIE Solutions, 1997, 29 (3): 18-23.

[43] Motwani J. Implementing TQM in education: current efforts and future research directions [J]. Journal of Education for Business, 1995, 71 (2): 60-64.

[44] Demmy W S, Petrini A B. The theory of constraints: A new weapon for depot maintenance planning and control [J]. Air Force Journal of Logistics, 1992, 16 (3): 6-11.

[45] Bramorski T, Madan M S, Motwani J. Application of the theory of constraints in banks [J]. The Bankers Magazine, 1997, 180 (1): 53-59.

[46] Motwani J, Klien D, Harowitz R. The theory of constraints in services: Part 2—Examples from healthcare [J]. Managing Service Quality, 1996, 6 (2): 30-34.

[47] Lawrence S R, Buss A H. Economic analysis of production bottlenecks [J]. Mathematical Problems in Engineering, 1995, 1 (4): 341-363.

[48] Kuo C T, Lim J T, Meerkov S M. Bottlenecks in serial

production lines: A System-Theoretic approach [J]. Mathematical Problems in Engineering, 1996, 2 (3): 233-276.

[49] Kuo C T, Lim J T, Meerkov S M, et al. Improvability theory for assembly system: Two Component—One assembly machine case [J]. Mathematical Problems in Engineering, 1997, 3 (4): 95-171.

[50] Christoph R, Masaru N, Minoru T. A practical bottleneck detection method [C]. Proceedings of the 2001 Winter Simulation Conference, Arlington, 2001: 949-953.

[51] Milton J Acero-Dominguez, Carlos D. Paternina-Arboleda. Scheduling Jobs on a K-Stage flexible flow shop using a TOC-Based (Bottleneck) procedure [C]. Proceeding of the 2004 Systems and Information Engineering Design Symposium, 2004: 295-298.

[52] Pegels C C, Watrous C. Application of the theory of constraints to a bottleneck operation in a manufacturing plant [J]. Journal of Manufacturing Technology Management, 2005, 16 (3): 302-311.

[53] Chun Lung Chen. A heuristic method for a flexible flow line with unrelated parallel machines problem [C]. Robotics, Automation and Mechatronics, 2006 IEEE Conference, 2006: 1-4.

[54] Babu T R, Rao K S P, Maheshwaran C U. Application of TOC embedded ILP for increasing throughput of Production lines [J]. International Journal of Manufacturing Technology and Management, 2007, 236 (10): 812-818.

[55] Richard A R. Applying the TOC five-step focusing process in the service sector-A banking subsystem [J]. Managing Service Quality, 2007, 17 (2): 209-234.

[56] Ching S N, Meerkov S M, Zhang L. Assembly systems

with non-exponential machines: Throughput and bottlenecks [J]. Nonlinear Analysis: Theory, Methods & Applications, 2008, 69 (31): 911-917.

[57] 徐学军，张红，叶广宇. 生产进度的同步化方法研究 [J]. 工业工程与管理，2001 (2): 38-41.

[58] Boaz R, Starr M K. Synchronized manufacturing as in OPT: From practice to theory [J]. Computers Industrial Engineering, 1990, 18 (4): 585-600.

[59] 徐昊宁，杨冬超，孙宗禹，等. MRP (Ⅱ) 系统中 TOC 的研究及应用 [J]. 工业工程，2000，3 (1): 43-46.

[60] 徐学军，孙严明. 定单生产优先权的确定方法研究 [J]. 工业工程与管理，2001 (3): 37-41.

[61] 葛久研，周媛. 企业瓶颈资源及其影子价格的确定 [J]. 河海大学学报，1996，24 (5): 115-117.

[62] Norman E P, Joe D M. Coping with temporary bottlenecks in a several stage process with multiple products [J]. Journal of Production and Inventory Management, 1990 (3): 5-9.

[63] 叶涛锋，韩文民. 确定瓶颈资源的仿真方法研究 [J]. 华东船舶工业学院学报（自然科学版），2003，17 (4): 80-84.

[64] 王军. 流程工业的过程瓶颈分析及生产调度问题研究 [D]. 北京：清华大学，1998: 33-55.

[65] 江永亨，金以慧. 最小费用的网络瓶颈分析 [J]. 清华大学学报（自然科学版），2003，43 (9): 1230-1232.

[66] Pezzella F, Merelli E. A tabu search method guided by shifting bottleneck for the job shop scheduling problem [J]. European Journal of Operational Research, 2000, 120: 297-310.

[67] Sokkalingam P T, Aneja Y P. Lexicographic bottleneck combinatorial problems [J]. Operation Research Letters, 1998, 23:

27-33.

[68] Katagiri H, Ishii H. Chance constrained bottleneck sparring tree problem with fuzzy random edge costs [J]. Operations Research Society of Japan, 2000, 43 (1): 128-137.

[69] Dantzig G B. Application of the simplex method to a transportation problem [M]. New York: Wiley, 1951: 359-373.

[70] Goldforb D, I-Iao J. A primal simplex algorithm that solves the maximum flow problem in at *most* pivots and O ($n^2 m$) time [J]. Mathematical Programming, 1990, 47 (3): 353-365.

[71] Dinic E A. Algorithm for solution of a problem of maximum flow in networks with power estimation [J]. Soviet Math Dokl, 1970, 11 (8): 1277-1280.

[72] Armstrong R D, Chen W, Goldfarb D, et al. Strongly polynomial dual simplex methods for the maxirnurn flow problem [J]. Mathematical Programming, 1998, 80 (1): 17-33.

[73] Ahuia R K, Orlin J. Equivalence of the primal and dual simplex algorithms for the maxinlunl flow problem [J]. Opers Res Letters, 1997, 20 (3): 101-108.

[74] Ahuja R K, Orlin J B. Distance-directed augmenting path algorithms for the maximum flow problem [J]. Naval Research Logistics Quarterly, 1991, 38 (2): 413-430.

[75] Karzanov A V. Determining the maximum flow in a network by themethod of preflows [J]. Soviet Math Dokl, 1974, 15 (3): 434-437.

[76] Goldberg A V, Tarjan R E. A new approach to the maximum flow problem [J]. J Assoc Comput Mach, 1988, 35 (4): 921-940.

[77] Goldberg A V, Tarjan R E. Finding minimum-cost circu-

lations by successive approximation [J]. Math Oper Res, 1990, 15 (3): 430-466.

[78] Gabow H N. A matriod approach to finding edge cotmectivity and packing arborescences [J]. J Computer and System Sciences, 1995, 50 (2): 259-273.

[79] Nagamochi H, Ibaraki T. Computing edge connectivity in multigraphs and capacitated gmphs [J]. SIAM J Discrete Math, 1992, 5 (1): 54-66.

[80] Karger D R. Better random sampling algorithms for flows in undirected graphs [C]. Proc of the 9th ACM-SIAM Symposium on Discrete Algorithms, New York: ACM Press, 1998: 490-499.

[81] Rkarger D, Levine. Finding maxmum flows in undirected graphs seems easier than bipartite matching [C]. Proc of the 30th Annual ACM Symposium on Theory of Computing. New York: ACM Press, 1998: 69-78.

[82] Ahuja R K, Magnanti T L, Orlin J B. Network Flows: Theory, Algorithms and Applications [M]. New Jersey: Prentice-Hall, 1993.

[83] 张宪超，陈国良，万颖瑜. 网络最大流问题研究进展 [J]. 计算机研究与发展，2003，40 (9)：1281-1292.

[84] 谢民，高利新，管海娃. 蚁群算法在网络最大流问题中的应用 [J]. 计算机工程与应用，2008，44 (22)：113-128.

[85] 何家莉，宣士斌. 基于小生境混合遗传算法的交通网络最大流控制 [J]. 交通与计算机，2008 (2)：41.

[86] Even S, Tarjan R E. Network flow and testing graph connectivity [J]. SIAM J Comput, 1975, 4 (4): 507-518.

[87] Gusfield D, Martel C, Femandez-Baca D. Fast algorithms for bipartite network flow [J]. SIAM J Comput, 1987, 16

(2): 237-251.

[88] 张宪超，江贺，刘馨月，等. 无向平面单位容量网络中的最大流 [J]. 计算机研究与发展, 2008 (S1): 40-42.

[89] Boykov Y, Funka-Lea G. Optimal object extraction via constrained Graph-cuts int'l J [J]. Computer Vision, 2004.

[90] Boykov Y, Veksler O, R Zabih. Fast approximate energy minimization via graph cuts IEEE trans [J]. Pattern Analysis and Machine Intelligence, 2011, 23 (11): 1222-1239.

[91] Ishikawa H. Exact optimization for markov random fields with convex priors IEEE trans [J]. Pattern Analysis and Machine Intelligence, 2003, 25 (10): 1333-1336.

[92] Kolmogorov V, Zabih R. What energy functions can be minimized via graph cuts? IEEE Trans [J]. Pattern Analysis and Machine Intelligence, 2004, 26 (2): 147-159, Feb. 2004.

[93] 方冬云. 最小费用最大流理论在传输电压中的应用 [J]. 吉林师范大学学报 (自然科学版), 2009 (4): 73-76.

[94] Bassan S, Ceder A. Algorithm of urban traffic network capacity based on virtual vertices max-flow [J]. Journal of the Operational Research Society, 2009, 60 (6): 873-877.

[95] 向红艳，张邻，杨波. 基于最大流的路网结构优化 [J]. 西南交通大学学报, 2009, 44 (2): 284-288.

[96] 颜佑启，欧阳建湘. 最短路-最大流交通分配法 [J]. 中国公路学报, 2005, 18 (4): 91-95.

[97] 姜继海，邱昆，凌云. 一种基于网络最大流的 MPLS 流量工程动态路由算法 [J]. 光通信技术, 2007 (10): 38-40.

[98] 吕久明，吕翠英. 基于图论的地域通信网最大流研究 [J]. 通信对抗, 2005 (2): 15-17.

[99] 李琦，齐建新. 具有点权的最大流问题在物流配送中

的应用［J］. 中国商贸，2010（8）：129-130.

［100］陈星明. 露天矿山大型采掘设备优化配置的最大流模型［J］. 矿山机械，2008，36（19）：7-9.

［101］祁建清，王春艳，周肖章. 基于最大流理论的网络对抗效能评估模型及应用［J］. 军事运筹与系统工程，2009，23（2）：48-50.

［102］何均宏，徐恪，王青青，等. 服务承载网中基于最大流的服务器放置［J］. 清华大学学报（自然科学版），2009，49（1）：132-134.

［103］郭太平，田雁新. 用最大流-最小截原理进行工期-费用优化的分析［J］. 湖南城市学院学报（自然科学版），2006，15（1）：7-9.

［104］Cleland D I，King R W. Project management handbook［M］. New York：Van Nostrand-Reinhold，1988：36-128.

［105］Adlakha V G，Kulkami V G. A classified bibliography of research on stochastic PERT networks：1966—1987［J］. INFOR，1989（27）：272-296.

［106］Magott J，Skudlarski K. Estimating the mean completion time of PERT networks with exponentially distributed durations of activities［J］. European Journal of Operational Research，1993，71：70-79.

［107］Nadas A. Probabilistic PERT［J］. IBM Journal of Research and Development 1979，23：339-347.

［108］Soroush H. Risk taking in stochastic PERT networks［J］. European Journal of Operational Research，1993，67：221-241.

［109］Williams T M. CriticaLity in stochastic networks［J］. Journal of the Operational Research Society，1992，43：353-357.

［110］Chen Yen-Liang，Rinks D，Tang K. Critical path in an

activity network with time constraints [J]. European Journal of Operational Research, 1997, 100 (1): 122-133.

[111] Guerriero F, Talarico L. A solution approach to find the critical path in a time-constrained activity network [J]. Computers & Operations Research, 2009, 37 (9): 1557-1569.

[112] Lin Mei, Lin Zhangxi. A cost-effective critical path approach for service priority selections in grid computing economy [J]. Decision Support Systems, 2006, 42 (3): 1628-1640.

[113] Soroush H M. The most critical path in a PERT network: A heuristic approach [J]. European Journal of Operational Research, 1994, 78 (1): 93-105.

[114] Kaufmann A. Introduction to the theory of fuzzy subsets [M]. New York: Academic Press, 1975: 89-96.

[115] Zimmermann H J. Fuzzy set theory and its applications [M]. 4 th. Boston: Kluwer-Nijhoff, 2001: 165-178.

[116] Chen Shih-Pin, Hsueh Yi-Ju. A simple approach to fuzzy critical path analysis in project networks [J]. Applied Mathematical Modelling, 2008, 32 (7): 1289-1297.

[117] Lu Ming, Lam Hoi-Ching, Dai Fei. Resource-constrained critical path analysis based on discrete event simulation and particle swarm optimization [J]. Automation in Construction, 2008, 17 (6): 670-681.

[118] Duan Q, Liao T W. Improved ant colony optimization algorithms for determining project critical paths [J]. International Journal of Project Management, 2009, 27 (3): 278-291.

[119] 钱鑫，吴晓军，张甜甜，等. 求解关键路径的元胞自动机算法 [J]. 陕西师范大学学报（自然科学版），2009，37 (6): 19-22.

[120] 王振明，都志辉. 基于动态关键路径的仿真网格资源调度算法 [J]. 计算机科学，2006，33 (4)：80-84.

[121] 刘振峰，陈燕. 基于时间 Petri 网的供应链网络关键路径分析 [J]. 数学的实践与认识，2006，36 (11)：32-37.

[122] 刘芳，王玲. 基于动态规划思想求解关键路径的算法 [J]. 计算机应用，2006，26 (6)：1440-1442.

[123] 张春生. 关键路径的稀疏矩阵求解算法 [J]. 计算机应用，2006，26 (3)：529-530.

[124] 徐凤生. 一种求关键路径的新算法 [J]. 计算机工程与应用，2005 (24)：82-84.

[125] Wheelwright R, Birchall M A, Boaden R, et al. Critical path analysis in head and neck cancer: a management technique for surgical oncology [J]. European Journal of Oncology Nursing, 2002, 6 (3): 148-154.

[126] Yu Cheng. Optimal train traffic rescheduling simulation by a knowledge-based system combined with critical path method [J]. Simulation Practice and Theory, 1996, 6 (15): 399-413.

[127] Duk-Ho Chang, Jin Hyun Son, Myoung Ho Kim. Critical path identification in the context of a workflow [J]. Information and Software Technology, 2002, 44 (7): 405-417.

[128] Magnus B, Lars L, Hakan G. Performance optimization using extended critical path analysis in multithreaded programs on multiprocessors [J]. Journal of Parallel and Distributed Computing, 2001, 61 (1): 115-136.

[129] Baber C, Mellor B. Using critical path analysis to model multimodal human-computer interaction [J]. International Journal of Human- Computer Studies, 2001, 54 (4): 613-636.

[130] Alcaide D, Chu C B, Kats V, et al. Cyclic multiple-

robot scheduling with time-window constraints using a critical path approach [J]. European Journal of Operational Research, 2007, 177 (1): 147-162.

[131] 李学光, 张树仁, 苗立琴. 关键路径法 (CPM) 在制造业中的应用 [J]. 机械设计与研究, 2007, 23 (6): 86-88, 97.

[132] 熊禾根, 李建军, 梁培志, 等. 模具企业车间作业计划中的关键路径及其求解算法 [J]. 中国机械工程, 2006, 17 (12): 1273-1276.

[133] 李黎, 付宇卓, 汪宁. SoC 芯片中关键路径的优化方法研究 [J]. 微电子学与计算机, 2006, 23 (4): 141-145.

[134] 陈辉. 提高企业技术创新效率的关键路径 [J]. 工业技术经济, 2004, 23 (6): 86.

[135] 刘明, 徐寅峰, 杜源江, 等. 不完全信息下交通网络的关键路径问题 [J]. 系统工程, 2006, 24 (12): 16-19.

[136] 曹瀚, 刘大昕, 富锐. 基于活动的工作流关键路径算法 [J]. 哈尔滨工程大学学报, 2006, 27 (4): 551-555.

[137] Maskell B H. Performance measurement for world class manufacturing [M]. Cambridge: Productivity Press, MA, 1991: 98-121.

[138] Stewart G. Supply chain performance benchmarking study reveals keys to supply chain excellence [J]. Logistics Information Management, 1995, 8 (2): 38-44.

[139] Kaplan R S, Norton D P. The balaneed scorecard measures that drive performance [J]. Havard Business Review, 1992, 70 (1): 71-79.

[140] Beamon B M. Supply chain design and analysis: models and methods [J]. International Journal of Production Economics. 1998, 55 (3): 281-294.

[141] Beamon B M. Measuring supply chain performance [J]. International Journal of Operations and Production Management, 1999, 19 (3): 275-292.

[142] Roger J A. Measurement for Measure supply chain [J]. Logistics, 1999, 7 (7): 111-113.

[143] Gunasekaram A, Patel C, Tirtiroglu E. Performance measures and metries in a supply chain environrnent [J]. International Journal of Operarions and Produetion Management, 2001, 21 (1-2): 71-87.

[144] Li D, O'Brien C. Integrated decision modelling of supply chain [J]. International Journal of Production Economics , 1999, 55 (9): 147-157.

[145] 高阳，陆彬. 供应链绩效评价研究述评 [J]. 商业时代, 2007 (27): 20.

[146] 霍佳震，隋明刚，刘仲英. 集成化供应链整体绩效评价体系构建 [J]. 同济大学学报（自然科学版），2002, 30 (4): 495-499.

[147] 霍佳震，隋明刚，刘仲英. 集成化供应链整体绩效评价指标的量化分析 [J]. 同济大学学报（自然科学版), 2002, 30 (6): 733-737.

[148] 徐贤浩，马士华，陈荣秋. 供应链绩效评价特点及其指标体系研究 [J]. 华中理工大学学报（社会科学版), 2000, 14 (2): 69-72.

[149] 马丽娟，霍佳震. 基于用户满意度的供应链绩效评价指标体系研究 [J]. 物流技术, 2002 (2): 27.

[150] 曾现洋，曲建华，高知林，等. 供应链绩效评价指标体系的研究 [J]. 河南农业大学学报, 2004, 38 (2): 231-236.

[151] Bolstorff P, Rosenbaum R. Supply chain excellence: A

handbook ofdramatic improvement using the SCOR model [M]. New York: AMACOM, 2003: 68-101.

[152] Bhagwat R, Sharma M K. Performance measurement of supply chain management: A balanced scorecard approach [J]. Computers & Industrial Engineering, 2007, 53 (1): 43-62.

[153] 马士华，李华焰，林勇. 平衡记分法在供应链绩效评价中的应用研究 [J]. 工业工程与管理, 2003, 7 (4): 5-10.

[154] Lummus R R, Vokurka R J, Alber K L. Strategic supply chain planning [J]. Production and Inventory Management Journal, 1998, 39 (3): 49-58.

[155] Lakhal S Y, Mida S H. A gap analysis for green supply chain benchmarking [C]. Proceeding of the 32nd International Conference on Computers & Industrial Engineering, 2003: 45-54.

[156] Lewis J G, Naim M M. Benchmarking of aftermarket supply chain [J]. Production Planning and Control, 1999, 6 (3): 258-269.

[157] New S J. The importance of information flow within the Supply chain [J]. Logistics Information Management, 1999, 9 (4): 28-30.

[158] Dong M, Chen F F. Performance modeling and analysi of integrated logistie chains: Ananalytic framework [J]. European Joumal of Operational Researeh, 2005, 162 (10): 83-98.

[159] 史成东，陈菊红，郭福利. 基于粗糙集的供应链绩效改进决策研究 [J]. 计算机工程与应用, 2007, 43 (32): 185-188, 224.

[160] 席一凡，王超，聂兴信. 基于模糊神经网络的供应链绩效评价方法研究 [J]. 情报杂志, 2007 (9): 77-79.

[161] 李紫瑶. 基于 AHP 的供应链绩效评价 [J]. 商业时

代，2007（24）：23-24.

［162］陈坤，洪艳. 主成分分析法在供应链绩效评价中的应用探析［J］. 学术交流，2006（8）：107-109.

［163］何忠伟，毛波. 基于DEA和聚类分析的供应链绩效评价基准选择［J］. 科学学与科学技术管理，2003（6）：36-39.

［164］殷梅英，王梦光，刘士新. 供应链分销阶段运作绩效评价［J］. 系统工程理论方法应用，2004，13（5）：400-403.

［165］路应金，江黎黎，唐小我. 集成化供应链绩效评价方法研究［J］. 电子科技大学学报，2004，33（2）：196-199.

［166］Lai Kee-hung，Ngai E W T，Cheng T C E. Measures for evaluating supply chain performance in transport logistics［J］. Transportation Research Part E：Logistics and Transportation Review，2002，38（6）：439-456.

［167］Yunus K，Khaled A. Supply chain evaluation in the Service industry：A framework development compared to manufacturing［J］. Managerial Auditing Journal，2003（18）：140-149.

［168］Beaman B M. Designing the green supply chain［J］. Logistics Information Management，1999，12（4）：332-342.

［169］钟胜华. 建筑供应链的构建及其综合绩效评价［D］. 成都：西南交通大学，2005：18-29.

［170］伍春，唐爱君. 旅游供应链模式及其可靠性评价指标体系构建［J］. 江西财经大学学报，2007（5）：107-109.

［171］刘永胜，马燕. 生态型供应链绩效的评价指标体系［J］. 企业经济，2003（9）：174-175.

［172］Zhang W M，An J W，Han C. The application of entropy weigat on the assessment of urban sustainable development［J］. Quantitative and Technical Economics，2003（6）：115-118.

［173］黄飞，封少娟，宋朝群. 美军供应链绩效评估标准简

介［J］. 军事经济研究，2005（7）：70-71.

［174］綦方中，钟凌燕，潘晓弘. 敏捷供应链绩效评价过程与方法研究［J］. 计算机集成制造系统，2007（5）：1472-1476.

［175］周传丽. 药品分销供应链绩效的实证研究——基于非财务指标的绩效模型［J］. 经济评论，2009（4）：53-57.

［176］何静，徐福缘. 供应链瓶颈问题分析及其解决方法［J］. 计算机集成制造系统，2003，9（2）：122-126.

［177］王瑛，孙林岩. 供应链物流平衡分析［M］. 北京：清华大学出版社，2005：59-61.

［178］马祖军，代颖，武振业. 用信息共享抑制供应链中的牛鞭效应［J］. 西南交通大学学报，2003（4），204-207.

［179］葛静燕. 闭环供应链契约协调问题研究［D］. 上海：上海交通大学，2007：21-22.

［180］Lee H，Whang S. Decentralized multi－echelon supply chains：Incentives and information［J］. Management Science，1999，45（5）：633-640.

［181］Kadiyadi V，Chintagunta P，Vilcassim N. Manufacture－retail channel interactions and implications for channel power：an empirical investigation of pricing in a local market［J］. Marketing Science，2000，19（2）：127-148.

［182］Chen Fangruo. Sales-force incentives and inventory management［J］. Manufacturing and Service Operations Management，2000，2（2）：186-202.

［183］Cachon G，Lariviere M. Capacity choice and allocation：Strategic behavior and supply chain peformance［J］. Management Science，1999，47（5）：629-646.

［184］Corbett C，Groote D. A supplier's optimal quantity discount policy under asymmetric information［J］. Management Science，

2001, 47 (7): 966-978.

[185] 胡继灵. 供应链企业冲突研究 [J]. 科技进步与对策, 2004 (9): 97-99.

[186] 唐建生. 制造型企业供应链的冲突机理及多 agent 系统的研究 [J]. 组合机床与自动化加工技术, 2004 (8): 39-41.

[187] 李善力. 供应链委托代理问题分析 [D]. 上海: 复旦大学, 2005: 59.

[188] 张维迎. 博弈论与信息经济学 [M]. 上海: 上海人民出版社, 2004: 257.

[189] 刘晓纯. 企业间交易信用的若干问题研究 [D]. 天津: 天津大学, 2005: 35.

[190] Smith J. Trade credit and information asymmetry [J]. Journal of Finance, 1987, 4: 863-869.

[191] Pike R H, Cheng N S. Business trade credit management: experience of large UK firms [J]. University of Bradford working paper, 1996.

[192] Jarrow R A, Yu F. Counterparty risk an the pricing of defaultabie securities [J]. Journal of Finance, 2001, 56 (5): 1765-1799.

[193] 李柯. 员工满意度模型的构建及其管理 [J]. 西安工业学院学报, 2004 (4): 399-402.

[194] 孟秀丽, 易红, 倪中华, 等. 基于多目标决策的协同设计冲突消解方法研究 [J]. 计算机集成制造系统, 2005, 11 (5): 625-629.

[195] 马清亮. 多目标进化算法及其在控制领域中的应用综述 [J]. 控制与决策, 2006, 25 (5): 481.

[196] 雷英杰, 张善文, 李续武, 等. MATLAB 遗传算法工具箱及应用 [M]. 西安: 西安电子科技大学出版社, 2005: 62-

106.

[197] 运筹学教材编写组. 运筹学 [M]. 北京：清华大学出版社，1990：272-277.

[198] Xuan Q，Li Y J，Wu T J. A local-world networkmodel based on inter-node correlation degree [J]. Physica A，2007，378：561-572.

[199] Nagurney A，Toyasaki F. Supply chain supernetworksand environmental criteria [J]. Transportation Research D，2003，8 (1)：185-213.

[200] Helbing D. Information and material flows in complex networks [J]. Physica A，2006，363 (1)：11-16.

[201] Kuhnert C，Helbing D. Scaling laws in urban supply networks [J]. Physica A，2006，363 (1)：89-95.

[202] Laumanns M，Lefeber E. Robust optimal control of material flows in demand-driven supply networks [J]. Physica A，2006，363 (1)：24-31.

[203] Ford L R，Fulkerson D R A. Simple algorithm for finding maximal network flows and an application to the hitchcock problem [J]. Cannel J Math，1957 (9)：218-219.

[204] Goldberg A V，Rao S. Beyond the flow decomposition barrier [J]. J Assoc Comput Mach，1998，45 (5)：783-797.

[205] Alon N. Generating pseudo-random permutations and maximum flow algorithms [J]. Information Processing Letters，1990，35 (4)：201-203.

[206] King V，Rao S，Tarjan R. A faster deterministic maximum flow algorithm [J]. J Algorithms，1994，17 (3)：447-474.

[207] Dinic E A. Algorithm for solution of a problem of maximum flowin networks with power estimation [J]. Soviet Math Dokl，

1970，11（8）：1277-1280.

[208] Sleator D D，Tarjan R E. A data structure for dynamic trees [J]. Computer and System Sci，1983，26（3）：362-391.

[209] Ahuja R K，Orlin J B. A fast and simple algorithm for the maxi-mum flow problem [J]. Oper Res，1989，37（5）：748-759.

[210] 殷剑宏，吴开亚. 图论及其算法 [M]. 合肥：中国科学技术大学出版社，2003（7）：222-223.

[211] 邹豪思，王远志. 网络最大流的矩阵算法 [J]. 内蒙古大学学报，2001，32（4）：466-469.

[212] 党耀国，刘思峰，方志耕. 网络最大流的割集矩阵算法 [J]. 系统工程理论与实践，2003，9（9）：125-128.

[213] 潘徐杰，蒋志勇. 船用材料纳期风险研究 [J]. 中国造船，2006，47（3）：95-97.

[214] Butar F，Lahiri P. On measures of uncertainty of empirical Bayes small-area estimators [J]. Journal of StatisticalPlanning and Inference，2003，112（1-2）：63-76.

[215] 吴爱祥，张卫锋. 矿山投资项目净现值的蒙特卡洛模拟 [J]. 金属矿山，2002，12：4.

[216] 胡斌，董升平. 计算机模拟及其在产品投资风险决策中的应用 [J]. 科技进步与对策，2003，12：95-97.

[217] 林君晓，姜鹏飞，谢玉萍. 蒙特卡洛模拟技术在污水处理项目风险分析中的应用 [J]. 科技管理研究，2006，12：171-173.

[218] 戴晓晖，李敏强，寇纪淞. 遗传算法理论研究综述 [J]. 控制与决策，2002，15（3）：263-273.

[219] 丰建荣，刘正和，刘志河，等. MINP 问题全局优化算法的研究 [J]. 系统仿真学报，2005，17（8）：1859-1863.

[220] 杨文胜. 基于响应时间的供应链协同决策与优化模型研究 [D]. 武汉：华中科技大学, 2004 (10)：35.

[221] Stalk G. Time-the next source of competitive advantage [J]. Harvard Business Review, 1998, July-August：41-51.

[222] Towill D R. Time compression and supply chain management—a guided tour [J]. Logistics Information Management, Bradford, 1996, 9 (6)：41-53.

[223] Mason-Jones R, Towill D R. Total cycle time compression and the agile supply chain [J]. Int. J. Production Economics, 1999, 62：61-73.

[224] 黄雍检，赖明勇. MATLAB 语言在运筹学中的应用 [M]. 长沙：湖南大学出版社，2005 (1)：87-96.

[225] 高飞. 基于空间收缩的种群灭亡差异演化算法 [J]. 复杂系统与复杂性科学，2004，1 (2)：87-92.

[226] 何委徽，王家林，胡龙胜. 实数编码多种群遗传算法的改进及应用 [J]. 地球物理学报，2009，52 (10)：26-48.

[227] 纪震，廖惠连，吴青华. 粒子群算法及应用 [M]. 北京：科学出版社，2009 (1)：17-19.

[228] 赵益维. 供应链风险因素与防范对策研究 [J]. 技术与市场，2009，16 (6)：3-4.

[229] 黄越，王东朋，周锡青. 求解函数优化问题的自适应粒子群算法 [J]. 科技信息，2009 (7)：8-9.

[230] Vasconcelos J A, Ramirez J A, Takahashi R H C. Improvements in genetic algorithms [J]. IEEE Trans On Magnetics, 2001, 37 (5)：3414-3417.

[231] Shi Y, Eberhart R. A modified particle swarm optimization [C]. IEEE World Congress on Computational Intelligence, 1998：69-73.

[232] 陈曦，谭冠政，江斌. 基于免疫遗传算法的移动机器人实时最优路径规划 [J]. 中南大学学报（自然科学版），2008，39（3）：577-583.

[233] Cooper M C, Lambert D M, Pugh J D. Supply chain management: Implementation Issues & Research opportunities [J]. The International Journal of Logistics Management, 1998, 9 (2): 1-19.

[234] Martin C. Logistics and supply chain management strategies for reducing cost and improving service [J]. Publishing House of Electronics Industry, 2003: 5-25.

[235] Stephen J Nickell. Competition and corporate performance [J]. Journal of Political Economy, 1996, 104 (4): 724-746.

[236] Viker J. Concept of competition [J]. Oxford Economic Paper, 1996 (1): 89-99.

[237] 周小亮. 企业绩效与现代企业理论：分析与思考 [J]. 学术月刊，2001（1）：48-56.

[238] 高怀，赵宇平. 国内外企业竞争力理论研究现状分析 [J]. 重庆工学院学报，2004，4（18）：5-10.

[239] Corbett C, Wassenhove L V. Trade-Offs? What trade-offs? Competence and competitiveness in manufacturing strategy [J]. California Management Review, 1993, Summer: 107-122.

[240] Ken G. Performance measurement in the supply-chain [J]. Logistics & Transport Focus, 2003, 5 (5): 78-79.

[241] Chan F T S. Performance measurement in a supply chain [J]. International Journal of Advanced Manufacturing Technology, 2003, 21 (7): 534-548.

[242] Bond T C. The role of performance measurement in continuous improvement [J]. International Journal of Operations & Production Management, 1999, 19 (12): 1318-1334.

[243] Medori D, Steeple D. A framework for auditing and enhancing performance measurement systems [J]. International Journal of Operations & Production Management, 2000, 20 (5): 520-533.

[244] 龚国华，张健. 物流时间消耗与定额管理 [J]. 物流技术，2004 (10): 53-55.

[245] 崔建明. 物流企业服务质量指数的研究 [J]. 科技管理研究，2005 (8): 50-51.

[246] Aptel, Olivier, Pourjalali, et al. Improving activities and decreasing costs of logistics in hospitals: a comparison of US and French hospitals [J]. The International Journal of Accounting, 2001, 36 (2): 65-90.

[247] Bramon B M. Measuring supply chain performance [J]. International Journal of Operations and Production Management, 1999, (19) 3: 275-292.

[248] 周德群. 系统工程概论 [M]. 北京：科学出版社，2005 (1): 113-116.

[249] 王莲芬. 网络分析法 (ANP) 的理论与算法 [J]. 系统工程理论与实践，2001 (3): 44-46.

[250] 姜连馥，石永威，等. 基于 ANP 的工程项目后评价研究 [J]. 深圳大学学报，2007 (4): 184-185.

[251] 周文坤. 一种不确定型多属性决策的组合方法 [J]. 系统工程，2006, 24 (2): 96-100.

[252] 罗赟骞，夏靖波，等. 网络性能评估中客观权重确定方法比较 [J]. 计算机应用，2009, 29 (10): 2624-2626.

[253] 陈自力，李尊卫. 离差最大化法在商业银行内部控制评价中的应用 [J]. 重庆大学学报 (自然科学版), 2005, 28 (10): 151-154.

[254] 李传镔，张远芳，高盟. 基于熵权的模糊综合评判法

在盐渍土划分中的应用［J］. 水资源与水工程学报，2006，17（5）：24-26.

［255］Otwinowski H. Energy and population balances in comminution process modelling based on the informational entropy［J］. Powder Technology. 2006，167（1）：33-44.

［256］Zhang Y，Yang Z. Analyses ofurban ecosystem based on informationentropy［J］. Ecological Modelling，2006，197（1-2）：1-12.

［257］邱菀华. 管理决策与应用熵学［M］. 北京：机械工业出版社，2002：193-196.

［258］李萍，魏朝富，邱道持. 基于熵权法赋权的区域耕地整理潜力评价［J］. 中国农学通报，2007，23（6）：536-541.

［259］Zou Z H，Yun Y，Sun J N. Entropy method for determination of wdght of evaluating indicators in fuzzy synthetic evaluation for water quality assessment［J］. Journal of Environmental Sciences，2006，18（5）：1020-1023.